1주차

회차	영역	학습 내용	학습계획일	맞은 문제수
01회	속담	**울며 겨자 먹기** 겨자는 맵고 톡 쏘는 맛이 있기 때문에 겨자만 먹는 것을 좋아하는 사람은 없습니다. '**울며 겨자 먹기**'는 그런 겨자를 울면서도 어쩔 수 없이 먹는다는 뜻으로, '**하고 싶지 않은 일임에도 억지로 해야 할 때**' 쓰는 말입니다.	월 일	독 해 5문제 중 □개 / 어법·어휘 5문제 중 □개
02회	관용어	**밑도 끝도 없다** '**밑도 끝도 없다**'라는 관용어는 '**앞뒤의 연관 관계가 없이 말을 불쑥 꺼내어 갑작스럽거나 갈피를 잡을 수 없다**'라는 뜻입니다. 말을 꺼내게 된 이유도, 의도도 알 수 없이 불쑥 튀어나온 말에 이 관용어를 씁니다.	월 일	독 해 5문제 중 □개 / 어법·어휘 7문제 중 □개
03회	고사성어	**와신상담(臥薪嘗膽)** 너무 화가 나면 이를 갈며 복수할 때를 기다리게 됩니다. '**와신상담(臥薪嘗膽)**'은 '장작더미에 눕고 쓸개를 맛본다'라는 뜻으로, '**복수를 위해 온갖 괴로움을 견디며 기다릴 때**' 쓰는 말입니다.	월 일	독 해 5문제 중 □개 / 어법·어휘 8문제 중 □개
04회	속담	**개구리 올챙이 적 생각 못한다** 개구리는 올챙이가 자라서 되는 것이므로, 모든 개구리는 올챙이였던 시절이 있습니다. '**개구리 올챙이 적 생각 못한다**'는 이처럼 '**보잘 것 없던 과거를 잊고 오만해졌을 때**' 쓰는 말입니다.	월 일	독 해 5문제 중 □개 / 어법·어휘 5문제 중 □개
05회	관용어	**눈에 밟히다** 누군가 보고 싶거나 어떤 물건이 갖고 싶을 때, 머릿속에 맴돌고 심지어 보지 않고도 그 모습이 생생하게 떠오를 때가 있습니다. 이처럼 대상이 계속 생각날 때 '**눈에 밟히다**'라고 표현합니다. 말 그대로 '**잊히지 않고 자꾸 눈에 떠오르다**'라는 뜻입니다.	월 일	독 해 6문제 중 □개 / 어법·어휘 6문제 중 □개

01회 울며 겨자 먹기*

겨자는 맵고 톡 쏘는 맛이 있기 때문에 겨자만 먹는 것을 좋아하는 사람은 없습니다. '**울며 겨자 먹기**'는 그런 겨자를 울면서도 어쩔 수 없이 먹는다는 뜻으로, '**하고 싶지 않은 일임에도 억지로 해야 할 때**' 쓰는 말입니다.

공부한 날 ☐ 월 ☐ 일 시작 시간 ☐ 시 ☐ 분

어느 날 아침, 천둥의 신 토르는 허전함을 느꼈습니다. 늘 머리맡에 두었던 그의 망치가 사라졌기 때문이었습니다. 그 망치의 이름은 '묠니르'로, 절대로 부서지지 않으며 아무리 멀리 던져도 다시 돌아오는 보물이었습니다. 토르는 곧바로 장난의 신 로키를 찾아가 도움을 청했습니다. 로키는 토르의 동생이었으며, 꾀가 많아 곤란한 문제를 해결해 주곤 했습니다.

"토르, 알아보니까 망치를 훔쳐간 건 거인들의 왕이야. 그리고 그 자는 망치를 돌려주는 대가로 가장 아름다운 여신인 프레이야와 결혼하기를 원한다는군."

"프레이야는 뭐라 했지?"

"지금 내 뺨 부어오른 거 안 보여? 이게 프레이야의 대답이야."

토르와 로키는 난감한 상황에 머리를 맞대고 고민하기 시작했습니다. 이내 로키가 말했습니다.

"어쩔 수 없다, 토르. 네가 프레이야로 변장하는 수밖에."

"지금 장난해? 내 울퉁불퉁한 몸을 봐, 프레이야와 조금도 닮지 않았잖아!"

토르는 반항했지만, 다른 방법이 없었습니다. 결국 토르는 **울며 겨자 먹기**로 프레이야로 변장한 뒤 거인들의 왕을 찾아갔습니다. 거인들의 왕은 아름다운 여신인 프레이야가 온다는 소식에 큰 잔치를 벌이고 있었습니다. 로키와 함께 토르가 도착하자, 거인들의 왕이 인사했습니다.

"오, 반갑소! 내 신부여, 그런데… 다리가 조금 굵은 것 같소만."

"왕이시여. 지금 프레이야님께서는 왕을 보고 싶은 마음에 먼 거리를 한달음에 달려오느라 다리가 부은 것뿐입니다. 신경 쓰지 마시고 들어가시죠."

거인들의 왕은 고개를 갸웃했지만, 로키의 말을 듣고 연회장으로 향했습니다. 연회장에 도착한 토르는 식사를 시작했습니다. **대식가**인 토르는 **게걸스럽게** 음식을 먹어 치웠고, 얼마 안 가 토르의 옆자리에는 빈 그릇이 산더미처럼 쌓였습니다.

의심스러운 **눈초리**로 쳐다보는 거인들의 왕 앞에 또다시 로키가 나섰습니다.

"프레이야님께서는 왕과 결혼한다는 소식을 듣고 무려 8일 밤낮을 아무것도 먹지 못하셨답니다. 드디어 왕의 곁에 앉게 되었으니, 이제야 음식을 드시는 것이지요."

"그건 그런데… 방금 **면사** 사이로 보인 그 눈은 뭐지? 무언가… 매서운 눈초리던데."

"오, 이럴 수가! 프레이야님의 마음을 이리도 몰라주시다니! 그야 왕을 보고 싶은 마음에 며칠을 잠도 자지 못하셨으니 당연한 것 아닙니까? 자, 그만하시고 얼른 **예물**을 주시죠."

거인들의 왕은 로키의 말에 넘어가 프레이야를 의심한 것을 사과하고, 예물로 묠니르를 넘겼습니다. 그리고 묠니르가 프레이야로 변장한 토르의 손에 들리는 순간, 천둥과 벼락이 치며 연회장은 쑥대밭이 되었습니다. 토르가 힘을 되찾은 것이었습니다.

"도둑들에게 줄 예물은 천둥과 벼락밖에 없다!"

그렇게 외친 토르는 순식간에 거인들을 쓰러트렸고, 묠니르를 되찾을 수 있었습니다. 토르의 이상한 결혼식은 그렇게 막을 내렸습니다.

   – 북유럽 신화

1 다음 중 이 이야기의 제목으로 가장 알맞은 것을 골라 보세요. ┈┈┈┈┈┈┈┈┈┈┈┈┈┈┈ [   ]

① 토르의 이상한 결혼식   ② 로키의 몰니르 망치 도둑을 찾아서

③ 거인들은 원한을 잊지 않는다.   ④ 프레이야의 애틋한 사랑 이야기

⑤ 거인들의 왕, 토르보다 강한 자!

2 빈칸에 들어갈 알맞은 말을 [보기]에서 찾아 써 보세요.

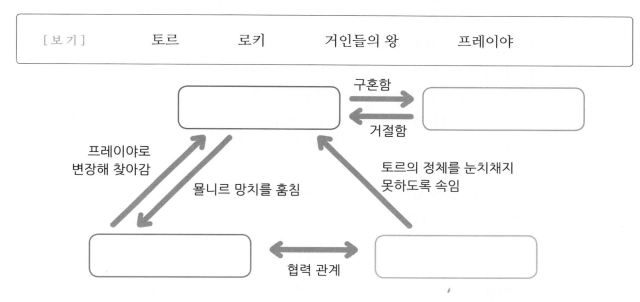

[보기] 토르 로키 거인들의 왕 프레이야

3 다음 중 이 이야기에 대한 자신의 생각을 바르게 나타낸 친구에 ○표를 해 보세요.

| 태산: 토르는 내심 결혼식장에 가는 것을 기대했던 모양이야. 그래서 <u>울며 겨자 먹기</u>로 프레이야로 변장한 것 아니겠어? | ┈┈┈┈ [   ] |

| 예은: 토르에게 몰니르 망치는 무척 중요한 물건인 모양이야. 그래서 그렇게 싫은데도 다른 방법이 없으니 <u>울며 겨자 먹기</u>로 프레이야로 변장한 거야. | ┈┈┈┈ [   ] |

| 재중: 토르는 프레이야를 속으로 짝사랑하고 있었던 모양이야. 그래서 프레이야로 변장하는 장면에서 <u>울며 겨자 먹기</u>라는 표현이 쓰인 거지. | ┈┈┈┈ [   ] |

어려운 낱말 풀이 ① **대식가** 많이 먹는 사람 大클 대 食먹을 식 家집 가 ② **게걸스럽게** 몹시 먹고 싶었던 듯하게 ③ **눈초리** 무언가를 바라볼 때 눈에 나타나는 표정 ④ **면사** 결혼식 때 신부가 얼굴을 가리기 위해 쓰는 얇은 천 面얼굴 면 紗실 사 ⑤ **예물** 결혼할 때 신랑과 신부가 서로 주고받는 물건 禮예절 예 物사물 물

[4~5] 다음 글을 읽고, 문제를 풀어 보세요.

조선시대에는 군대에 가지 않는 백성들은 대신 세금을 내야 했습니다. '군포'라는 이름의 세금이었습니다. 그런데 양반들은 군포를 내지 않았습니다. 때문에 백성들은 양반이 내지 않은 군포까지 부담해야 했습니다.

조선의 21대 왕 영조는 백성들의 부담을 줄여 주고 싶었습니다. 영조는 양반도 군포를 내도록 법을 바꾸고자 했습니다. 영조는 이 법을 '균역법'이라고 불렀습니다. 그러자 양반들은 즉시 반발했습니다.

"전하께서는 양반과 백성을 가리지 않고 군포를 내라고 하십니다. 그렇다면 군포를 낼 수 없는 가난한 양반은 어떻게 하라는 말씀이십니까?"

"알았다. 가난한 양반에게까지 군포를 걷을 수는 없겠지. 그렇다면 대신 토지를 가진 조선의 모든 사람들에게 세금을 걷도록 하겠다. 가난한 양반은 토지가 없을 테니 세금을 낼 일도 없을 것이다. 토지를 기준으로 세금을 걷는다면 백성들이 내는 세금도 반으로 줄일 수 있을 것이다."

그러자 양반들은 할 말이 없었습니다. 당시에는 대부분의 토지를 양반들이 가지고 있었기 때문에, 이후 땅을 가진 양반들은 ㉠**울며 겨자 먹기로** 세금을 내야만 했습니다.

---

4 [보기]는 양반들이 영조의 말에 울며 겨자 먹기로 세금을 내야 했던 까닭입니다. 빈칸에 들어갈 말을 골라 보세요. ··· [   ]

[보기] '지금까지는 가난한 양반을 핑계로 모든 양반이 군포를 내지 않을 수 있었는데, 이제 토지를 기준으로 세금을 걷는다고? 이제 [   ]은 꼼짝없이 세금을 내야 하겠구나!'

① 임금   ② 땅을 가진 양반   ③ 땅이 없는 양반
④ 땅이 없는 백성   ⑤ 군대에 가는 백성

---

5 다음 중 '㉠울며 겨자 먹기로'와 뜻이 비슷한 표현에 ○표를 해 보세요.

부득이 不得已 '마지못해 하는 수 없이'라는 뜻	명명백백 明明白白 '의심할 여지없이 확실하게'라는 뜻	기실 其實 '사실은'이라는 뜻
[ ]	[ ]	[ ]

01회 어법·어휘편

1단계

다음 중 '결혼'과 관련이 <u>없는</u> 낱말을 찾아 ○표를 해 보세요.

| 신랑 | 결혼식 | 신부 |

| 예물 | 참정권 | 면사 |

2단계

밑줄 친 낱말과 바꿔 쓸 수 있는 낱말을 골라 번호를 써 보세요.

[1] 그가 나를 의심스럽다는 **눈초리**로 쳐다보았다. ──────────── [　　　]
        ① 눈빛
        ② 눈짓

[2] 3일 **밤낮**을 일해 겨우 마감에 맞출 수 있었다. ──────────── [　　　]
        ① 동안 내내
        ② 동안 조금씩

3단계

[보기]처럼 낱말 뜻풀이에서 '클 대(大)'의 뜻에 해당하는 부분에 밑줄을 쳐 보세요.

[보 기]

大	食	家
뜻	음	뜻	음	뜻	음
클	대	먹을	식	집	가

: <u>많이</u> 먹는 사람

[1]

大	作	家
뜻	음	뜻	음	뜻	음
클	대	지을	작	집	가

: 위대한 작가

[2]

大	公	演
뜻	음	뜻	음	뜻	음
클	대	모두	공	연극	연

: 규모가 큰 공연

 시간　**끝난 시간** [　] 시 [　] 분
　　　1회분 푸는 데 걸린 시간 [　] 분

 채점　**독해** 5문제 중 [　] 개
　　　어법·어휘 5문제 중 [　] 개

관용어 둘 이상의 낱말이 오래전부터 함께 쓰이면서 본래의 뜻과 다른 뜻을 지니게 된 표현

밑도 끝도 없다*

'밑도 끝도 없다'라는 관용어는 '앞뒤의 연관 관계가 없이 말을 불쑥 꺼내어 갑작스럽거나 갈피를 잡을 수 없다'라는 뜻입니다. 말을 꺼내게 된 이유도, 의도도 알 수 없이 불쑥 튀어나온 말에 이 관용어를 씁니다.

공부한 날 ☐ 월 ☐ 일 시작 시간 ☐ 시 ☐ 분

⬆ 소강절의 모습

지금부터 약 1000년 전, **학식**①이 높고 **인품**②이 훌륭해 많은 사람들의 존경을 받는 소강절이라는 학자가 있었습니다. 어느 날, 소강절은 자신의 **자손**③들이 어떻게 살아갈지 궁금해 점을 쳐 보았습니다. 소강절은 자손들의 점, 그리고 그 아래 자손들의 점을 차례로 쳐 내려갔습니다. 그러다 100년 뒤에 태어날 자손의 점을 보고는 간담이 서늘해졌습니다. 그 자손이 **누명**④을 써서 큰 벌을 받게 된다는 점이 나왔기 때문입니다. 그날부터 소강절은 자손의 미래를 몹시 걱정하며 살았습니다.

시간이 흘러, 나이가 많이 든 소강절은 자식들을 모아 놓고 상자를 하나 주었습니다.

"만약 너희들에게 큰 위기가 닥치면 이 상자를 열어 보아라. 살면서 큰일이 닥치지 않는다면 너희의 자식들에게 이 상자를 물려주고, 그 자식에게도 별다른 위기가 없다면 그다음 자식에게 물려주어라."

소강절이 유언으로 남긴 상자는 소강절의 자손에서, 그다음 자손에게로 전해졌습니다. 그리고 100년 뒤, 소강절의 자손에게 정말로 큰 위기가 찾아왔습니다. 누명을 써서 큰 벌을 받게 된 것입니다.

자손의 아내는 남편이 벌을 받을 위기에 처하자, 대대로 내려오는 소강절의 유언을 떠올렸습니다. 그리고 그 상자를 열어 보았습니다. 상자 속에는 상자가 하나 더 있고, 그 위에 이렇게 적혀 있었습니다.

'지금 당장 이 상자를 재판을 담당하는 가장 높은 관리에게 가져가라.'

자손의 아내는 도무지 **갈피를 잡을 수 없는**⑤ 그 글을 보고 무척 당황스러웠습니다. 그러나 지금 할 수 있는 것은 상자 속에 적힌 소강절의 **밑도 끝도 없는*** 글을 믿는 것밖에 없었습니다. 자손의 아내는 상자를 가지고 가장 높은 관리를 찾아갔습니다.

방에서 글을 읽던 관리는 소강절과 같은 위대한 학자가 자신에게 유언을 남겼다는 말에 서둘러 밖으로 나가 보았습니다. 그는 소강절이 남긴 상자를 열어 보았습니다. 거기에는 이렇게 적혀 있었습니다.

'내가 당신을 대들보에 깔릴 위기에서 구해 주었으니, 당신도 내 자손을 구해 달라.'

관리는 상자 속에 적힌 **밑도 끝도 없는*** 글에 **어리둥절했습니다**⑥. 그때 뒤에서 우지끈하는 소리가 들리더니, 조금 전까지 그가 있었던 방이 와르르 무너져 버렸습니다. 관리는 소스라치게 놀라, 즉시 그 자손에 대해 조사해 보고 도와줄 것을 명령했습니다.

결국 자손은 누명을 풀 수 있었고, 사람들은 100년 뒤의 미래를 예견하는 소강절의 신비로운 능력에 감탄하며 그 이름을 널리 알렸습니다.

어려운 낱말 풀이

① **학식** 학문으로 얻은 지식 學배울 학 識알 식 ② **인품** 사람의 품격이나 됨됨이 人사람 인 品물건 품
③ **자손** 자식과 손자 혹은 후손 子자식 자 孫손자 손 ④ **누명** 억울하게 뒤집어 쓴 불명예 陋좁을 누 名이름 명
⑤ **갈피를 잡을 수 없는** 일의 방향을 잡을 수 없는 ⑥ **어리둥절했습니다** 얼떨떨했습니다

1 이 이야기의 내용으로 알맞은 것을 골라 보세요. ----------------------------------- [　　　]

① 소강절은 누명을 써 위기에 처했다.
② 높은 관리는 소강절의 유언을 무시했다.
③ 소강절은 자손들의 앞날을 걱정하지 않았다.
④ 소강절은 자신의 앞날이 궁금해서 점을 쳤다.
⑤ 자손의 아내는 소강절의 유언을 그대로 따랐다.

2 자손의 아내는 소강절의 유언을 보고 왜 '밑도 끝도 없다'고 생각했는지 써 보세요.

왜냐하면 유언에는 [　　][　　] 에게 가야 하는 까닭에 대한 설명이 없었기

때문입니다. 자손의 아내 입장에서는 남편이 [　　][　　] 을(를) 쓴 상황에서 아무런

관계가 없어 보이는 일을 하려니 당황스럽고 [　　][　　] 을(를) 잡기가 어려웠을

것입니다. 그래서 소강절의 유언을 '밑도 끝도 없다'라고 한 것입니다.

3 다음 중 '밑도 끝도 없다'를 올바르게 활용한 문장에 ○표를 해 보세요.

경호는 <u>**밑도 끝도 없이**</u> 약속한 시간에 정확하게 나타났다.	-------------- [　　　]
버스는 정류장에 <u>**밑도 끝도 없이**</u> 멈추었다.	-------------- [　　　]
오랜만에 만난 친구가 <u>**밑도 끝도 없이**</u> 화를 냈다.	-------------- [　　　]

율곡 이이는 조선 최고의 학자 중 한 명이었습니다. 그는 ⓐ앞날을 미리 내다볼 수 있는 능력이 뛰어났다고 알려져 있는데 이에 관해 전해지는 이야기가 하나 있습니다.

이이의 집이 있던 임진강 근처에는 정자가 하나 있었습니다. 그 정자의 이름은 '화석정'이었는데, 이이는 그곳에서 제자들을 가르치곤 했습니다. ㉠그런데 어느 날 갑자기 이이가 제자들에게 이제부터 걸레에 기름을 적셔 정자를 닦으라고 말했습니다. 이유를 말해 주지 않았기 때문에 제자들은 ⓑ영문도 모른 채 매일같이 기름으로 정자를 닦았습니다.

시간이 흘러 조선에 큰 전쟁이 일어났습니다. 왜나라가 조선을 ⓒ침략했던 것입니다. 왜군은 수도인 한양까지 쳐들어왔고 당시 임금이었던 선조는 서둘러 피난길에 올랐습니다. 그런데 선조가 임진강에 도착했을 때 ⓓ폭우가 쏟아지고 사방이 어두워져 강을 건널 수가 없었습니다. 시간이 계속 ⓔ지체되어 모두 어쩔 줄 몰라 하고 있을 때, 한 신하가 화석정을 발견하고는 잠시만이라도 주위를 밝히기 위해 그곳에 불을 붙였습니다. 지난 날 이이의 제자들이 매일 발라 놓았던 기름 덕분에 정자는 빗속에서도 활활 타올랐고, 선조는 무사히 강을 건널 수 있었습니다.

4 밑줄 친 ㉠에서 제자들은 어떤 생각을 했을지 짐작하여 ○표를 해 보세요.

주변이 말끔해야 공부도 더욱 잘되는 법이니, 깨끗하게 걸레질하고 맑은 정신으로 공부에 집중해야지.	이것 참 당황스럽군. 스승님께서는 왜 밑도 끝도 없이 정자를 기름으로 닦으라고 하시는 거지?	스승님께서 앞날을 미리 내다보고 계시는구나. 앞으로 일어날 전쟁에 대비하여 정자에 기름을 꼼꼼히 칠해두자.
[ ]	[ ]	[ ]

5 ⓐ~ⓔ를 비슷한 의미의 단어로 바꿀 때 알맞지 **않은** 것을 골라 보세요. ┄┄┄┄┄ [   ]

① ⓐ앞날을 → 미래를

② ⓑ영문도 → 까닭도

③ ⓒ침략했던 → 쳐들어왔던

④ ⓓ폭우가 → 세찬 비가

⑤ ⓔ지체되어 → 앞당겨져

02회 어법·어휘편

1 단계 각각의 문장에 들어갈 알맞은 말을 찾아 선으로 이어 보세요.

[1] 수레에 있던 짐이 _____ 쏟아졌다. •

[2] 올림픽 성화가 _____ 타올랐다. •

[3] 옆구리를 찌르자 _____ 놀랐다. •

• ㉠ 활활

• ㉡ 소스라치게

• ㉢ 와르르

2 단계 다음 문장들이 자연스럽도록 빈칸에 공통으로 들어갈 낱말을 써 보세요.

- 내 미래가 어떻게 될지 궁금해서 ☐ 을(를) 쳐봤어.

- 넌 얼굴에 커다란 ☐ 이(가) 있구나.

- 오늘 시험에서 몇 ☐ 을(를) 받았니?

→ ☐

3 단계 밑줄 친 부분과 비슷한 의미로 쓸 수 있는 낱말을 써 보세요.

[1] 나는 모든 상황이 **얼떨떨**했다.

→ ☐ ☐ ☐ ☐

[2] **굉장히** 힘이 세구나.

→ ☐ ☐

[3] 결국에는 피하고 싶던 그날이 **왔다**.

→ ☐ ☐ ☐

시간 끝난 시간 ☐ 시 ☐ 분

1회분 푸는 데 걸린 시간 ☐ 분

채점 **독해** 5문제 중 ☐ 개

어법·어휘 7문제 중 ☐ 개

03회

와신상담(臥薪嘗膽)*
누울 와　섶 신　맛볼 상　쓸개 담

너무 화가 나면 이를 갈며 복수할 때를 기다리게 됩니다. '와신상담(臥薪嘗膽)'은 '장작더미에 눕고 쓸개를 맛본다'라는 뜻으로, '복수를 위해 온갖 괴로움을 견디며 기다릴 때' 쓰는 말입니다.

공부한 날 [　]월 [　]일 시작 시간 [　]시 [　]분

　먼 옛날에 오나라와 월나라라는 두 나라가 있었습니다. 두 나라는 사이가 좋지 않아 자주 싸움을 벌였는데, 어느 날은 오나라 왕 합려가 월나라에 쳐들어갔다 화살을 맞고 돌아왔습니다. 그 화살을 쏜 자는 구천으로, 월나라의 왕이었습니다. 합려는 화살에 맞은 상처가 심해 죽음을 앞두게 되었습니다. 합려는 죽기 전에 아들 부차에게 유언을 남겼습니다.

　"월나라를 절대 잊지 말거라!"

　합려의 뒤를 이어 오나라의 왕이 된 부차는 복수를 결심했습니다. 부차는 그를 만나러 오는 신하마다 "부차야, 네가 아버지의 원수를 잊었느냐?"라고 말하게 했고, 매일 밤 장작더미 위에서 잠들었습니다. 딱딱하고 거친 장작더미 위에서 잠들지 못하고 뒤척일 때마다 부차는 구천을 떠올리며 마음을 **다잡았습니다**.①

　몇 년 후, 오나라의 왕 부차가 복수를 준비하고 있다는 소식을 들은 월나라 왕 구천은 먼저 오나라에 쳐들어갔습니다. 그러나 몇 년 동안 복수만을 준비하고 있던 부차와 오나라 군대는 만만한 상대가 아니었습니다. 결국 **정예병**② 3만 명으로 나섰던 구천은 고작 5천 명의 병사만을 남긴 채 부차의 **대군**③에 포위되어 죽음을 앞두게 되었습니다.

　그때, 구천의 신하 중 하나가 나서서 말했습니다.

　"어떤 굴욕을 겪더라도 우선 살아야 복수라도 할 수 있는 법입니다. 스스로를 낮추고, 재물을 바쳐 목숨을 **구걸**④해야 합니다. 또한 오나라 왕 부차 곁에는 '백비'라고 하는 탐욕스러운 신하가 있는데, 그에게도 **뇌물**⑤을 바치면 우리에게 도움이 될 것입니다."

　구천이 부차의 신하를 **자처**⑥하고 재물을 바치며 아부하니, 부차는 마음이 풀어졌습니다. 몇몇 신하들이 구천을 죽여야 한다고 말했으나, 구천에게 뇌물을 받은 백비는 구천을 풀어 주는 편이 더 이득이 될 거라 주장했습니다. 고민하던 부차는 결국 구천을 풀어 주기로 했습니다. 구천이 거느린 5천 명의 정예병과 싸워 피해를 보느니, 차라리 풀어 주어 재물을 뜯어내고 굴욕을 주는 편이 낫다고 생각했기 때문이었습니다.

　"감사합니다, 부차 님. 이 **미련한**⑦ 신하 구천은 부차 님의 은혜를 영원히 잊지 않겠습니다."

　구천은 그렇게 말하며 월나라로 돌아가 부차를 공손히 섬기는 체했습니다. 그러나 속으로는 부차에게 받은 치욕을 가슴 깊숙이 되새기고 있었습니다. 그 후, 구천은 천장에 곰의 쓸개를 매달아 놓았습니다. 그리고 기쁘고 즐거운 일이 있을 때마다 쓰디쓴 쓸개를 핥으며 그날 부차에게 받은 치욕을 떠올렸습니다. 이제는 구천이 **와신상담***을 하며 복수의 때를 기다리기 시작했습니다.

－ 사마천, 「사기 – 월왕구천세가」 중 (04회에 계속됩니다.)

🧻 **어려운 낱말 풀이**

① 다잡았습니다 마음 따위가 어지럽고 들뜨지 않도록 바로잡았습니다　**② 정예병** 뛰어난 능력을 가진 병사 精정할 정 銳날카로울 예 兵군사 병　**③ 대군** 많은 숫자의 군대 大클 대 軍군사 군　**④ 구걸** 무언가를 달라고 빎 求구할 구 乞빌 걸　**⑤ 뇌물** 개인적인 목적으로 부정하게 건네는 돈이나 물건 賂뇌물 뢰 物만물 물　**⑥ 자처** 자신이 어떤 사람이라 여기며 그렇게 행동함 自스스로 자 處머물 처　**⑦ 미련한** 어리석은 未아닐 미 練익힐 련 –

1 이 이야기의 내용으로 알맞지 <u>않은</u> 것을 골라 보세요. ------------------------------- [   ]

① 오나라와 월나라는 사이가 좋지 않아 자주 싸움을 벌였다.

② 합려의 뒤를 이어 오나라의 왕이 된 것은 부차다.

③ 구천은 오나라가 복수를 준비하고 있다는 소식을 듣고 쳐들어갔다.

④ 부차는 모든 신하들이 구천을 풀어주라 하자 어쩔 수 없이 그 말을 따랐다.

⑤ 구천은 부차를 섬기는 체했지만, 속으로는 복수를 준비하고 있었다.

2 부차가 구천을 살려 주었을 때, 부차와 구천의 속내는 각각 어땠을지 짐작하여 빈칸을 채워 보세요.

구천의 속내	'우선 살아야 ☐☐ 을(를) 할 수 있다. 굴욕적이더라도 스스로를 낮추고 ☐☐ 을(를) 바쳐 부차의 마음을 풀자.'
부차의 속내	'구천이 거느린 5천 명의 ☐☐☐ 을(를) 상대하느라 피해를 보느니, 차라리 재물을 뜯어내고 ☐☐ 을(를) 주는 편이 더 나을 것이다.'

3 이 이야기는 '와신상담'의 유래입니다. 부차와 구천의 어느 행동에서 '와신상담'이라는 말이 생겨났을지 써 보세요.

와신(臥薪)	상담(嘗膽)
☐☐ 이(가) 원한을 잊지 않기 위해 ☐☐ 더미 위에서 잠을 자다.	☐☐ 이(가) 굴욕을 잊지 않기 위해 곰의 ☐☐ 를 맛보다.

[4~5] 다음 글을 읽고, 문제를 풀어 보세요.

> 옛날 오나라에는 '오자서'라고 하는 지혜로운 신하가 있었습니다. 그는 원래 초나라 사람이었는데, 초나라 왕이 간신의 말을 듣고 그의 아버지를 잡아 죽였습니다. 그리고 오자서의 형에게는 아버지를 살리고 싶으면 스스로 나오라 하니, 오자서의 형은 그것이 함정임을 알고 있었으나 오자서를 탈출시키기 위해 스스로 나가 죽임을 당했습니다. 오자서는 그때 겪은 고통으로 머리가 반쯤 하얗게 새어 버렸다고 합니다.
>
> 오자서는 오나라로 도망쳐 ⊙와신상담을 하기 시작했습니다. 그는 오나라 왕 합려를 모시며 나라를 부강하게 만들었습니다. 그러다 복수의 때가 되었다고 생각했을 때, 오자서는 직접 군대를 이끌고 초나라로 쳐들어갔습니다. 초나라는 강대한 국가였지만 오자서의 전략에 번번이 패배했고, 결국 수도를 잃으며 멸망 직전까지 몰리고 말았습니다. 오자서는 그렇게 오랜 시간 준비했던 복수를 이루어 냈습니다.
>
> 중국에는 '군자의 복수는 십 년이 걸리더라도 늦지 않다'라는 말이 있습니다. 오자서의 복수는 '와신상담'의 고사와 함께 그 말에 가장 어울리는 이야기 중 하나로 손꼽히고 있습니다.

4 윗글에서 알 수 있는 사실로 알맞은 것을 골라 보세요. ------------------------------ [   ]

① 오자서는 죽을 때까지 초나라에 충성을 다한 충신이다.
② 오자서의 형은 초나라 왕의 함정을 눈치채지 못해 죽었다.
③ 오자서의 머리는 죽을 때까지 검은색이었을 것이다.
④ 오자서는 초나라가 강대한 국가였음에도 쳐들어갔다.
⑤ 오자서는 끝내 복수를 이루지 못했다.

5 다음 중 '⊙와신상담'과 뜻이 비슷한 고사성어에 ○표를 해 보세요.

온고지신 溫故知新	동상이몽 同床異夢	절치부심 切齒腐心
'옛것을 지키고 새것을 익힌다'라는 뜻으로, 과거의 것을 지키며 새로운 것을 익힐 때 쓰는 말	'같은 곳에서 자면서 다른 꿈을 꾼다'라는 뜻으로, 함께 행동하나 그 속내는 다를 때 쓰는 말	'이를 갈며 속을 썩힌다'라는 뜻으로, 원한을 잊지 않고 복수의 때를 기다릴 때 쓰는 말
[ ]	[ ]	[ ]

03회 어법·어휘편

1단계 뜻이 비슷한 낱말끼리 선으로 이어 보세요.

[1] 쳐들어가다 •

[2] 섬기다 •

[3] 탈출하다 •

• ㉠ 받들다

• ㉡ 침략하다

• ㉢ 도망가다

2단계 다음 문장이 자연스럽도록 빈칸에 알맞은 낱말을 [보기]에서 찾아 써 보세요.

> [보기] 구걸 뇌물 자처

[1] 그는 보호자를 ☐☐ 하며 아이들을 돌보았다.

[2] 목숨을 ☐☐ 하더라도 살아야 한다.

[3] ☐☐ 을(를) 받은 부패한 정치인이 붙잡혔다.

3단계 다음 낱말과 뜻풀이를 보고 빈칸에 알맞은 낱말을 넣어 보세요.

> [보기] • **재물(財物):** 돈을 비롯한 값이 나가는 모든 물건
> • **제물(祭物):** 제사를 위해 바치는 것, 또는 희생된 물건이나 사람

[1] 도적들이 ☐☐ 을 모조리 빼앗아갔다.

[2] 고대 그리스에서는 신에게 소를 ☐☐ 로 바치곤 했다.

시간 **끝난 시간** ☐시 ☐분 채점 **독해** 5문제 중 ☐개

1회분 푸는 데 걸린 시간 ☐분 **어법·어휘** 8문제 중 ☐개

04회 개구리 올챙이 적 생각 못한다*

개구리는 올챙이가 자라서 되는 것이므로, 모든 개구리는 올챙이였던 시절이 있습니다. '개구리 올챙이 적 생각 못한다'는 이처럼 '보잘 것 없던 과거를 잊고 오만해졌을 때' 쓰는 말입니다.

공부한 날 [ ]월 [ ]일 시작 시간 [ ]시 [ ]분

한편, 부차는 아버지의 복수를 끝마쳤다는 생각에 신이 났습니다. 그날부터 부차는 매일 잠을 자던 장작더미를 치워버리고, 마음 편히 지내기 시작했습니다. 그 모습을 본 신하 하나가 부차에게 찾아왔습니다. 그의 이름은 오자서로, 오랫동안 오나라를 섬긴 지혜로운 신하이자 얼마 전 구천을 포위했을 때 구천을 죽여야 한다고 주장했던 이였습니다.

"폐하, 월나라는 그저 복수의 때를 기다리고 있을 뿐입니다. 부디 월나라를 경계하십시오."

그러나 부차는 오자서의 말을 들은 체도 하지 않았습니다. 그 대신 듣기 좋은 말만 하는 백비를 더욱 **총애**하며[①] 오자서를 멀리하기 시작했습니다.

그 소식을 들은 구천과 신하들은 부차가 더욱 오만해지도록 **계책**을[②] 꾸몄습니다.

"최근 부차가 오만해져 지혜로운 오자서를 멀리하고 탐욕스러운 백비를 가까이한다고 하니, 우리가 그를 더 부추기는 것이 어떻소?"

"좋은 생각입니다, 폐하. 그러기 위해서는 부차에게 더 많은 재물을 보내고, 백비에게 뇌물을 바쳐 오자서를 부차에게 멀리 떨어트려 놓아야 합니다. 그러면 부차는 오만해져 나라를 더욱 위태롭게 만들 것이 분명합니다."

구천은 신하들의 말을 그대로 따랐습니다. 그러자 부차는 구천과 신하들의 계획대로 더욱 오만해져 나랏일을 제대로 돌보지 않았습니다. 오히려 무리한 전쟁과 공사로 나라를 점점 더 위태롭게 만들 뿐이었습니다. 그 모습을 보다 못한 오자서가 부차를 찾아갔습니다.

"어찌 이리도 **개구리 올챙이 적 생각을 못하십니까**?* 선왕께서도[③] 월나라를 무시하다 구천의 화살에 돌아가신 것을 벌써 잊으셨습니까? 당장 무리한 전쟁과 공사를 멈추고, 월나라를 경계하며 **피폐해진**[④] 백성들의 삶부터 돌봐야 합니다!"

오자서의 말을 들은 부차는 불같이 화를 냈습니다.

"네 이놈, 오자서! 백비에게 듣기로 네가 반역을 **꾀하고**[⑤] 있다고 들었다. 그럼에도 지난날 네 공을 생각하여 너를 살려 주었더니, 건방지게 내게 헛소리를 늘어놓는구나! 듣기 싫으니 당장 이 칼로 **자결**하거라[⑥]!"

결국 오자서는 부차의 말대로 스스로 목숨을 끊었습니다. 그는 죽으면서 이렇게 말했습니다.

"내 눈을 성문 위에 두시오! 이 오나라가 월나라에 망하는 꼴을 저승에서나마 지켜볼 테니!"

오자서가 죽은 지 몇 년 후, 오자서의 말대로 월나라의 구천이 오나라에 쳐들어왔습니다. 지금껏 힘을 기르고 있던 월나라에게 무리한 전쟁과 공사로 약해져 있던 오나라가 상대가 될 리가 없었습니다. 결국 월나라에게 나라를 잃은 부차는 마지막으로 탄식했습니다.

"죽어서 오자서를 볼 낯이 없구나! **개구리 올챙이 적 생각 못하고**,* 오만하여 나라를 잃었으니 이 늙은 목숨을 어찌 **부지하겠는가**[⑦]?"

부차는 그렇게 말하며 스스로 목숨을 끊었고, 오나라와 월나라의 오랜 싸움은 결국 월나라의 승리로 돌아가게 되었습니다.
– 사마천, 「사기 – 월왕구천세가」 중

1 다음 중 이 이야기의 내용으로 알맞은 것을 골라 보세요. -- [   ]

① 부차는 구천을 경계하기 위해 계속 장작더미에서 잠을 잤다.

② 부차는 오자서와 백비를 총애했다.

③ 구천은 부차에게 재물을 보내고, 백비에게 뇌물을 바쳤다.

④ 부차는 오자서를 붙잡아 처형했다.

⑤ 부차는 마지막까지 잘못을 뉘우치지 않았다.

2 다음은 이야기 속 등장인물에 대해 정리한 표입니다. 빈칸을 알맞게 채워 보세요.

구천	• ☐ 나라의 왕으로, 신하들과 함께 부차가 더욱 오만해져 나라를 위태롭게 하도록 부추겼다.
부차	• ☐ 나라의 왕으로, 아버지의 복수를 끝마쳤다는 생각에 마음 편히 지내며 오만해지기 시작했다. • 오자서를 멀리하고, ☐☐ 을(를) 총애했다.
오자서	• 월나라를 ☐☐ 하라 부차에게 간언했다. • 결국 부차의 명령으로 스스로 목숨을 끊었다.
백비	• 탐욕스러운 신하로, 월나라에게 ☐☐ 을(를) 받았다.

3 다음 중 오자서가 부차에게 '개구리 올챙이 적 생각 못한다'라고 말한 까닭을 바르게 짐작한 친구에 ○표를 해 보세요.

정훈: 과거에는 자기를 아꼈던 부차가 백비만 총애하는 것을 보고 질투가 나서 한 말이군.

[   ]

혜선: 과거에 월나라에게 아버지가 당한 것마저 잊고, 오만해져 나랏일조차 제대로 돌보지 않으니 한 말이군.

[   ]

상원: 구천이 패배를 잊고 오만해져 부차에게 건방지게 굴자, 구천을 따끔히 혼을 내 줘야 된다는 뜻으로 한 말이군.

[   ]

어려운 낱말 풀이 ① 총애 남달리 귀여워하고 사랑함 寵사랑할 총 愛사랑할 애 ② 계책 어떤 일을 이루기 위한 꾀와 방법 計꾀 계 策꾀 책 ③ 선왕 앞선 임금, 즉 지금 임금의 이전 대의 임금 先먼저 선 王임금 왕 ④ 피폐해진 지치고 쇠약해진 疲지칠 피 弊해질 폐 - ⑤ 꾀하고 어떤 일을 이루려고 뜻을 두거나 힘을 쓰고 ⑥ 자결 스스로 목숨을 끊음 自스스로 자 決결단할 결 ⑦ 부지하겠는가 겨우겨우 보존하거나 유지하겠는가 扶도울 부 支지탱할 지 -

조지 허먼 루스(1895~1948)는 '베이브 루스'라는 별명으로 잘 알려진 미국의 야구선수입니다. 그는 고아나 다름없이 자라면서 질이 나쁜 사람들과 어울리며 불량하게 자라났습니다. 그러던 그는 '성모 마리아 직업학교'라는 곳에 맡겨졌고, 그곳에서 스승의 지도 아래 불량한 생활을 청산하고 야구를 시작하게 됩니다.

야구에 대한 루스의 재능은 놀라울 정도로 뛰어났습니다. 루스는 얼마 안 가 최고의 야구선수가 되었고, 엄청난 돈을 벌기 시작했습니다. 그는 점점 자신의 재능을 믿고 자만하기 시작했습니다. 경기가 있는 날에 늦게 나오는 것은 물론이고, 훈련도 게을리하며 매일을 방탕하게 지냈습니다. 그렇게 그의 생활은 성모 마리아 직업학교에 들어가기 이전과 비슷해졌습니다.

1925년, 루스는 최악의 한 해를 기록하게 됩니다. 훈련을 게을리한 탓에 살이 잔뜩 찐 루스의 몸은 제대로 움직이지 않았습니다. 게다가 방탕한 생활로 건강까지 크게 악화되니, 루스의 뛰어난 재능도 아무런 소용이 없었습니다. 그제야 루스는 깨달았습니다.

'내가 너무 오만했구나. 고아나 다름없던 그 시절을 벗어나 최고의 야구선수가 되었지만, 내 생활은 오히려 불량하고 방탕했던 그 시절로 돌아가고 있지 않은가!'

루스는 그 후 이를 악물고 다시 훈련에 열심히 참여하기 시작했습니다. 그 결과 루스는 다음 해에 다시 최고의 야구선수로 돌아올 수 있었고, 지금까지도 미국의 야구선수 중 가장 위대한 선수로 남아 많은 사람의 사랑을 받고 있습니다.

4 다음 중 조지 허먼 루스에 대한 설명으로 알맞은 것을 골라 보세요. --------------------- [　　　　]

① 어린 시절부터 성실하기로 유명했다.
② 성모 마리아 직업학교에서 야구를 처음 시작했다.
③ 루스는 야구를 처음 시작할 때 재능 문제로 좌절을 겪었다.
④ 루스는 낭비를 싫어해서 늘 검소하게 살았다.
⑤ 루스는 야구선수로 생활하며 단 한 번도 실패를 겪지 않았다.

5 위 이야기에 '개구리 올챙이 적 생각 못한다'라는 속담을 적용한다면, '개구리'와 '올챙이'는 각각 무엇을 가리키는지 빈칸을 채워 보세요.

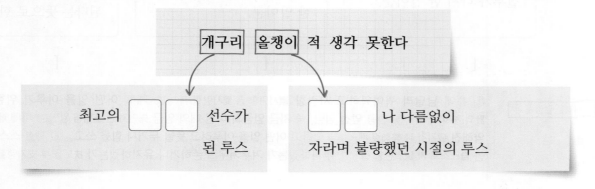

04회 | 어법·어휘편

1
단계

다음 낱말의 알맞은 뜻을 찾아 선으로 이어 보세요.

[1] 총애 •

[2] 선왕 •

[3] 계책 •

• ㉠ 앞선 왕

• ㉡ 어떤 일을 이루기 위한 꾀와 방법

• ㉢ 남달리 사랑하고 아낌

2
단계

다음 중 '겨우겨우'와 뜻이 비슷한 낱말에 <u>모두</u> ○표를 해 보세요. (답 2개)

가뿐히	가까스로	너무
간신히	신속히	당연히

3
단계

[보기]의 '기르다'는 무슨 뜻으로 쓰인 것인지 골라 ○표를 해 보세요.

> [보 기]　　　　지금껏 힘을 **기르고** 있던 월나라

[1] 동식물을 보살펴 자라게 하다. --- [　　　]

[2] 육체나 정신 따위를 단련하여 더 강하게 하다. -------------------- [　　　]

[3] 습관 따위를 몸에 익게 하다. --- [　　　]

시간　**끝난 시간** [　] 시 [　] 분

1회분 푸는 데 걸린 시간 [　] 분

채점　**독해** 5문제 중　[　] 개

어법·어휘 5문제 중　[　] 개

눈에 밟히다*

누군가 보고 싶거나 어떤 물건이 갖고 싶을 때, 머릿속에 맴돌고 심지어 보지 않고도 그 모습이 생생하게 떠오를 때가 있습니다. 이처럼 대상이 계속 생각날 때 '눈에 **밟히다**'라고 표현합니다. 말 그대로 '잊히지 않고 자꾸 눈에 떠오르다'라는 뜻입니다.

공부한 날 ☐월 ☐일 시작 시간 ☐시 ☐분

한 정원이 있었습니다. 그곳은 향기로운 풀과 꽃들이 가득한 크고 아름다운 정원이었습니다. 새들은 나무에 앉아 사랑스럽게 노래하고 아이들은 그 노래를 듣기 위해 잠시 놀이를 멈추기도 했습니다. 아이들은 정원에서 노는 것을 매우 행복해했습니다.

그러던 어느 날 정원의 주인인 거인이 7년 동안의 기나긴 여행을 마치고 돌아왔습니다. 돌아온 거인은 자신의 정원에서 아이들이 놀고 있는 것이 마음에 들지 않았습니다.

"나 말고는 아무도 이 정원에 들어올 수 없어!"

거인은 아이들을 내쫓고 정원을 빙 둘러서 높은 담을 쌓았습니다. 그러고는 푯말을 세워 〈**무단**① **침입**② 금지〉라고 써 놓았습니다.

이기적③인 거인 때문에 정원은 발길이 뚝 끊겼습니다. 다들 거인을 무서워하여 아무도 정원 근처에 오지 않았습니다. 봄이 오자, 마을 전체에 작은 꽃들이 피고, 작은 새들이 노래했습니다. 그러나 거인의 정원만은 여전히 겨울이었습니다. 아이들이 없어서 새들은 노래하지 않았고, 나무도 꽃 피우는 것을 잊었습니다.

"이해할 수가 없어. 왜 봄이 이리도 늦게 오는 거지? 날씨가 좀 바뀌었으면 좋겠는데……."

거인은 창문 앞에 앉아 정원을 바라보며 말했습니다. 그러나 봄도 여름도 오지 않았습니다. 가을은 모든 정원에 황금빛 과일을 주었지만 거인의 정원에는 아무것도 주지 않았습니다.

그러던 어느 날이었습니다. 거인은 사랑스러운 음악 소리를 듣고 눈을 떴습니다. 창밖에서 작은 방울새들이 노래하는 소리였습니다. 새들이 노래하자 거인의 정원에도 봄이 오기 시작했습니다. 아이들도 모여들어 정원에서 기뻐하며 놀기 시작했습니다. 그중 한 소년은 나무 위에 올라가 보고 싶은 눈치였습니다. 거인은 뒤로 몰래 가서는 그 소년을 부드럽게 들어 나무 위에 올려놔 주었습니다. 작은 소년은 팔을 뻗어 거인을 안아 주었습니다. 하지만 거인이 정원으로 나오자 새들과 다른 아이들은 겁에 질려 도망갔습니다. 아이들이 도망가자 그 작은 소년도 아이들을 따라갔습니다.

거인은 며칠간 자신을 돌아보며 과거의 행동에 대해 반성했습니다. 아름다운 정원의 모습과 기뻐하며 자신을 안아 준 그 소년의 모습이 계속해서 **눈에 밟혔습니다.**

"난 얼마나 이기적이었나! 이제 왜 봄이 여기에 오지 않았는지 알겠어. 벽을 부수고, 영원히 내 정원을 아이들의 놀이터로 만들 거야."

그는 정원에 담을 쌓은 자신의 행동을 진심으로 반성했습니다. 꽁꽁 얼어붙어 있던 거인의 마음이 녹기 시작했습니다.

"얘들아, 이제 이 정원은 너희들 것이야."

거인은 이렇게 말하고는 큰 도끼를 가져와 담을 무너뜨렸습니다. 아이들은 거인이 더 이상 무섭지 않다는 것을 알고, 다시 정원으로 달려왔습니다. 아이들과 함께 봄도 왔습니다. 너무나 사랑스러운 광경이었습니다.
- 오스카 와일드, 「이기적인 거인」 중

1 **다음 중 이 이야기의 내용으로 알맞은 것에 ○표, 틀린 것에 ×표를 해 보세요.**

[1] 거인은 7년 동안 정원을 떠나지 않고 정원을 지켰다. ―――――――――――――――― [   ]
[2] 거인은 봄이 찾아오지 않자 이상하게 생각했다. ―――――――――――――――― [   ]
[3] 거인이 소년을 나무 위에 올려 주자 소년은 겁을 먹고 도망을 갔다. ――――――――― [   ]
[4] 거인은 자신의 행동을 진심으로 반성하고 뉘우쳤다. ――――――――――――――― [   ]

2 **거인이 정원의 담을 무너뜨린 까닭을 골라 보세요.** ――――――――――――――― [   ]

① 자신의 아름다운 정원 경관을 해친다고 생각해서
② 지금의 담을 부수고 더 높은 담을 새로 짓기 위해서
③ 담 때문에 봄이 오지 않는다는 사실에 매우 화가 나서
④ 아이들이 자신의 정원에서 노는 모습이 다시 보고 싶어서
⑤ 아이들에게 겁을 줘서 다시 나타나지 못하게 하기 위해서

3 **이 이야기를 읽고 자신의 느낌을 바르게 말한 친구에 ○표를 해 보세요.**

| 수빈: 여행에서 돌아온 거인은 높은 담을 쌓아서 아이들이 도망갈 수 없게 만들었어. 아이들이 정말 무서웠겠어. | 재호: 거인이 소년을 나무 위에 올려 준 것은 내키지 않았지만 소년이 부탁해서 어쩔 수 없이 그렇게 한 거야. | 은혁: 거인이 진심으로 반성을 하자 다시 봄이 찾아왔구나. 이제 거인은 아이들과 함께 행복하게 살 거야. |

[   ]   [   ]   [   ]

어려운 낱말 풀이 ① **무단** 미리 허락을 받지 않음 無없을 무 斷끊을 단 ② **침입** 침범해 들어옴 侵침범할 침 入들 입 ③ **이기적**
남들에 대해선 생각하지 않고 자기 자신의 이익만을 꾀하는 태도 利이로울 이 己자기 기 的과녁 적

4 [보기]에서 밑줄 친 부분은 어떤 뜻으로 사용되었는지 골라 보세요. ································· [   ]

> [보기] 거인은 며칠간 자신을 돌아보며 과거의 행동에 대해 반성했습니다. 아름다운
> 정원의 모습과 기뻐하며 자신을 안아 준 그 소년의 모습이 계속해서 **눈에 밟혔습니다.**

① 미움을 받게 됨
② 불편해서 거슬림
③ 몹시 억울하게 됨
④ 잊히지 않고 계속 생각남
⑤ 낮보거나 거들떠보지도 않음

5 다음 중 '눈에 밟히다'를 올바르게 활용한 상황에 ○표를 해 보세요.

> 어제 쇼핑을 갔다가 마음에 드는 옷이 있었는데 너무 비싸서 사지
> 못했어. 그런데 그 옷이 아직까지도 **눈에 밟혀.** ················· [   ]

> 요즘 시험 성적이 **눈에 밟히게** 좋아졌어. 그래서 부모님과 선생님께
> 모두 칭찬을 받았어. ················· [   ]

6 다음 대화에서 빈칸에 들어갈 알맞은 표현을 골라 보세요. ································· [   ]

> **효정:** '눈에 밟히다'는 표현은 정말 재미있는 것 같아. 잊히지 않고 계속 떠오르는
> 상황을 '눈'을 이용해서 이렇게 잘 표현하다니! 이처럼 몸의 일부분을 활용한 관용
> 표현에는 또 무엇이 있을까?
> **지연:** '[   ]'라는 말이 있어. 큰 책임을 지게 돼서 부담이 크다는
> 뜻이야.

① 입을 닦다   ② 이를 악물다   ③ 귀에 못이 박히다
④ 어깨가 무겁다   ⑤ 손에 익다

05회 어법·어휘편

1 단계

밑줄 친 낱말의 올바른 뜻을 골라 보세요.

[1] 이 산에 올라가는 것은 **금지**되어 있습니다. ┈┈┈┈┈┈┈┈┈┈┈┈ [　　　]
　　　　　① 명령으로 어떤 행위를 못하게 하다.
　　　　　② 어떤 행동이나 일을 허용하다.

[2] 선생님께 혼난 뒤 현수는 크게 **반성**했습니다. ┈┈┈┈┈┈┈┈┈ [　　　]
　　　　　① 맞서 대들거나 반대하다.
　　　　　② 잘못이 없는지 돌이켜 보다.

2 단계

다음 낱말과 뜻이 서로 <u>반대</u>인 것을 찾아 선으로 이어 보세요.

[1]　멈추다　•　　　　　• ㉠　녹다

[2]　뜨다　•　　　　　• ㉡　지속하다

[3]　얼다　•　　　　　• ㉢　감다

3 단계

[보기]의 밑줄 친 부분과 바꾸어 쓸 수 있는 말을 골라 보세요. ┈┈┈┈ [　　　]

[보 기]　**선예:** 저 생선 가게는 문을 일찍 닫았네?
　　　　미영: 다른 가게에 비해 가격이 너무 비싸서 언제부터인가 **발길이 뚝 끊겼어.**

① 많은 사람들이 좋아해.
② 자꾸 생각이 나.
③ 찾아오는 사람이 없어졌어.
④ 가는 길이 편해졌어.
⑤ 많은 사람들이 알게 되었어.

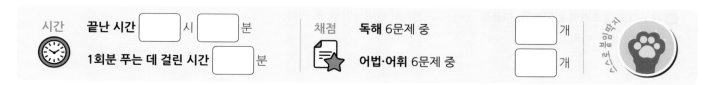

시간　끝난 시간 [　]시[　]분　　채점　**독해** 6문제 중　[　]개
1회분 푸는 데 걸린 시간 [　]분　　**어법·어휘** 6문제 중　[　]개

개구리와 관련된 표현

개구리는 연못과 강에서 주로 서식하며 물 안과 밖을 자유롭게 오갈 수 있는 양서류입니다. 특히 긴 뒷다리를 가지고 있기 때문에 아주 높은 곳까지 뛰어오를 수 있고, 개굴개굴하는 특유의 울음소리 때문에 개구리라는 이름이 붙여졌다고도 합니다. 개구리는 오랫동안 우리와 함께 살아왔기 때문에 우리말 표현 속에서도 개구리를 종종 찾아볼 수 있습니다.

우물 안 개구리

깊은 우물 속에서는 하늘이 동그랗고 작게 보입니다. 우물 안에서만 평생을 살고 있는 개구리는 하늘이 실제로 얼마나 넓은지 알지 못하고 우물 속에서 보는 동그란 하늘만이 전부인 줄 알고 있을 것입니다. 이처럼 '보고 들어서 깨달은 지식이 매우 적은 사람'을 가리켜 우물 안 개구리와 같다고 합니다. 우물 안 개구리로 남지 않기 위해서는 우물 밖으로 뛰어올라 더 넓은 세상을 맞닥뜨려야 할 것입니다.

예 여행을 떠나와 더 넓은 세상을 보니 내가 **우물 안 개구리**였다는 것을 알게 되었다.
　　　　　　　　　　　　└→ 아는 것이 매우 적은 사람

무심코 던진 돌에 개구리가 맞아 죽는다

사람들은 작은 돌에 맞아도 아프지 않지만, 몸집이 작은 개구리들은 사람들이 별 뜻 없이 던진 돌에 맞으면 크게 다치거나 죽을 수도 있습니다. 이처럼 이 속담은 '아무런 의도 없이 한 말이나 행동이 상대방에게는 큰 상처가 될 수 있다'는 뜻입니다. 자신이 별 뜻 없이 한 행동으로 다른 사람들이 피해를 입을 수도 있다는 사실을 생각하며 어떤 일이든 신중하게 해야 한다는 교훈을 담고 있습니다.

예 **무심코 던진 돌에 개구리가 맞아 죽는다더니**, 내가 던진 농담에 친구가 마음 아파했어.
　　　└→ 아무 생각 없이 한 말에 다른 사람들이 상처를 받을 수도 있다더니

개구리도 움츠려야 뛴다

개구리는 자기 몸의 스무 배가 넘는 높이까지 뛰어오를 수 있다고 합니다. 하지만 이런 개구리도 아무 준비 없이 높이 뛸 수 있는 것은 아닙니다. 다리를 힘껏 구부려서 움츠린 뒤에야 그 힘을 가지고 하늘 높이 뛰어오를 수 있는 것입니다. 이처럼 이 표현은 '아무리 급한 일이라도 준비할 틈이 있어야 한다'라는 뜻입니다.

예 **개구리도 움츠려야 뛴다는데**, 마음을 굳게 먹고 천천히 준비하면 꼭 될 거야.
　　　└→ 아무리 급한 일에도 준비가 필요하다는데

2주차

회차	영역	학습내용	학습계획일	맞은 문제수
06 **회**	사자성어	**과유불급(過猶不及)** 먹을 것을 한꺼번에 너무 많이 사면, 냉장고에 자리만 차지하거나 썩어서 뒤처리를 하기가 곤란할 때가 많습니다. '**과유불급(過猶不及)**'은 이처럼 '**지나친 것은 부족한 것만 못하다**'라는 것을 의미합니다.	월 일	독 해 6문제 중 ☐ 개 어법·어휘 6문제 중 ☐ 개
07 **회**	속담	**소귀에 경 읽기** 글자를 모르는 소의 귀에 대고 아무리 좋은 말을 들려 주어도 아무것도 알아듣지 못할 것입니다. 이처럼 '**소귀에 경 읽기**'라는 말은 '**아무리 가르치고 일러 주어도 알아듣지 못하거나 효과가 없는 경우**'를 이르는 말입니다.	월 일	독 해 5문제 중 ☐ 개 어법·어휘 8문제 중 ☐ 개
08 **회**	관용어	**눈독을 들이다** '**눈독을 들이다**'는 '**욕심을 내어 눈여겨보다**'라는 뜻입니다. 여기서 '눈독'은 욕심이 난 눈을 말합니다. 이런 눈으로 남의 물건을 바라보는 것은 그 물건이 탐나기 때문일 것입니다. 남의 것을 탐내는 상황에서 이 관용어를 주로 씁니다.	월 일	독 해 6문제 중 ☐ 개 어법·어휘 6문제 중 ☐ 개
09 **회**	고사성어	**백미(白眉)** 옛날 어느 마을에 어질고 똑똑하기로 소문난 마씨 오형제가 있었는데 그중에서도 눈썹에 흰 털이 난 마량이라는 자가 가장 뛰어났습니다. 이때부터 '흰 눈썹'이라는 뜻의 '**백미(白眉)**'는 '**여럿 가운데 가장 뛰어난 사람이나 훌륭한 물건**'을 가리키게 되었습니다.	월 일	독 해 6문제 중 ☐ 개 어법·어휘 6문제 중 ☐ 개
10 **회**	속담	**모난 돌이 정 맞는다** '정'은 돌을 다듬을 때 쓰는 쇠막대기를 말합니다. '**모난 돌이 정 맞는다**'는 돌에서 튀어나온 부분이 정을 맞는다는 말로, '**유달리 뛰어난 사람이나 꼿꼿한 사람은 미움을 받기 쉽다는 말**'입니다.	월 일	독 해 6문제 중 ☐ 개 어법·어휘 5문제 중 ☐ 개

06회

과유불급(過 猶 不 及)*
과할 과 같을 유 아니 불 미칠 급

먹을 것을 한꺼번에 너무 많이 사면, 냉장고에 자리만 차지하거나 썩어서 뒤처리를 하기가 곤란할 때가 많습니다. '과유불급(過猶不及)'은 이처럼 '지나친 것은 부족한 것만 못하다'라는 것을 의미합니다.

공부한 날 [ ]월 [ ]일 시작 시간 [ ]시 [ ]분

이장①은 여우털 모자를 벗어 땅 위에 놓으며 말했습니다.

"자, 이것이 **표적**②입니다. 여기서 출발하여 이리로 돌아오십시오. 해가 지기 전까지 한 바퀴를 돌아 이곳으로 돌아오면 그 안의 땅이 모두 당신 것이 됩니다."

파홈은 외투를 벗고 허리끈을 단단히 맸습니다. 아직 해가 뜨지 않아 주위는 어둑어둑했습니다.

'조금이라도 시간을 헛되이 보낼 순 없어. 해가 뜨기 전에 걷는 것이 쉬울 거야.'

이렇게 생각하고 파홈은 저쪽 땅끝에서 해가 떠오르기가 무섭게 삽을 어깨에 메고 출발했습니다.

파홈은 보통 걸음으로 걸었습니다. 1킬로미터쯤 가다가 걸음을 멈추고 눈에 잘 띄게 잔디 몇 포기를 심었습니다. 자신이 걸어온 자리를 표시한 것입니다. 그러고는 또 걸어갔습니다. 파홈의 걸음은 점점 빨라졌습니다.

어느새 해가 떴습니다. 파홈은 뒤를 돌아보았습니다. 여우털 모자가 놓여 있는 언덕과 그 위에 서 있는 사람들이 잘 보였습니다. 파홈은 이제 5킬로미터쯤 걸었을 것이라고 생각했습니다. 파홈은 더워서 조끼를 벗었습니다.

'5킬로미터만 더 걷자. 땅이 너무 좋아 그냥 버리고 가기 아깝다.'

파홈은 곧장 더 걸었습니다. 뒤돌아보니 언덕에 있는 사람들이 개미처럼 작게 보였습니다. 파홈은 걸음을 멈추고 잔디를 심은 다음 왼쪽으로 방향을 틀었습니다. 걸을수록 풀의 키가 더 커져서 몹시 더웠습니다. 파홈은 피곤해졌습니다. 해를 보니 점심때였습니다.

'조금만 쉬었다 가자.'

파홈은 빵과 물을 마시자마자 다시 걷기 시작했습니다. 배고픔과 **갈증**③이 가신 덕분에 처음엔 걸음이 가벼웠습니다. 하지만 더위가 심해지자 졸음이 쏟아졌습니다.

'오늘 하루만 열심히 하면 **여생**④을 편하게 살 수 있어.'

많이 걸었다고 생각한 파홈은 다시 왼쪽으로 구부러지기로 했습니다. 하지만 근처에 그냥 버리고 가기 아까운 땅이 있었습니다.

'저 땅에는 아마 농사가 잘 될 거야.'

하고 생각한 파홈은 다시 똑바로 걸어갔습니다. 농사가 잘될 것 같은 땅을 차지한 파홈은 그제야 방향을 왼쪽으로 틀었습니다.

'두 쪽을 이렇게 길게 잡았으니 나머지는 좀 짧게 잡아야겠다.'

해를 보니 한나절이 훨씬 넘었는데 파홈은 세 번째 쪽에서는 2킬로미터 정도밖에 걷지 못했습니다. 파홈은 이제 언덕을 향해 곧바로 걸어가기로 했습니다.

'아아, **과유불급***이란 말처럼 지나친 것은 모자란 것만 못한 법인데, 내 욕심이 너무 지나쳤구나! 해가 지기 전에 못 갈 것 같아.'

파홈은 달리기 시작했습니다. 그러나 가도 가도 갈 길은 멀기만 했습니다. 드디어 출발점이 보였습니다. 언덕 위에 있는 사람들이 빨리 오라고 **재촉**하는 소리가 들렸습니다. 하지만 해는 지평선 쪽에 기울어 모습을 감춰 버렸습니다.

'언덕 밑에서 보면 해가 진 것으로 보이지만 언덕 위에서 보면 해가 아직 지지 않은 것일지 몰라!'

파홈은 마지막 힘을 다해 언덕 위로 달려 올라갔습니다. 언덕 위는 파홈의 생각대로 아직 밝았습니다. 마지막 힘을 다한 파홈은 쓰러지면서 언덕 위에 놓인 여우털 모자를 붙잡았습니다.

"정말 대단하십니다! 이제 많은 땅을 가지게 되었군요!"

이장이 소리쳤습니다.

하지만 파홈의 입에서는 피가 흐르고 있었습니다. 그는 죽어서 쓰러진 것이었습니다. 언덕 위에 있던 사람들은 파홈을 불쌍히 여겼습니다. 사람들은 파홈이 쓰러진 자리에 그를 그대로 묻어 주었습니다. ㉠죽은 파홈이 차지할 수 있었던 땅은 머리에서 발끝까지 겨우 2미터밖에 되지 않았습니다.

- 톨스토이, 「사람에게는 땅이 얼마나 필요한가」 중

1 이 이야기에 대한 설명으로 옳지 <u>않은</u> 것을 골라 보세요. ---------------------- [   ]

① 파홈은 결국 해가 지기 직전에 언덕 위에 도착했다.
② 이장과 언덕 위의 사람들은 파홈이 돌아오지 않길 바랐다.
③ 파홈은 자신이 걸어온 거리를 표시하기 위해 잔디를 심었다.
④ 파홈이 땅을 가지기 위해서는 해가 지기 전까지 언덕에 돌아와야 했다.
⑤ 파홈은 출발한 방향으로 10킬로미터쯤 걸었다고 생각했을 때 방향을 틀었다.

2 다음 중 파홈이 무사히 도착했다면 가질 수 있는 땅을 바르게 표시한 그림에 ○표를 해 보세요.
(빨간 깃발이 꽂힌 언덕 표시가 출발지입니다.)

[   ]

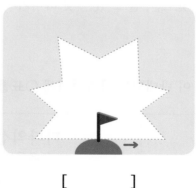
[   ]

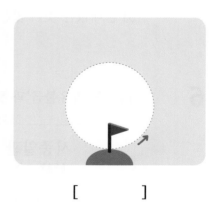
[   ]

어려운 낱말 풀이

① **이장** 몇 개의 동네가 모인 '리'를 대표하는 사람 里마을 리 長어른 장
② **표적** 표지로 삼는 것 標표할 표 的과녁 적   ③ **갈증** 목마름 渴목마를 갈 症증세 증
④ **여생** 남은 삶 餘남을 여 生날 생   ⑤ **재촉** 어떤 일을 빨리하도록 조름

3 밑줄 친 ㉠을 읽고 자신의 생각을 올바르게 말한 친구에 ○표를 해 보세요.

> **도진**: 결국 이장이 약속을 지키지 않아 파홈은 땅을 얻지 못했군. 안타깝게 됐어.

[   ]

> **명하**: 애초에 이길 수가 없는 내기였어. 사람이 지쳐 쓰러져 죽을 정도면 내기의 내용을 의심해 봐야 해.

[   ]

> **준범**: 파홈은 많은 땅을 얻을 욕심 때문에 죽었지만, 결국 남은 것은 자신이 묻힌 땅 2미터 남짓뿐이라는 뜻이구나.

[   ]

4 이 이야기에서 파홈이 '과유불급'이라고 한 까닭을 짐작하여 빈칸을 채워 보세요.

[   ] 을(를) 더 얻고 싶은 욕심에 출발점과 너무 멀리 떨어져 [   ] 이(가)

지기 전까지 돌아가지 못할 것 같았기 때문이다.

5 다음 중 '과유불급'의 의미로 가장 알맞은 것에 ○표를 해 보세요.

[1] 지나치게 많이 가진 것은 부족한 것만 못하다. ································· [   ]
[2] 가진 것이 없어 겪는 서러움은 이루 말할 수 없을 만큼 많다. ········· [   ]
[3] 쓸데없는 것이 많은 것보단, 쓸모 있는 것 하나가 더 좋다. ··········· [   ]

6 다음 중 '과유불급'과 뜻이 <u>반대</u>되는 사자성어에 ○표를 해 보세요.

> **시종일관**
> 始終一貫
> '시작부터 끝까지 한결같다'라는 뜻으로, 처음부터 끝까지 어떤 일이나 주장을 한결같이 함

[   ]

> **다다익선**
> 多多益善
> '많으면 많을수록 좋다'라는 뜻으로, 말 그대로 무엇이든 많을수록 좋음

[   ]

> **결자해지**
> 結者解之
> '맺은 사람이 풀어야 한다'라는 뜻으로, 자기가 저지른 일은 자기가 해결해야 함

[   ]

1단계 다음 문장이 자연스럽도록 빈칸에 알맞은 낱말을 [보기]에서 찾아 써 보세요.

> [보기]   갈증   여생   재촉

[1] 강아지는 배가 고픈지 낑낑거리며 밥을 달라 ☐☐ 했다.

[2] 땀을 많이 흘렸더니 ☐☐ 이 난다.

[3] 그는 ☐☐ 이 얼마 남지 않았음을 직감했다.

2단계 다음 문장에서 밑줄 친 부분의 바른 뜻을 골라 번호를 써 보세요.

[1] 나는 음식이 **나오자마자** 식사를 시작했다. ⸺⸺⸺⸺ [   ]
  ① 나오기가 무섭게
  ② 나오기가 빠르게

[2] 옥상 위에서 보니 사람들이 **개미처럼 작게** 보였다. ⸺⸺ [   ]
  ① 아주 작게
  ② 조금 작게

3단계 다음 중 밑줄 친 부분이 [보기]의 '틀다'와 같은 뜻으로 쓰인 문장에 ○표를 해 보세요.

> [보기]   나는 오른쪽으로 방향을 **틀었다**.

[1] 뱀이 똬리를 **틀고** 있었다. ⸺⸺⸺⸺⸺⸺⸺ [   ]
[2] 나는 라디오를 **틀어** 뉴스를 들었다. ⸺⸺⸺⸺⸺ [   ]
[3] 우리는 즉시 방향을 **틀어** 서울로 향했다. ⸺⸺⸺ [   ]

시간 끝난 시간 ☐시 ☐분   채점 **독해** 6문제 중 ☐개
1회분 푸는 데 걸린 시간 ☐분   **어법·어휘** 6문제 중 ☐개

07회 소귀에 경 읽기*

글자를 모르는 소의 귀에 대고 아무리 좋은 말을 들려 주어도 아무것도 알아듣지 못할 것입니다. 이처럼 '소귀에 경 읽기'라는 말은 '아무리 가르치고 일러 주어도 알아듣지 못하거나 효과가 없는 경우'를 이르는 말입니다.

공부한 날 [ ]월 [ ]일 시작 시간 [ ]시 [ ]분

[앞부분 줄거리] 북곽 선생은 누구에게나 존경받는 학자지만, 속은 시꺼먼 사람이었다. 나쁜 짓을 하다 들킨 북곽 선생은 급하게 도망치다 호랑이를 맞닥뜨린다.

북곽 선생은 엉금엉금 기어가 호랑이 앞에 절하고, **아첨하기**① 시작했습니다.

"큰 인물들은 모두 호랑이님의 **위엄**②을 따르옵니다. 저도 호랑이님을 따르고 싶사옵니다."

"양반들은 모두 아첨꾼이라더니, 간지러운 아첨을 해 대는구나. 그러니 누가 네 말을 믿겠느냐? 너는 낮에는 옳은 척하면서, 밤에는 나쁜 짓을 해 댄다. 너뿐만이 아니라 모든 인간들이 그러니, 사람보다 호랑이가 낫지 않느냐?

호랑이는 과일이나 술에 입을 대지 않고, 말과 소를 잡아먹는다. 너희 인간들은 우리가 말과 소를 잡아먹으면 욕을 해 대는데, 너희에게 **유용한**③ 동물들이기 때문이지. 그런데 너희는 말과 소를 어떻게 대접하느냐? 죽도록 고생만 시키다 결국엔 잡아먹는다.

게다가 너희는 서로를 잡기 위해 온갖 무기들을 만들었다. 뾰족 창, 긴 창, 덫과 함정을 만든 것도 모자라 한 방만 터뜨리면 불길을 번쩍 토해 내는 대포까지 있다. 그러면서도 우리가 말과 소를 잡아먹는 것을 싫어한다. ㉠겉과 속이 다른 너희들이 우리 호랑이보다 나은 것이 무엇이냐?"

북곽 선생은 호랑이의 꾸중에 코를 땅에 박고 머리를 **조아리며**④ 말했습니다.

"호랑이님의 말이 맞습니다. 하지만 옛말에 아무리 잘못한 사람이라도 뉘우치면 누구든 모실 수 있다고 했으니, 제 잘못을 반성하고 앞으로는 호랑이님을 모시며 바르게 살겠습니다."

호랑이가 아무 대답을 하지 않자, 겁이 난 북곽 선생은 새벽이 될 때까지 엎드려 있었습니다.

"선생님, 땅에 코를 박고 엎드려 무엇을 하고 계십니까?"

새벽일을 나온 농부가 말을 걸자 북곽 선생이 놀라서 고개를 드니, 호랑이는 사라지고 없었습니다. 북곽 선생은 양반으로서 **체면**⑤이 깎일까 봐 그럴 듯하게 말을 둘러댔습니다.

"에, 에헴, 내 들으니 하늘이 높지마는 머리를 숙이지 않을 수 없고, 땅이 두껍고 단단하지마는 무릎을 꿇지 않을 수 없다 했거든!"

㉡북곽 선생은 호랑이가 사라지자, 반성하기는커녕 다시 거짓말을 꾸며 댔습니다. 겉과 속이 다른 사람들을 꾸짖던 호랑이의 말은 **소귀에 경 읽기***였던 셈입니다.

– 박지원, 「호질」 중(윤문 – 기존의 글을 쉽게 풀어 씀)

1 다음 중 이 이야기의 내용으로 알맞은 것을 골라 보세요. ────────── [   ]

① 호랑이는 북곽 선생의 꾸중을 듣고 머리를 조아리며 아첨하였다.
② 북곽 선생은 창, 덫, 함정, 대포와 같이 무기를 만드는 일을 한다.
③ 북곽 선생은 새벽이 될 때까지 땅에 코를 박고 엎드려 있었다.
④ 새벽일을 나온 농부가 북곽 선생을 도와 호랑이를 쫓아냈다.
⑤ 북곽 선생은 자신의 잘못을 뉘우치고 겸손한 사람이 되었다.

2 밑줄 친 ㉠과 같이 호랑이가 인간에게 '겉과 속이 다르다'고 말한 이유로 옳은 것에 ○표, 옳지 않은 것에 ×표를 해 보세요.

[1] 엉금엉금 기어가 호랑이 앞에 절하고, 아첨한다. ──────────────── [   ]

[2] 낮에는 옳은 척하고, 밤에는 나쁜 짓을 해댄다. ──────────────── [   ]

[3] 호랑이는 말과 소를 먹는데, 인간은 과일과 술을 먹는다. ──────────── [   ]

[4] 호랑이가 말과 소를 잡아먹는다고 욕하면서, 인간도 말과 소를 잘 대접해 주지 않고 결국
   잡아먹는다. ──────────────────────────────── [   ]

[5] 호랑이가 말과 소를 잡는 것은 싫어하면서, 서로를 잡기 위해 무기를 만든다. ──────── [   ]

3 북곽 선생이 밑줄 친 ㉡처럼 행동한 것에 대해 가장 적절한 말을 골라 보세요. ───────── [   ]

① 호랑이에게 물려 가도 정신만 차리면 산다더니, 위기를 잘 넘겼군.
② 은혜를 원수로 갚는다더니, 보답은 못할망정 해를 끼치고 있군.
③ 소귀에 경 읽기라더니, 그렇게 꾸중을 듣고도 변한 것이 없군.
④ 소 잃고 외양간 고친다더니, 뒤늦게야 진심으로 뉘우치는군.
⑤ 호랑이 없는 골에 토끼가 왕이라더니, 호랑이가 가자마자 거만해졌군.

어려운 낱말 풀이

① 아첨하기 남의 마음을 사거나 잘 보이려고 알랑거리기 阿언덕 아 諂아첨할 첨 -
② 위엄 존경할 만큼 점잖고 엄숙함, 또는 그런 기세 威위엄 위 嚴엄할 엄
③ 유용한 쓸모 있는 有있을 유 用쓸 용 -
④ 조아리며 상대편에게 애원하느라고 이마가 땅에 닿도록 자꾸 숙이며
⑤ 체면 남을 대하기에 떳떳한 얼굴이나 도리 體몸 체 面얼굴 면

4 다음은 '소귀에 경 읽기'를 두고 나눈 선생님과 학생의 대화입니다. '소귀'와 '경 읽기'의 뜻을 각각 알맞게 이어 보세요.

> 학 생: 선생님, '소귀'는 말 그대로 소의 귀를 말하는 것 맞지요? 그런데 '경'이 무엇을 가리키는지 잘 모르겠어요.
>
> 선생님: 조선시대에 우리 조상들은 유학을 최고의 학문으로 여기고 열심히 공부했지요. 이러한 유교의 가르침이 담겨 있는 책들을 가리켜 '경' 또는 '경서'라고 한답니다. 하지만 아무리 훌륭한 내용이라도, 소의 귀에 대고 읽어 보았자 소가 뜻을 알아들을 리가 없겠죠? 소가 말귀도 한 번에 알아듣고 농사도
>
>
> ↑ 경서
>
> 알아서 척척 지어주면 편했을 텐데, 그런 일은 절대 일어나지 않았습니다. 그래서 '소귀에 경 읽기'라는 말이 생겨난 거랍니다.

소귀 에 **경 읽기**

•   •

•   •

아무리 가르쳐도   **말귀를 알아듣지
못하는 사람**

5 다음 중 '소귀에 경 읽기'를 올바르게 활용한 친구에 ○표를 해 보세요.

> 원재: 학급회의 때마다 분리수거를 제대로 하자는 안건을 내면 뭐하니? 다들 남의 일인 듯 들은 체 만 체할 뿐 바뀌는 것이 없으니, '**소귀에 경 읽기**'야.
>
> [   ]

> 시현: 이번에 책을 새로 샀는데 어려운 낱말이 너무 많아. 계속 낱말 뜻을 검색하면서 읽어야 무슨 내용인지 겨우 알 수 있으니, 내겐 '**소귀에 경 읽기**'야.
>
> [   ]

1단계 다음 문장이 자연스럽도록 빈칸에 알맞은 낱말을 [보기]에서 찾아 써 보세요.

[보 기]   아첨   대접   체면

[1] 그는 신이 나서 ☐☐ 도 차리지 않고 깡충깡충 뛰어다녔다.

[2] 집에서 ☐☐ 을(를) 잘 받은 사람이 밖에서도 자신 있게 행동한다.

[3] 나는 마음에도 없는 ☐☐ 을(를) 살살 늘어놓았다.

2단계 밑줄 친 부분과 바꿔 쓸 수 있는 표현을 골라 번호를 써 보세요.

[1] 인간들은 우리가 말과 소를 잡아먹으면 **욕**을 해 대는데 ⋯⋯⋯⋯⋯⋯⋯⋯⋯ [   ]
                            ① 꾸중
                            ② 비난

[2] 양반들은 아첨꾼이라더니, **간지러운** 아첨을 해 대는구나. ⋯⋯⋯⋯⋯⋯⋯⋯ [   ]
                            ① 어색하고 거북한
                            ② 아무 걱정이 없는

3단계 밑줄 친 부분을 뜻이 비슷한 낱말로 바꾸어 써 보세요.

[1] 소와 말은 너희에게 **유용한** 동물들이기 때문이지.

→ ☐☐ 있 는

[2] 제 잘못을 **반성하고** 앞으로는 바르게 살겠습니다.

→ ☐☐ 치 고

[3] 너희는 서로를 잡기 위해 **온갖** 무기들을 만들었다.

→ ☐☐ 가 지

시간   끝난 시간 ☐시 ☐분   채점   **독해** 5문제 중 ☐개

1회분 푸는 데 걸린 시간 ☐분   **어법·어휘** 8문제 중 ☐개

관용어 둘 이상의 낱말이 오래전부터 함께 쓰이면서 본래의 뜻과 다른 뜻을 지니게 된 표현

눈독을 들이다*

'눈독을 들이다'는 '욕심을 내어 눈여겨보다'라는 뜻입니다. 여기서 '눈독'은 욕심이 난 눈을 말합니다. 이런 눈으로 남의 물건을 바라보는 것은 그 물건이 탐나기 때문일 것입니다. 남의 것을 탐내는 상황에서 이 관용어를 주로 씁니다.

공부한 날 [ ]월 [ ]일 시작 시간 [ ]시 [ ]분

↑ 매의 모습

13세기 **징기스 칸**이 세운 몽골 제국은 원나라를 세우고 고려를 침략했습니다. 고려는 약 30년간 항쟁했지만 세계를 **호령**하던 원나라의 강력한 군대 앞에 항복해야 했습니다. 13세기부터 14세기까지, 약 100년간 고려는 원나라의 **간섭**을 받았습니다.

원나라는 우리나라에 많은 것을 요구했습니다. 특히 ㉠원나라에서 욕심을 내어 눈여겨 본 것은 매입니다. 원나라가 고려의 매에 **눈독을 들인*** 까닭은 두 가지입니다. 첫 번째로 원나라 사람들이 매사냥(매를 이용한 사냥)을 즐겼기 때문입니다. 원나라 사람들은 드넓은 초원에서 사냥과 **수렵**을 하던 유목 민족이었기 때문에 매사냥은 즐거운 **유흥**거리였습니다. 원래는 신분이 높은 몇몇 사람들만이 매사냥을 했지만, 나라의 세력이 강해지면서 매를 원하는 사람들이 늘어난 것입니다.

두 번째로, 한반도의 매는 특히 영리하고 사냥 능력이 뛰어나기로 유명했습니다. 사람들은 이 매를 '해동청'이라 부르며 귀하게 여겼습니다. 해동청은 자기보다 몸집이 큰 사냥감도 빠른 속도와 센 힘으로 **거뜬히** 사냥해 냈습니다. 동아시아에서는 해동청을 차지하기 위해 전쟁을 각오할 정도로 인기가 많았습니다. 원나라의 왕과 귀족들이 한반도의 매를 갖고 싶어 하는 것은 당연했습니다.

단순히 눈독만 들인 것이 아니라, 원나라는 매를 **공물**로 요구했습니다. 고려는 원나라의 요구에 어쩔 수 없이 매를 바쳐야 했습니다. 고려는 '응방'이라는 기구를 설치해 매를 사냥하고, 원나라에 보냈습니다. 이렇게 원나라로 바쳐진 매들은 '시치미'라는 이름표를 달았습니다. 이 시치미를 떼어 버리고 매를 자기가 차지하는 일도 **비일비재**했습니다.

오늘날에도 매사냥은 ㉡이어지고 있습니다. 우리나라는 매를 천연기념물로 지정해 보호하고 있습니다. 이처럼 매는 말도 많고 탈도 많은 동물이었지만, 아주 오랫동안 우리 조상님들의 사랑을 받은 것은 틀림없습니다.

어려운 낱말 풀이

① **징기스 칸** 몽골 제국의 제1대 왕　② **호령** 부하나 동물 따위를 지휘하여 **명령함** 號부르짖을 호 令하여금 령
③ **간섭** 직접 관계가 없는 남의 일에 부당하게 참견함 干방패 간 涉건널 섭　④ **수렵** 총이나 활 또는 길들인 매나 올가미 따위로 산이나 들의 짐승을 잡는 일(=사냥) 狩사냥할 수 獵사냥 렵　⑤ **유흥** 흥겹게 놂 遊놀 유 興일 흥
⑥ **거뜬히** 다루기에 가볍고 간편하거나 손쉽게　⑦ **공물** 신령이나 부처 앞에 바치는 물건 供이바지할 공 物물건 물
⑧ **비일비재** 같은 현상이나 일이 한두 번이나 한둘이 아니고 많음 非아닐 비 一한 일 非아닐 비 再두 재

1 다음 중 이 글의 내용으로 알맞은 것끼리 짝지어진 것을 골라 보세요. ---------------- [　　]

> ㉠ 몽골 제국은 고려를 침략하기 위해 원나라를 세웠다.
> ㉡ 원나라 사람들은 매사냥을 즐겼다.
> ㉢ 한반도의 매는 영리하고 사냥 능력이 뛰어났다.
> ㉣ 매는 아직 천연기념물로 지정되지 않아서 사냥이 가능하다.

① ㉠, ㉡　　　　② ㉠, ㉢　　　　③ ㉡, ㉢　　　　④ ㉡, ㉣　　　　⑤ ㉢, ㉣

2 밑줄 친 ㉠의 까닭은 두 가지입니다. 아래 빈칸에 들어갈 말을 이 글에서 찾아 완성해 보세요.

[1] ☐☐☐ 사람들이 ☐☐☐ 을(를) 즐겼기 때문입니다.

[2] ☐☐☐ 의 매는 영리하고 ☐☐ 능력이 뛰어나기 때문입니다.

3 다음 중 밑줄 친 ㉡과 바꿔 쓸 수 있는 표현을 골라 보세요. ---------------- [　　]

① 계속되고
② 끊어지고
③ 나눠지고
④ 사라지고
⑤ 세워지고

4 다음 중 '눈독을 들이다'와 가장 어울리는 상황을 골라 보세요. ------------------------------ [　　　]

① 내 옷이 너무 눈에 띄지 않는 것 같아.
② 다음 주에는 이 고양이 모양 지우개를 꼭 살 거야.
③ 동생이 친구들과 캠핑을 갔는데, 벌써 너무 보고 싶어.
④ 나는 시력이 좋지 않아서 멀리 있는 글자가 잘 안 보여.
⑤ 다툰 친구의 마음을 가만히 들여다보면 진짜 속마음이 보일 거야.

5 다음 일기를 읽고 '눈독을 들이다'와 어울리는 상황을 골라 보세요. ------------------------------ [　　　]

8 월   7 일   일 요일　　　　　　　　　　　　　　　　　　날씨: 맑음

여름방학을 맞이하여 가족들과 함께 여름휴가를 떠났다. ① 계곡에서 물놀이를 하고 고기도 구워 먹었다. ② 그러던 중 동생이 고양이를 발견했다. ③ 조그만 회색빛 새끼 고양이였다. ④ 고양이는 우리가 먹는 고기가 먹고 싶은지 계속해서 우리 주변을 어슬렁거렸다. ⑤ 그런 모습이 너무 재밌어서 가족들은 웃음을 터뜨렸다.

6 다음은 '눈독을 들이다'처럼 '눈'과 관련된 다양한 관용 표현을 활용한 문장입니다. 관용 표현들과 그 의미를 알맞게 이어 보세요.

[1] 도둑은 주인이 없는 집에 몰래 들어가 **눈에 불을 켜고** 귀중품을 찾았다. 　·　　　·　⊙ 오래 보아 익숙하다

[2] 현수는 문구점에서 본 펜이 **눈에 밟혀서** 공부에 집중이 되지 않았다. 　·　　　·　⊙ 잊히지 않고 자꾸 머리에 떠오르다

[3] 공부를 열심히 하고 시험을 보니 다 **눈에 익은** 문제들이었다. 　·　　　·　⊙ 몹시 욕심을 내거나 관심을 기울이다

08회 어법·어휘편

1단계

다음 문장의 빈칸에 들어갈 말을 [보기]에서 찾아 써 보세요.

[보기]   호령   간섭   수렵

[1] 선조들은 산에서 사냥을 하며 ☐☐ 생활을 했다.

[2] 학생들은 선생님의 ☐☐ 에 재빨리 교실로 돌아갔다.

[3] 다른 사람의 일에 불필요하게 ☐☐ 하는 것을 피해야 한다.

2단계

밑줄 친 부분과 바꿔 쓸 수 있는 표현을 골라 번호를 써 보세요.

[1] 원나라는 해동청에 욕심을 내어 **눈여겨보았습니다.** ----------- [   ]
　　　① 관심 있게 살펴보았습니다.
　　　② 보고도 안 본 척하였습니다.

[2] 해동청은 몸집이 큰 사냥감도 **거뜬히** 사냥해 냈습니다. ----------- [   ]
　　　① 손쉽고 간단하게
　　　② 애를 써서 겨우 힘들게

3단계

다음 [보기]는 본문에서 나온 표현에 대한 설명입니다. 내용을 읽고, '시치미를 떼다'가 무슨 뜻인지 ○표를 해 보세요.

[보기]
　'시치미'는 매의 주인이 누구인지를 표시하는 일종의 이름표였다. 그래서 사냥꾼들은 이미 시치미를 달고 있는 매를 잡으면 놓아주었다. 그런데 욕심이 생기면, 시치미를 보고도 놓아주지 않는 경우가 생긴다. 얼른 떼어버리고 마치 자기 매인 것처럼 천연덕스럽게 구는 것이다. 여기서 생긴 말이 '시치미를 떼다'이다.

[1] 부지런한 사람이 성공한다. --- [   ]
[2] 자기가 하지 않은 체하거나 모르는 체하다. ----------------- [   ]
[3] 거의 다 된 일을 끝판에 망치게 되다. -------------------------- [   ]

시간
끝난 시간 ☐시 ☐분
1회분 푸는 데 걸린 시간 ☐분

채점
독해 6문제 중 ☐개
어법·어휘 6문제 중 ☐개

백미(白眉)*
흰 백   눈썹 미

옛날 어느 마을에 어질고 똑똑하기로 소문난 마씨 오형제가 있었는데 그중에서도 눈썹에 흰 털이 난 마량이라는 자가 가장 뛰어났습니다. 이때부터 '흰 눈썹'이라는 뜻의 '백미(白眉)'는 '여럿 가운데 가장 뛰어난 사람이나 훌륭한 물건'을 가리키게 되었습니다.

공부한 날 [ ]월 [ ]일 시작 시간 [ ]시 [ ]분

유비는 적벽대전에서 조조를 크게 이겨 형주, 남군, 양양 등 여러 지역들을 새로 거머쥐었습니다. (가) 그 후 아랫사람들을 불러 모아 이 지역들을 앞으로 어떻게 다스릴 것인지 의논하였는데, 이때 이적이라는 사람이 나서서 유비에게 말했습니다.

"임금께서 형주 지역을 다시 빼앗기지 않고 오래 지키고자 하신다면 먼저 뛰어난 인재를 찾으셔야 합니다."

"그러한 인재가 어디 있소?"

유비가 묻자 이적이 대답했습니다.

"형주에서는 마씨 성을 가진 다섯 형제들의 학식^①과 됨됨이가 훌륭하기로 유명합니다. 그중에서도 눈썹이 하얀 자가 가장 뛰어나다고 합니다. 그 자를 불러 신하로 두십시오."

"그 자의 이름이 무엇이오?"

"마량이라고 합니다."

(나) 유비는 이적의 말을 듣고 마량을 불러들였습니다. 마량은 들은 대로 특이한 하얀 눈썹을 가지고 있었는데, 대화를 나누어 보니 과연 학식이 뛰어나고 믿음직한 사람이었습니다. (다)

유비는 장군이 된 마량을 이웃 나라의 우두머리인 손권에게 사신^②으로 보냈습니다. 마량은 손권에게 ㉠자신을 소개하는 글을 직접 써서 들고 갔습니다.

「저희 임금께서는 저를 보내어 두 나라의 좋은 관계가 변함없도록 하고자 하십니다. 저는 재능이 많은 인재입니다. 그러니 저를 믿으시고 우리나라와 좋은 관계를 지속해^③ 나가심이 어떠신지요.」

손권은 마량의 글을 읽고 감탄했습니다. (라) 그리하여 사신으로 온 마량을 정성껏 대접했고, 두 나라는 좋은 관계를 계속 유지할 수 있었습니다.

그 후로도 마량은 사나운 오랑캐들을 말로 설득하여 신하로 삼는 등 많은 공을 세웠습니다.

(마) 이후 사람들은 가장 빼어난 사람이나 물건을 볼 때마다 자연스레 마량을 떠올리며 감탄했습니다. 그래서 여럿 중 가장 뛰어난 것을 가리켜 '흰 눈썹'이란 뜻인 백미라고 부르게 되었습니다.

- 유래

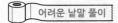
어려운 낱말 풀이 | ① **학식** 배워서 얻은 지식 學배울 학 識알 식
② **사신** 나라를 대표하여 다른 나라에 가는 신하 使하여금 사 臣신하 신
③ **지속해** 어떤 상황을 오래 계속해 持가질 지 續이을 속 -

1 이 이야기로 미루어보아 마량은 어떻게 생겼을지 골라 보세요. ---------------------------------- [   ]

①
②
③

2 이적이 새로 얻은 땅을 유지하기 위해 가장 먼저 해야 한다고 말한 것은 무엇인지 골라 보세요.
-- [   ]

① 군사력을 두 배로 늘린다.
② 뛰어난 인재를 찾는다.
③ 성벽을 더욱 튼튼하게 쌓아 올린다.
④ 이웃 나라와 돈독한 우호관계를 맺는다.
⑤ 임금이 될 사람을 찾는다.

3 (가)~(마) 중 다음 문장이 들어가기에 알맞은 곳을 골라 보세요. ------------------------- [   ]

> 유비는 마량과 대화를 나눈 후 마량을 장군으로 삼았습니다.

① (가)   ② (나)   ③ (다)   ④ (라)   ⑤ (마)

4 다음 글을 읽고 이야기의 내용과 <u>다른</u> 것을 골라 보세요. ────────── [   ]

> '백미(白眉)'라는 말은 학식과 인품이 뛰어났던 마량이라는 자로부터 생겨났습니다. 마량에게는 ①네 명의 다른 형제가 있었는데 그중에서도 마량이 가장 우수했습니다. 한 가지 특이한 점은, ②마량의 눈썹은 하얬습니다.
>
> 마량은 유비에게 그 재능을 인정받아 ③유비 밑에서 일하게 되었는데, ④출중한 그림 실력으로 이웃 나라의 우두머리와 오랑캐를 감동시켰습니다. 그때 이후로 사람들은 ⑤여럿 가운데 가장 훌륭한 사람을 가리켜 흰 눈썹, 즉 백미라고 부르게 되었습니다.

5 밑줄 친 ㉠을 바르게 이해한 친구를 골라 보세요. ────────────── [   ]

① **덕기**: 유비는 마량을 칭찬하는 글을 직접 써서 손권에게 보냈어.
② **필순**: 자기가 재능이 많다고 말하는 것으로 보아 마량은 거만한 사람인 것 같아.
③ **경애**: 이웃 나라의 우두머리에게 바치는 글이었으니 명령하는 말투로 썼을 거야.
④ **병화**: 두 나라가 좋은 관계를 맺지 않으면 벌어질 상황에 대해 경고하고 있어.
⑤ **상훈**: 자신을 믿고 두 나라가 좋은 관계를 맺어야 한다고 손권을 설득하고 있어.

6 다음 중 '백미'의 쓰임이 <u>어색한</u> 문장을 골라 보세요. ──────────── [   ]

① 그날 장기자랑의 **백미**는 단연 3반 친구들의 합창 공연이었어.
② 동계 올림픽의 **백미**는 뭐니 뭐니 해도 스릴 넘치는 쇼트 트랙이지.
③ 이번 여행의 **백미**는 2000그루가 넘는 편백나무가 멋지게 서 있는 숲이었어.
④ 주인공이 두 달 동안 계획한 작전이 성공하는 장면이 그 영화의 **백미**야.
⑤ 비 오는 날 벼락을 맞을까 걱정하는 것은 **백미**일 뿐이야.

1단계

다음의 빈칸에 들어갈 말을 [보기]에서 찾아 써 보세요.

> [보 기]　　　　　　　학식　　　　설득　　　　지속

[1] 의사는 치료를 거부하는 환자를 조리 있는 말로 ☐☐ 하였다.

[2] 당분간은 추운 날씨가 ☐☐ 될 것으로 보인다.

[3] 그 강사님은 ☐☐ 이 깊어 어떤 질문이든 술술 대답해주셨다.

2단계

밑줄 친 부분과 바꾸어 쓸 수 있는 말을 골라 번호를 써 보세요.

[1] 마씨 오형제 중 가장 **빼어난** 마량 ────────────────── [　　　]
　　　① 뛰어난
　　　② 독특한

[2] 우리는 한동안 이 관계를 **지속하기로** 했다. ───────────── [　　　]
　　　① 유지하기로
　　　② 바로잡기로

3단계

다음 중 '어질다'의 뜻에 포함되지 <u>않는</u> 낱말을 찾아 ○표를 해 보세요.

어질다

| 착하다 | 지혜롭다 | 너그럽다 | 예민하다 | 슬기롭다 |

[　　] 　 [　　] 　 [　　] 　 [　　] 　 [　　]

시간 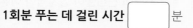 끝난 시간 ☐시 ☐분

1회분 푸는 데 걸린 시간 ☐분

채점 독해 6문제 중 ☐개

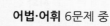 어법·어휘 6문제 중 ☐개

10회 모난 돌이 정 맞는다*

'정'은 돌을 다듬을 때 쓰는 쇠막대기를 말합니다. '모난 돌이 정 맞는다'는 돌에서 튀어나온 부분이 정을 맞는다는 말로, '유달리 뛰어난 사람이나 꼿꼿한 사람은 미움을 받기 쉽다'는 말입니다.

공부한 날 [ ]월 [ ]일 시작 시간 [ ]시 [ ]분

조선 시대에 조광조라고 하는 선비가 살았습니다. 그는 대나무처럼 **꼿꼿하고**① 재주가 뛰어나기로 유명했습니다. 그래서 그는 많은 백성들의 사랑을 받았을 뿐만 아니라, 당시 조선의 왕이었던 중종의 **신임**②을 듬뿍 받는 신하이기도 했습니다.

조광조는 중종의 신임을 바탕으로 수많은 **개혁**③을 시도했습니다. 그중에는 백성들을 위한 것도 있었습니다. 그때 조선은 살기 어려운 백성들이 땅을 팔고, 땅을 팔고 나니 농사를 짓지 못해 노비로 팔려가는 악순환이 계속되고 있었습니다. 조광조는 그 모습을 보고 사람마다 가질 수 있는 토지에 제한을 두고, 노비의 수도 점차 줄여 나가야 한다고 주장했습니다.

↑ 走肖爲王(주초위왕)이라고 벌레들에 의해 파인 잎사귀를 상상해서 그린 그림. '走肖(주초)'는 합쳐서 '趙(조)'라는 한자가 됩니다. 이는 조광조의 성씨인 '조'를 뜻합니다. 여기에 '~이 되다'라는 뜻의 한자 '爲(위)'와 '왕'을 뜻하는 '王(왕)'을 합쳐서 '조광조가 왕이 된다'라는 모함을 조광조를 싫어하는 신하들이 임금님에게 한 것이었습니다.

그러나 조광조를 사랑하는 사람이 많은 만큼, 싫어하는 사람들도 많았습니다. 특히 조광조 때문에 손해를 보게 된 신하들이 그랬습니다. 그들은 백성들을 노비로 삼아 재산을 불리며 이득을 보고 있었습니다. 그런데 조광조의 뜻이 이루어지면 그 모든 것을 잃을 위기에 처한 것이었습니다.

조광조를 미워하는 신하들은 조광조를 **모함**④할 계획을 짜기 시작했습니다. 그들은 꿀물로 나뭇잎에 '조광조가 왕이 된다'라는 내용의 글씨를 적고, 벌레를 두었습니다. 그러자 벌레들이 꿀물이 발라진 부분만 파먹어 나뭇잎에는 '조광조가 왕이 된다'는 내용의 글자가 보이게 되었습니다. 조광조를 미워하는 신하들은 그 나뭇잎을 중종에게 보여 주었고, 중종은 조광조가 반란을 일으킬까 두려운 마음에 조광조를 죽이기로 결심했습니다.

결국 조광조와 조광조를 지지했던 선비들은 **사약**⑤을 받게 되었습니다. 그 해가 **기묘년**⑥이었기 때문에 그 사건은 '기묘**사화**⑦'라 불리게 되었고, 백성들은 존경하던 선비 하나를 잃어 무척 슬퍼했습니다.

"㉠**모난 돌이 정 맞는다***더니, 바른 말만 하시다 모함으로 가셨구나!"

조광조는 죽었지만, 그를 따르던 선비들은 몇 명이 살아남아 그의 뜻을 이어갔습니다. 그리고 수십 년이 지난 후, 조광조는 비로소 누명을 벗고 명예를 되찾게 되었습니다.

– 우리나라 역사 이야기

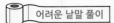
어려운 낱말 풀이

① **꼿꼿하고** 의지나 태도가 굳세어 이익이나 압력에 흔들리지 않고 ② **신임** 믿고 일을 맡김, 혹은 그 믿음 信믿을 신 任맡길 임 ③ **개혁** 제도나 기구 따위를 새롭게 뜯어고침 改고칠 개 革가죽 혁 ④ **모함** 나쁜 꾀로 남을 어려운 처지에 빠트림 謀꾀할 모 陷빠질 함 ⑤ **사약** 옛날에 왕이 큰 죄를 지은 신하에게 내리던 독약. 먹으면 죽음 賜줄 사 藥약 약 ⑥ **기묘년** 육십갑자로 세는 연도는 1년마다 이름이 바뀌는데, '기묘년'은 그중 열여섯 번째 년도 己자기 기 卯토끼 묘 年해 년 ⑦ **사화** 선비들이 화를 당함. 조선 시대에 선비들이 정치적인 이유로 많이 죽은 사건에 붙이는 말 士선비 사 禍재앙 화

1 이 글에서 다른 신하들이 조광조를 미워하고 모함한 까닭을 써 보세요.

일부 신하들은 백성을 ☐☐(으)로 삼아 ☐☐을(를) 불리며 이득을

보고 있었는데, 조광조의 뜻이 이루어지면 ☐☐을(를) 보게 되기 때문이다.

2 다음은 이 글을 바탕으로 '기묘사화'에 대해 정리한 것입니다. 알맞지 <u>않은</u> 것을 골라 보세요. .... [   ]

> **기묘사화**
> • 조광조와 그를 지지하던 선비들이 사약을 받은 사건 .... ①
> • 조광조를 싫어하던 신하들의 모함으로 시작됨 .... ②
> • 나뭇잎의 '조광조가 왕이 된다'라는 글자가 중종의 불안을 자극함 .... ③
> • 조광조와 그를 따르던 선비들의 죽음으로 그의 뜻은 이어지지 못함 .... ④
> • 기묘년에 일어난 일이라 '기묘사화'라는 이름이 붙게 되었음 .... ⑤

3 다음 중 조광조가 냈을 개혁안으로 알맞은 것에 ○표를 해 보세요.

앞으로 신분의 구분을 없애고, 과거 제도를 폐지해야 합니다. 또한 지나치게 어린 나이에 결혼하는 것을 금지하며 과부가 다시 결혼하는 것을 허용해야 합니다. 그리고 쌀, 콩, 옷감 따위로 받던 세금을 모두 돈으로 받도록 해야 합니다.	불교는 다음 생을 위한 것이고, 유교는 오늘을 위한 것입니다. 그러므로 유교를 더 중히 여기셔야 합니다. 또, 얼마 전 평민으로 풀어 준 노비들을 다시 노비로 만들어야 국가의 질서가 바로설 수 있습니다.	가난한 백성들이 땅을 팔고, 땅을 팔아 버려서 농사를 짓지 못해 노비가 됩니다. 일부 신하들이 탐욕스럽게 땅을 사들이기 때문입니다. 그러므로 사람마다 가질 수 있는 땅을 제한하고, 노비의 수도 줄여 나가야 합니다.
[ ]	[ ]	[ ]

4 밑줄 친 ㉠에서 '모난 돌'과 '정 맞는다'는 각각 무엇을 뜻하는지 빈칸에 들어갈 말을 써 보세요.

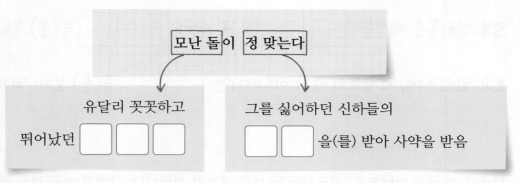

유달리 꼿꼿하고 뛰어났던 ☐☐☐

그를 싫어하던 신하들의 ☐☐을(를) 받아 사약을 받음

5 다음은 '모난 돌이 정 맞는다'를 두고 나눈 선생님과 학생의 대화입니다. 대화를 보고 '모난 돌'과 '정 맞는다'의 뜻을 각각 알맞게 이어 보세요.

학　생: 선생님, '모난 돌'은 무슨 뜻인지 알 것 같아요. 그런데 '정 맞는다'에서 '정'은 무엇을 말하는 건가요?

선생님: '정'은 돌을 쪼개거나 다듬기 위해 쓰는 도구입니다. 정의 뾰족한 부분을 돌에 대고 망치로 때리면 돌이 깨지면서 다듬어진답니다. 그리고 돌을 다듬을 때는 매끄러운 부분보다는 무언가 튀어나온 부분을 치게 되겠죠? 그래서 '모난 돌이 정 맞는다'라는 말이 생겨난 거랍니다.

↑ 망치와 정

모난 돌 이 　 정 맞는다

유달리 뛰어나거나 꼿꼿한 사람이

미움 받기 쉽다

6 다음 중 '모난 돌이 정 맞는다'를 올바르게 활용한 친구에 ○표를 해 보세요.

동하: 이순신 장군의 활약을 질투한 사람들이 트집을 잡아 이순신 장군을 감옥에 가둔 적이 있어. 그야말로 **모난 돌이 정 맞은 셈**이지.

반석: 김연아 선수는 피겨 스케이팅이 인기 없던 시절부터 노력해서 엄청난 성과를 냈어. **모난 돌이 정 맞는다**는 말이 딱 맞아.

우석: **모난 돌이 정 맞는다**는 말이 있듯이, 세종대왕은 어린 시절부터 뛰어난 능력을 보여 셋째임에도 왕이 될 수 있었어.

[　　] 　 [　　] 　 [　　]

1 단계
다음의 낱말과 뜻이 알맞도록 선으로 이어 보세요.

[1] 신임 •

[2] 모함 •

[3] 개혁 •

• ㉠ 나쁜 꾀로 남을 어려운 처지에 빠트림

• ㉡ 믿고 일을 맡김. 또는 그 믿음.

• ㉢ 제도나 기구 따위를 새롭게 뜯어고침

2 단계
'둥글다'와 '모나다'는 뜻이 서로 반대되는 말입니다. 다음 뜻풀이에 알맞게 빈칸에 들어갈 말을 써 보세요.

□□□

1. 원이나 공 따위와 모양이 같거나 비슷하다.
2. 성격이 원만하여 남들과 잘 어울리다.

→

←

□□□

1. 사물의 모습 등에 눈에 띄게 튀어나온 부분이 있다.
2. 성격이 까칠하여 남들과 잘 어울리지 못하다.

3 단계
[보기]의 빈칸에 공통으로 들어갈 말을 써 보세요.

[보 기]

□□□ 은(는) 곧게 자랄 뿐만 아니라, 단단하고 잘 꺾이지 않아 먼 옛날부터 많은 선비들의 사랑을 받았습니다. '대쪽'은 '□□□'을(를) 자른 것을 부르는 말인데, '대쪽 같다'라고 하면 올곧고 신념을 굽히지 않는 사람을 두고 하는 말입니다.

→ □□□

시간
끝난 시간 □시□분
1회분 푸는 데 걸린 시간 □분

채점
독해 6문제 중 □개
어법·어휘 5문제 중 □개

다르다(차이) / 틀리다(잘못)

세계의 역사 수업 중이었습니다. 선생님은 아이들에게 두 사진을 보여 주었습니다.

호원: 우와, 피라미드가 멕시코에도 있었나 봐요. 이집트의 피라미드와 완전히 똑같아요.

성훈: 자세히 보면 서로 { ① 달라 / ② 틀려 }. 멕시코의 피라미드는 꼭대기가 뾰족하지 않잖아.

선생님: 맞아요. 또 이집트의 피라미드는 무덤이었지만 멕시코의 피라미드는 신전이었답니다.

⬆ 멕시코의 피라미드

⬆ 이집트의 피라미드

‘다르다’와 ‘틀리다’는 비슷한 말처럼 보이지만 그 뜻은 전혀 다릅니다. ‘다르다’는 ‘두 대상이 서로 같지 않다’라는 뜻이고, ‘틀리다’는 ‘사실 따위가 그르게 되거나 어긋나다’라는 뜻입니다. 다시 말해 ‘다르다’는 두 대상이 서로 같지 않아 차이가 있을 때 쓰는 말이고, ‘틀리다’는 어떤 것이 실제 사실과 일치하지 않을 때 쓰는 말입니다. 예를 들어 다르다는 ‘쌍둥이의 성격이 다르다’, ‘귤과 오렌지는 다르다’ 등으로 쓸 수 있고, 틀리다는 ‘답이 틀리다’, ‘대사를 틀리다’ 등으로 쓸 수 있습니다.

{ **다르다:** 두 대상이 서로 같지 않다. ‘쌍둥이의 성격이 다르다’, ‘귤과 오렌지는 다르다’ 등.
틀리다: 사실 따위가 그르게 되거나 어긋나다. ‘답이 틀리다’, ‘대사를 틀리다’ 등.

✏ **바르게 고쳐 보세요.**   정답: 005쪽

성훈: 자세히 보면 서로 틀려. 멕시코 피라미드는 꼭대기가 뾰족하지 않잖아.

→ **성훈:** 자세히 보면 서로 [ ][ ]. 멕시코 피라미드는 꼭대기가 뾰족하지 않잖아.

3주차

한 주 간의 계획을 먼저 세워보세요. 매일 학습을 마친 후 맞힌 문제의 개수를 쓰세요!

회차	영역	학습내용	학습계획일	맞은 문제수
11회	관용어	**판도라의 상자를 열다** 호기심을 못 이겨 어떠한 행동을 했다가 돌이킬 수 없는 안 좋은 결과가 생긴다면 매우 후회스러울 것입니다. 이러한 상황에서는 그리스 로마 신화 이야기에서 유래된 표현인 '**판도라의 상자를 열다**'라는 표현을 사용할 수 있습니다. 이는 '**호기심 때문에 해서는 안 되는 일을 하다**'라는 뜻입니다.	월 일	독 해 6문제 중 ☐ 개 어법·어휘 6문제 중 ☐ 개
12회	고사성어	**결초보은(結草報恩)** 죽을 때까지 잊을 수 없는 감사함이 있다면 어떻게 해서라도 그 은혜에 보답하고 싶겠죠? '**결초보은(結草報恩)**'은 '**죽은 뒤에도 잊지 않고 풀을 엮어서라도 은혜를 갚는다**'라는 말입니다.	월 일	독 해 6문제 중 ☐ 개 어법·어휘 5문제 중 ☐ 개
13회	속담	**발 없는 말이 천 리 간다** 말은 두 가지가 있습니다. 하나는 달리는 말이고, 또 하나는 우리의 입에서 나오는 말입니다. 그중 발 없는 말이란 당연히 입에서 나오는 말을 말합니다. '**발 없는 말이 천 리 간다**'는 '**소문은 발이 없어도 순식간에 멀리까지 퍼진다**'라는 뜻으로 쓰는 말입니다.	월 일	독 해 5문제 중 ☐ 개 어법·어휘 4문제 중 ☐ 개
14회	관용어	**마침표를 찍다** '**마침표를 찍다**'라는 말은 말이나 글을 마무리한다는 뜻입니다. 그런데 '**어떤 일의 끝이 나거나 끝을 낸다**'는 의미로 확장되어 쓰이기도 합니다.	월 일	독 해 6문제 중 ☐ 개 어법·어휘 6문제 중 ☐ 개
15회	고사성어	**구우일모(九牛一毛)** 아홉 마리의 소가 있다면 그중에서 소의 털 한 가닥은 없어져도 모를 만큼 아주 사소할 것입니다. '**구우일모(九牛一毛)**'는 아홉 마리 소 중에서 털 한 가닥이 빠진 것을 말하는데, 그 정도로 '**대단히 많고 중요한 것 중에서 아주 하찮은 것**'을 뜻합니다.	월 일	독 해 6문제 중 ☐ 개 어법·어휘 8문제 중 ☐ 개

11회 관용어

판도라의 상자를 열다*

무언가를 절대로 하지 말라고 하면, 사람들은 더욱 호기심을 가지게 됩니다. 그리고 만약 호기심을 못 이겨 그 행동을 했다가 돌이킬 수 없는 안 좋은 결과가 생긴다면 매우 후회스러울 것입니다. 이러한 상황에서는 그리스 · 로마 신화 이야기에서 유래된 표현인 **판도라의 상자를 열다**라는 표현을 사용할 수 있습니다. 이는 '**호기심 때문에 해서는 안 되는 일을 하다**'라는 뜻입니다.

공부한 날 [ ]월 [ ]일 시작 시간 [ ]시 [ ]분

아주 먼 옛날, 신들이 사는 **올림포스**①에 신들의 왕인 제우스가 있었습니다. 당시 제우스는 인간들이 불을 다루는 것을 ㉠금지하고 있었습니다. 불은 신들에게만 허락된 신성한 특권이라고 생각했기 때문입니다. 그런데 신 중 한 명이었던 프로메테우스는 인간들을 너무나 아꼈던 나머지 제우스의 명령을 어기고 하늘에서 불을 훔쳐 인간들에게 주었습니다. 그 사실을 알게 된 제우스는 몹시 화가 나서 프로메테우스에게 큰 벌을 내렸습니다.

그러나 이미 인간들이 불을 갖게 된 것은 돌이킬 수 없었습니다. 제우스는 자신이 금지한 불을 마음대로 다루기 시작한 인간들에게도 화가 났습니다. 제우스는 인간들을 ㉡**곤경**②에 빠뜨리기 위해 프로메테우스의 동생 에피메테우스를 이용하기로 했습니다. 그리고 자신의 맏아들이자 **대장장이**③의 신인 헤파이스토스에게 명령했습니다.

"진흙으로 여자 한 명을 만들도록 해라."

헤파이스토스가 만든 여인의 이름은 '판도라'였습니다. 판도라는 태어나자마자 신들의 선물을 한가득 받았습니다. 전쟁의 여신 아테네는 뛰어난 손재주를, 미와 사랑의 여신 아프로디테는 자신을 닮은 아름다움을, **전령**④의 신 헤르메스는 모든 사람들에게 믿음을 얻을 수 있는 훌륭한 말솜씨를 판도라에게 주었습니다. 마지막으로 제우스는 판도라에게 **호기심**⑤을 선물하면서 작은 상자 하나를 함께 건네주었습니다.

"이 상자 안에는 신이 인간들에게 주는 선물이 들어 있다. 하지만 집 안에만 ㉢**고이**⑥ 모셔 두고, 절대로 뚜껑을 열어 봐서는 안 된다."

제우스는 판도라를 에피메테우스에게 보냈습니다. 에피메테우스는 판도라를 보는 순간 사랑에 빠졌습니다. 그러나 프로메테우스는 에피메테우스에게 단단히 경고했습니다.

"제우스가 보낸 사람을 함부로 믿어서는 안 돼. 분명히 다른 **속셈**⑦이 있을 거야."

하지만 에피메테우스는 고집을 부려 결국 판도라와 결혼했습니다. 두 사람은 한동안 행복하게 살았습니다. 그러던 어느 날, 판도라는 제우스가 준 상자 안에 무엇이 들어 있는지 궁금해졌습니다. 처음에는 참아 보려고 했지만, 점점 더 신경이 쓰여 견딜 수 없었습니다.

"제우스 님께서 절대 열어 보지 말라고 하셨지만 궁금해서 견딜 수가 없어!"

결국 판도라는 자신의 호기심을 ㉣이기지 못하고 상자의 뚜껑을 열었습니다. 그 순간 상자 안에서 아직 인간 세상에는 ㉤존재하지 않았던 불행들이 튀어나왔습니다. 질병, 질투, 욕심, 남을 미워하는 마음 같은 것들이 세상으로 퍼져 나간 것입니다. 판도라는 깜짝 놀라서 뚜껑을 닫았지만 때는 이미 늦었습니다. 판도라는 자신이 **금기**⑧를 어긴 대가로 인간들에게 고통을 준 것에 대해 크게 **죄책감**⑨을 느꼈습니다.

하지만 상자 밑바닥에는 아직 하나가 남아 있었습니다. 바로 '희망'이었습니다. 판도라는 눈물을 닦으며 '희망'을 인간 세상으로 내보내 주었습니다. 덕분에 인간은 현재의 삶에 불행이 **닥쳐와도**⑩ 미래에는 더 좋은 상황이 생길 것이라는 믿음을 가지게 되었고, 나쁜 일이 생겨도 그 일을 극복할 만한 의지를 다질 수 있게 되었습니다.

1 [보기]에서 설명하는 인물의 이름을 써 보세요.

[보 기]
• 헤파이스토스가 진흙으로 만들었다.
• 제우스로부터 호기심과 상자 하나를 선물로 받았다.
• 제우스에게서 받은 상자를 열었다.

→ ☐☐☐

2 다음 중 이 이야기의 내용으로 맞는 것에 ○, 아닌 것에 ×를 해 보세요.

[1] 제우스는 인간들에게 불을 가져다주었다. ──────────────── [　　]
[2] 판도라는 신들에게 많은 선물을 받았다. ──────────────── [　　]
[3] 판도라는 훌륭한 말솜씨와 뛰어난 손재주를 가졌다. ──────── [　　]
[4] 판도라는 제우스가 시킨 대로 상자의 뚜껑을 열었다. ──────── [　　]

3 ㉠~㉤을 뜻이 비슷한 낱말로 올바르게 바꾸지 <u>않은</u> 것을 골라 보세요. ──────── [　　]

① ㉠금지하고 → 막고　　② ㉡곤경 → 존경　　③ ㉢고이 → 고스란히
④ ㉣이기지 → 견디지　　⑤ ㉤존재하지 않았던 → 없었던

4 프로메테우스가 말한 제우스의 [속셈] 은 무엇이었나요? ──────────────── [　　]

① 에피메테우스를 고통스럽게 만드는 것
② 판도라의 호기심을 통해 인류를 발전시키는 것
③ 판도라의 상자로 인간들을 곤경에 빠뜨리는 것
④ 인간 세상에 있는 모든 불행들을 없애 버리는 것
⑤ 인간들이 판도라와 함께 더욱 즐겁게 살아갈 수 있도록 하는 것

어려운 낱말 풀이
① **올림포스** 그리스에서 가장 높은 산의 이름 (그리스 · 로마 신화에서 신들이 사는 장소로 등장한다.)
② **곤경** 어려운 형편이나 처지 困곤할 곤 境지경 경　③ **대장장이** 대장간에서 쇠를 달구어 칼이나 낫, 호미 같은 연장을 만드는 사람　④ **전령** 명령을 전하는 일 傳전할 전 令명령할 령　⑤ **호기심** 모르는 것을 알고 싶어 하는 마음 好좋을 호 奇기특할 기 心마음 심　⑥ **고이** 고스란히　⑦ **속셈** 마음에 품은 계획이나 생각　⑧ **금기** 해서는 안 되는 일 禁금할 금 忌꺼릴 기　⑨ **죄책감** 저지른 잘못에 대하여 책임을 느끼는 마음 罪허물 죄 責꾸짖을 책 感느낄 감　⑩ **닥쳐와도** 어떤 일이 바로 앞에 다가와도

뿌리일보

"신분증이 없어질 수 있을까?"
안면 인식 기술 활용에 대한 기대와 우려

'안면 인식 기술'이란 사람의 얼굴을 인식하면 그 사람이 누구인지 알 수 있게 해 주는 기술이다. 안면 인식 기술을 사용하면 사람에 대한 정보를 빠르게 확인할 수 있어서 공항이나 시험장 등에서 본인 확인 과정을 간단하게 줄일 수 있다. 또한 이 기술을 이용하면 계산대와 스마트폰에 얼굴만 보여 줘도 결제가 되는 편리한 시스템을 만들 수도 있다. 현재 중국은 전국의 CCTV에 안면 인식 기술을 적용해서 범죄자의 위치를 파악하여 체포하는 데 도움을 얻고 있다.

그러나 이 기술을 CCTV 등에 무분별하게 이용하는 것이 ㉮**판도라의 상자를 여는 것**과 같다는 우려가 나오고 있다. CCTV만으로 개인의 신원이 파악되면 어떤 사람이 언제 어디에 있는지에 대한 개인 정보가 바로 파악될 수 있다. 또한 사람들에게 늘 감시당하고 있다는 불쾌감을 줄 수도 있다.

- 윤지원 기자(yoonjw1110@mothert.co.kr)

5 다음 중 위의 신문 기사를 읽고 떠올린 생각으로 적절한 것을 골라 보세요. ····················· [   ]

① 안면 인식 기술은 여러 사람의 얼굴에서 공통점을 찾아내는 기술이구나.
② 현재 안면 인식 기술을 CCTV에 적용하고 있는 나라는 존재하지 않는구나.
③ 안면 인식 기술을 이용해서 어떤 사람의 현재 위치를 보다 쉽게 알 수 있구나.
④ 편의점에서 물건을 계산할 때에는 안면 인식 기술을 적용하기 어렵겠구나.
⑤ 안면 인식 기술의 부정적인 면에 대해서 걱정하는 사람은 없다고 볼 수 있어.

6 밑줄 친 ㉮가 의미하는 것을 골라 보세요. ─────────────────────────── [   ]

① 죄책감을 느끼게 될 것
② 문제의 해결책을 찾을 것
③ 신들에게 큰 선물을 받을 것
④ 희망이 가득한 미래로 나아갈 것
⑤ 돌이킬 수 없을 만큼 큰 문제가 생길 것

1 단계

다음 낱말과 알맞은 뜻을 선으로 이어 보세요.

[1] 속셈 •

[2] 곤경 •

[3] 금기 •

• ㉠ 마음에 품은 계획이나 생각

• ㉡ 해서는 안 되는 일

• ㉢ 어려운 형편이나 처지

2 단계

아래 문장의 빈칸에 알맞은 낱말을 [보기]에서 찾아서 써넣으세요.

[보 기]   호기심   죄책감

[1] 친구에게 한 실수 때문에 ☐☐☐ 이 들어서 앞으로 더욱 조심해야겠다고 결심했다.

[2] 나는 자연 현상에 대한 ☐☐☐ 이 많아서 인터넷 지식 백과를 자주 이용하고 있다.

3 단계

[보기]의 뜻풀이를 읽고 낱말이 알맞게 쓰인 것을 고르세요. ┄┄┄┄┄┄┄┄┄ [   ]

[보 기] – 장이: 어떤 기술을 가진 사람을 가리키는 말

        – 쟁이: 어떤 특성을 가진 사람을 가리키는 말

① 도배쟁이: 도배하는 기술을 가진 사람   ② 간판쟁이: 간판을 만드는 기술을 가진 사람

③ 고집장이: 고집을 심하게 부리는 사람   ④ 대장장이: 대장간에서 연장을 만드는 사람

⑤ 거짓말장이: 자주 거짓말하는 사람

시간   **끝난 시간** ☐ 시 ☐ 분   채점 **독해** 6문제 중 ☐ 개

1회분 푸는 데 걸린 시간 ☐ 분   **어법·어휘** 6문제 중 ☐ 개

12회 결초보은(結草報恩)*
묶을 결 풀 초 갚을 보 은혜 은

죽을 때까지 잊을 수 없는 감사함이 있다면 어떻게 해서라도 그 은혜에 보답하고 싶겠죠? '결초보은(結草報恩)'은 '죽은 뒤에도 잊지 않고 풀을 엮어서라도 은혜를 갚는다'라는 말입니다.

공부한 날 [ ]월 [ ]일 시작 시간 [ ]시 [ ]분

　　중국 진(晉)나라에 위과라는 사람이 있었습니다. 그의 아버지 위무자는 평소에 그에게 자신이 죽거든 자신이 아끼던 여인인 조희를 좋은 사람에게 시집을 갈 수 있도록 하라고 말하곤 했습니다.

　　그러던 어느 날, 그의 아버지가 큰 병에 걸려 앓아눕자 아버지는 조희를 자신과 함께 묻어 달라고 말했습니다. 위과는 아버지의 어떤 말씀을 따를지 고민했습니다.

　　'아버지께서 평소에는 조희를 좋은 사람에게 시집보내 주라고 하셨다. 병이 드신 후 하신 말씀은 정신이 **혼미**①해서 하신 말씀이니 정신이 맑을 때의 명령을 따라야겠다.'

　　위과는 아버지의 평소 말씀에 따라 조희를 좋은 사람과 다시 결혼할 수 있도록 해 주었습니다.

　　시간이 흘러 위과는 장군이 되어 전쟁에 나가 싸우게 되었습니다. 그는 며칠 동안 전투에서 **고전**②하며 싸우고 있었습니다. 그러던 중 꿈에 어떤 노인이 홀연히 나타나 "청초파, 청초파." 하는 소리를 들었습니다. 꿈에서 깬 그는 '청초파'가 근처 **지명**③이라는 사실을 깨닫고 그곳으로 군사를 몰고 갔습니다.

　　다음날 그곳에서 전투가 일어났는데, 적장이 말을 타고 앞으로 나아가려고 하면 자꾸 풀에 걸려 넘어지는 것이었습니다. 위과가 멀리서 보니 적장이 앞으로 나아갈 때마다 어떤 노인이 발밑에 풀을 엮어 말의 발을 자꾸만 걸리게 만들고 있었습니다. 결국 위과는 전투에서 큰 승리를 거두게 되었습니다.

　　그날 밤 꿈에 다시 노인이 나타나 말했습니다.

　　"다름 아니라 저는 조희의 아버지 되는 사람입니다. 장군은 살아생전 아버지의 말씀을 잘 지켜 내 딸을 좋은 사람과 살게 해 주었으니, 내 딸의 은인입니다. 장군의 은혜가 하늘에 닿아 이 노인이 풀을 묶어 그 은혜를 갚았습니다."

　　여기서 유래된 고사성어가 바로 '**결초보은***'입니다. 이는 '풀을 엮어 은혜를 갚는다'라는 뜻으로, 남에게 은혜를 베풀면 나중에 몇 배나 더 큰 보답을 받게 된다는 의미입니다. 우리는 그동안의 우리의 평소 **행실**④을 돌아보고 '**결초보은***'의 의미를 되새겨 보아야 합니다.

　　- 유래

어려운 낱말 풀이

① **혼미** 의식이 흐림. 또는 그런 상태 昏어두울 혼 迷미혹할 미
② **고전** 죽을힘을 다하여 싸우는 힘든 싸움 苦쓸 고 戰싸움 전
③ **지명** 마을이나 지방, 산천, 지역 따위의 이름 地땅 지 名이름 명
④ **행실** 실제로 드러나는 행동 行다닐 행 實열매 실

1 다음 중 이 이야기의 내용으로 맞는 것에 ○표, 아닌 것에 ×표를 해 보세요.

[1] 위과는 아버지가 병이 드신 후에 하신 말씀을 따랐다. ⸻⸻⸻⸻⸻ [　　　]

[2] 위과는 첫 전투에서 손쉽게 승리하였다. ⸻⸻⸻⸻⸻⸻⸻ [　　　]

[3] 위과의 꿈에 등장한 노인은 그의 아버지인 위무자였다. ⸻⸻⸻⸻ [　　　]

[4] 위과는 노인의 도움을 받아 전투에서 승리할 수 있었다. ⸻⸻⸻ [　　　]

2 이야기의 흐름에 맞게 [보기]의 사건을 일어난 순서대로 기호를 써 보세요.

[보 기]

㉠ 위과는 조희를 좋은 사람과 결혼할 수 있게 도와줌

㉡ 위과는 전쟁 중 꿈속에서 노인이 '청초파'라고 말하는 것을 듣게 됨

㉢ 위과의 아버지가 큰 병에 걸려 앓아눕게 됨

㉣ 꿈에 노인이 다시 나타나 위과에게 감사 인사를 전함

㉤ 청초파에서 위과는 큰 승리를 거두게 됨

ㄷ → ☐ → ☐ → ☐ → ☐

3 이야기의 내용을 바탕으로 빈칸에 공통으로 들어갈 말을 본문에서 찾아 써 보세요.

위과의 꿈 속에 나타난 노인은 '☐☐☐'(이)라고 이야기했다.

꿈에서 깬 위과는 '☐☐☐'이(가) 지명이라는 사실을 알고 그곳으로 군사를 몰고 갔다.

위과는 ☐☐☐ 에서 노인의 도움으로 큰 승리를 거뒀다.

→ ☐☐☐

4 이 이야기를 올바르게 이해한 친구에 ○표를 해 보세요.

> **현준:** 위과는 아버지가 큰 병에 걸려 앓아누우시자 아버지를 기쁘게 해 드리기 위해 전쟁에 나가 승리하였어.

> **창현:** 위과가 조희를 좋은 사람과 결혼을 할 수 있게 도와주었기 때문에 그녀의 아버지로부터 도움을 받아 전투에 승리할 수 있었어.

> **유지:** 위과는 꿈속에서 조희의 아버지로부터 적군의 약점에 관해 들은 덕분에 다음 날 전쟁에서 승리하게 되었어.

[   ]   [   ]   [   ]

5 다음은 '결초보은'의 한자와 뜻입니다. 빈칸을 채워 뜻풀이를 완성해 보세요.

結		草		報		恩	
뜻	음	뜻	음	뜻	음	뜻	음
맺을	결	풀	초	보답할	보	은혜	은

'결초보은'은 '[   ]을(를) 맺어서라도 [   ][   ]에 보답한다' 라는 뜻입니다.

죽은 뒤에도 위과의 은혜에 보답한 노인의 이야기에서 생긴 고사성어입니다.

6 이 이야기를 읽고 느낀 점을 가장 알맞게 말한 친구를 골라 보세요. ───────── [   ]

① **성준:** 항상 겸손한 마음으로 살아가야겠어.
② **소연:** 겉모습만으로 사람을 평가하지 말아야겠어.
③ **한나:** 함부로 다른 사람의 허물을 흉보지 말아야겠어.
④ **수현:** 그동안 가르쳐 주신 선생님의 은혜에 보답해야겠어.
⑤ **회준:** 시험에서 성적을 잘 받기 위해 열심히 노력해야겠어.

1단계

다음 낱말과 알맞은 뜻을 선으로 이어 보세요.

[1] 혼미 •

[2] 행실 •

[3] 고전 •

• ㉠ 실제로 드러나는 행동

• ㉡ 의식이 흐림. 또는 그런 상태

• ㉢ 죽을힘을 다하여 싸우는 힘든 싸움

2단계

다음 문장에 쓰인 밑줄 친 말과 뜻풀이를 알맞게 이어 보세요.

[1] 그 음료수를 조금씩 **따라서** 아이들에게 나누어 줘.

•

• ㉠ 명령, 의견 따위를 그대로 실행하다.

[2] 어머니의 말씀을 **따라서** 나는 밖으로 나갔어.

•

• ㉡ 안에 있는 액체를 밖으로 흐르게 하다.

3단계

다음 중 밑줄 친 부분이 [보기]의 '거두다'와 같은 뜻으로 쓰인 것에 ○표를 해 보세요.

[보 기]   결국 위과는 전투에서 큰 승리를 **거두게** 되었습니다.

[1] 다 잘 될 테니까 이제 걱정을 **거두렴**. --- [   ]

[2] 나는 열심히 노력해서 큰 성과를 **거두게** 되었습니다. ------------------- [   ]

[3] 그녀는 웃음을 **거두고** 화를 냈습니다. -- [   ]

 시간   끝난 시간 [   ]시[   ]분

1회분 푸는 데 걸린 시간 [   ]분

 채점   독해 6문제 중 [   ]개

어법·어휘 5문제 중 [   ]개

발 없는 말이 천 리 간다*

말은 두 가지가 있습니다. 하나는 달리는 말이고, 또 하나는 우리의 입에서 나오는 말입니다. 그중 발 없는 말이란 당연히 입에서 나오는 말을 말합니다. '발 없는 말이 천 리 간다'는 '소문은 발이 없어도 순식간에 멀리까지 퍼진다'라는 뜻으로 쓰는 말입니다.

공부한 날 [　] 월 [　] 일　시작 시간 [　] 시 [　] 분

먼 옛날 백제에 '서동'이라고 하는 청년이 살았습니다. 그는 가난해서 산에서 **마**를 캐다 팔며 살았지만, 머리가 **비상하고** 마음이 넓어 언젠가 훌륭한 사람이 되리라는 평가를 받았습니다. 그렇게 마를 캐며 살아가던 어느 날, 서동은 이웃 나라 신라의 '선화 공주'가 그렇게 아름답다는 소문을 듣게 되었습니다. 서동은 그 말을 듣고 신라로 넘어갔습니다.

신라에 도착한 서동은 마를 아이들에게 나누어 주어 마음을 샀습니다. 그리고 서동은 노래를 하나 지어 불렀는데, 곧 아이들도 따라 부르게 시켰습니다.

선화 공주님은 남몰래 시집가 놓고
서동을 밤에 몰래 안고 간다

노래는 아이들의 입을 타고 순식간에 퍼져 나갔습니다. ㉠**발 없는 말이 천 리 간다**는 말처럼, 노래가 널리 퍼져 모르는 사람이 없게 되자 왕궁에서는 난리가 났습니다. 당시에는 부모의 허락 없이 마음대로 결혼하는 것이 큰 문제가 되었기 때문이었습니다.

"그 **민망한** 노래가 벌써 온 나라에 퍼져 모두가 부르고 다닌다고 합니다. 당장 선화 공주를 쫓아내야 합니다!"

신하들의 말에 왕은 어쩔 수 없이 선화 공주를 먼 곳으로 보내기로 했습니다. 대신 왕은 선화 공주에게 금 한 덩이를 주었습니다. 금 한 덩이만 있으면 어디에 가서든 먹고살 걱정은 하지 않아도 되리라는 생각 때문이었습니다.

그리고 선화 공주가 출발하던 날, 서동은 선화 공주가 가는 길에 따라붙어 여러 재미있는 이야기를 들려주었습니다. 그리고 얼마 가지 않아 둘은 사랑에 빠졌고, 서로 결혼하여 행복하게 살기로 했습니다. 선화 공주는 서동에게 금덩이를 보여 주었습니다.

"이것은 제 아버지께서 주신 금덩이에요. 이것 하나만으로도 백 년은 먹고살 수 있답니다."

그러자 서동은 웃음을 터트렸습니다. 선화 공주가 까닭을 묻자, 그가 말했습니다.

"그런 것쯤은 내가 마를 캐던 곳에 산더미처럼 쌓여 있습니다."

선화 공주가 깜짝 놀라서 따라가 보니, 서동의 말처럼 산더미처럼 쌓인 금이 있었습니다. 서동과 선화 공주는 그 금을 신라의 왕에게 보내 다시 사람들의 마음을 얻었고, 나중에 서동은 백제의 왕이 되니 사람들은 그를 '무왕'이라 불렀습니다.

– 일연, 「삼국유사」

1 다음 중 이 이야기의 내용으로 알맞지 <u>않은</u> 것을 골라 보세요. ---------------------------------- [   ]

① 서동은 나중에 백제 무왕이 되었다.
② 서동은 가난해서 마를 캐다 팔며 살았다.
③ 선화 공주는 노래 때문에 왕궁에서 쫓겨났다.
④ 왕궁의 신하들은 서동이 만든 노래를 불쾌하게 여겼다.
⑤ 서동은 백제의 아이들에게 마를 나누어 주면서 마음을 샀다.

2 다음 중 이 이야기를 읽고 자신의 생각이나 느낌을 바르게 말한 친구를 찾아 ○표를 해 보세요.

> **승혁**: 서동은 처음부터 금의 가치를 알고 있었을 거야. 그래서 마를 아이들에게 무료로 나눠 줘도 상관없었던 거지. ---------------- [   ]

> **지수**: 요즘 같으면, 서동이 아무리 선화 공주의 마음을 얻고 싶었어도 거짓 소문을 퍼트린 것은 문제가 될 것 같아. ---------------- [   ]

> **동진**: 서동과 억지로 결혼한 선화 공주가 불쌍해. 아무리 왕이라도 소문만 믿고 딸을 강제로 결혼시키는 것은 잘못된 거야. ---------------- [   ]

3 밑줄 친 ㉠에서 '발 없는 말'과 '천 리 간다'는 각각 무엇을 뜻하는지 빈칸에 알맞은 말을 본문에서 찾아 써 보세요.

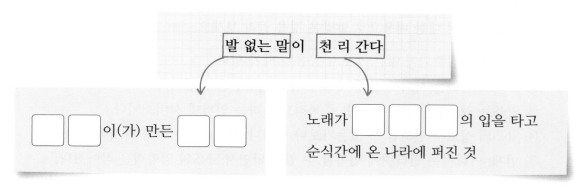

발 없는 말이 │ 천 리 간다

□□이(가) 만든 □□

노래가 □□□의 입을 타고 순식간에 온 나라에 퍼진 것

어려운 낱말 풀이

① **마** 하얗고 미끈거리는 식감이 특징인 뿌리채소
② **비상하고** 평범하지 않고 뛰어나고 非아닐 비 常항상 상 -
③ **민망한** 부끄러운 憫근심할 민 惘멍할 망 -

마 ➡

다음 글을 읽고, 문제를 풀어 보세요.

> SNS(Social Network Service)는 페이스북, 인스타그램, 트위터 등 다른 사람들과의 소통을 주목적으로 하는 인터넷 서비스를 말합니다. 인터넷에 언제, 어디서든 접속할 수 있게 되면서 SNS의 영향력은 이전과는 비교할 수 없을 만큼 커졌습니다. SNS는 사회적으로 의미 있는 정보를 교환하고, 문제의 해결에 직접 참여할 수 있는 매체로 발돋움하고 있는 것입니다.
>
> SNS의 진화는 사회적으로도 많은 변화를 불러왔습니다. 우선 ⓒ정보의 전달이 무척 빨라지고, 그 범위 또한 넓어졌습니다. 또한 과거에는 언론 등의 매체를 통해서만 정보를 얻어야 했지만, 이제는 SNS를 통해 누구나 **대중**①과 정보를 **공유**②할 수 있게 되었습니다. 그 덕분에 과거에는 아무도 신경 쓰지 않았을 사회적 문제들이 해결되거나, 힘들고 어려운 사정에 처한 사람들에게 수많은 도움의 손길이 닿는 일이 생겨나기도 했습니다.
>
> 물론, SNS가 **순기능**③만을 가지고 있는 것은 아닙니다. 정보를 아무나 공유할 수 있기 때문에 검증되지 않은 정보가 마구 공유되기도 합니다. 그리고 그렇게 잘못된 정보가 순식간에 널리 퍼져 누군가에게 큰 상처를 남기는 일 또한 종종 일어납니다. 그러므로 우리는 SNS의 정보를 무조건 신뢰해서는 안 됩니다. 그 정보가 얼마나 믿을 만한지를 **비판적**④으로 검토한 뒤 받아들여야 SNS를 올바르게 활용하고 있다고 할 수 있습니다.

4 밑줄 친 ⓒ에 어울리는 속담을 써 보세요.

→ ☐☐☐☐이 ☐☐ 간다.

5 다음 중 윗글에 대한 내용으로 알맞은 것을 골라 보세요. ---------------------- [   ]

① SNS에는 검증되지 않은 정보가 공유될 때가 있다.
② SNS의 변화는 사회적 문제 해결에 나쁜 영향만을 끼친다.
③ SNS는 정보를 저장하는 것을 주목적으로 하는 인터넷 서비스이다.
④ SNS의 정보는 신뢰할 수 있는가보다 얼마나 영향력 있는가를 따져야 한다.
⑤ 언제, 어디서든 인터넷에 접속할 수 있게 되면서 SNS의 영향력은 작아졌다.

🧻 어려운 낱말 풀이
① **대중** 수많은 사람들의 무리 大클 대 衆무리 중
② **공유** 여럿이 함께 가지거나 나누어 씀 共함께 공 有있을 유
③ **순기능** 긍정적인 기능 順바를 순 機틀 기 能능할 능
④ **비판적** 무언가의 옳고 그름을 따져 잘못된 것을 밝히는, 또는 그런 것 批칠 비 判판가름할 판 的과녁 적

1단계 다음 중 '그래서'와 비슷한 상황에서 사용할 수 있는 이어주는 말을 <u>모두</u> 찾아 ○표를 해 보세요. (답 2개)

| 하지만 | 그러므로 | 게다가 |
| 그에 반해 | 그러나 | 따라서 |

2단계 다음 문장에서 밑줄 친 부분의 알맞은 뜻을 골라 보세요.

[1] 동굴 안에는 **산더미처럼** 쌓인 보물이 있었다. ---------------------- [　　　]
　　　① 아주 많이
　　　② 크고 무겁게

[2] 나는 그가 **신뢰할** 만한 사람인지 고민했다. ---------------------- [　　　]
　　　① 믿을
　　　② 의심할

3단계 다음의 빈칸에 공통으로 들어갈 낱말을 써 보세요.

- ☐☐ 이 넓다: 마음 쓰는 것이 크고 너그럽다.

- ☐☐ 을 사다: 누군가의 호감을 받게 되다.

- ☐☐ 을 얻다: 누군가의 지지를 받게 되다.

→ ☐☐

관용어 둘 이상의 낱말이 오래전부터 함께 쓰이면서 본래의 뜻과 다른 뜻을 지니게 된 표현

마침표를 찍다*

문장을 끝낼 때 우리는 마침표를 찍습니다. '**마침표를 찍다**'라는 표현은 글을 마무리한다는 표현으로, '**어떤 일의 끝이 나거나 끝을 낸다**'는 의미를 나타내기도 합니다.

공부한 날 [ ] 월 [ ] 일 시작 시간 [ ] 시 [ ] 분

옛날, **기원전**① 5세기 고대 그리스에 제욱시스라는 화가가 살았습니다. 당시 그리스에서는 **실제**② 사물과 똑같이 그려 헷갈리게 만드는 '눈속임 그림'이 유행했습니다. 눈속임 그림을 그리는 많은 화가 중에서도 제욱시스는 **으뜸**③이었습니다.

그러던 어느 날, 제욱시스에게 한 화가의 소문이 들려왔습니다. 파라시오스라는 화가가 제욱시스만큼이나 그림을 잘 그린다는 소문이었습니다. 이 소문을 들은 제욱시스는 발끈했습니다. 제욱시스는 곧장 파라시오스를 찾아가서 말했습니다.

"당신이 나보다 그림을 더 잘 그린다고? 어디 한 번 증명해 보게!"

"**기꺼이**④ 그러지요. 우리 둘이 그림을 그려 한 자리에서 비교해 보면 되겠군요!"

제욱시스와 파라시오스는 그림 대결을 할 날을 잡았습니다. 그날까지 자신의 그림 실력을 **뽐낼**⑤ 최고의 작품을 그려 오기로 했습니다. 이 소식은 그리스 전체에 빠르게 퍼졌습니다. 두 화가 중 누가 더 잘 그리는지 매일 떠들던 그리스인들은 두 사람이 대결을 **펼칠**⑥ 날이 되자 구름같이 모였습니다. 누군가가 **들뜬**⑦ 목소리로 외쳤습니다.

"누구의 실력이 더 좋은지, 오늘 대결로 **마침표를 찍겠구나**!*"

대결을 펼칠 장소에는 이미 제욱시스와 파라시오스가 자신의 작품을 가지고 나와 있었습니다. 두 작품은 각각 **막**⑧에 가려져 있었습니다.

제욱시스가 먼저 작품을 **공개**⑨하기 위해 막을 걷었습니다. 막을 걷자 포도 **넝쿨**⑩ 그림이 나왔습니다. 그 그림을 본 그리스인들은 **탄성**⑪을 내질렀습니다. 마침 그곳을 지나던 새들이 제욱시스의 그림을 보고 포도를 따 먹으려 달려들었습니다. 모두가 그 광경에 감탄하였고, 제욱시스는 만족스러운 얼굴로 파라시오스에게 다가갔습니다.

"이 포도 그림보다 더 진짜와 같은 그림은 없을 것이네."

제욱시스는 자신의 그림이 최고라고 굳게 믿었습니다.

"과연 대단하군요. 하지만 사람들은 당신의 그림이 그림이라는 사실을 알고 있지요. 새들의 눈은 속였어도, 사람의 눈은 속이지 못한 거지요."

"그렇다면 당신 그림은 사람의 눈을 속일 수 있단 말인가? 말도 안 되는 소리!"

"못 믿으시겠다면 어서 제 그림을 확인해 보시지요."

제욱시스는 파라시오스의 그림에 가까이 다가갔습니다. 그리고 막을 걷으려 했습니다. 하지만 막에 손을 댄 제욱시스는 그만 깜짝 놀라고 말았습니다. 제욱시스가 손을 댄 것은 그림을 가린 막이 아니었습니다. 제욱시스의 눈에 보이는 막 자체가 사실은 파라시오스가 그린 그림이었습니다.

그 자리에 모인 그리스인들도 자신의 눈을 믿을 수 없어 저마다 파라시오스의 그림을 손으로 만져 보았고, 그것이 실제 막이 아니라 그림이라는 사실을 깨닫고는 제욱시스의 그림을 볼 때보다 더욱 크게 감탄했습니다. 제욱시스는 자신의 패배를 인정할 수밖에 없었습니다.

그렇게 제욱시스와 파라시오스의 대결은 [㉠   ].

1 이 이야기에 대한 설명으로 옳지 <u>않은</u> 것을 골라 보세요. ------------------------------- [   ]

① 기원전 5세기 그리스에서는 눈속임 그림이 유행했다.
② 파라시오스는 그림 대결에서 자신이 질 것이라고 생각했다.
③ 그림 대결에서 제욱시스는 포도 넝쿨을, 파라시오스는 막을 그렸다.
④ 제욱시스가 그린 포도 그림을 보고 새들이 날아와 쪼아 먹으려고 했다.
⑤ 파라시오스의 그림을 확인한 제욱시스는 대결 후 자신의 패배를 인정했다.

2 제욱시스와 파라시오스의 대결 소재가 무엇인지 본문에서 찾아 쓰세요.

→ ☐ ☐ ☐ ☐ ☐

3 이야기의 흐름에 맞게 [보기]의 사건을 일어난 순서대로 기호를 써 보세요.

> [보 기]
>
> ① 제욱시스와 파라시오스가 그림 대결을 하기로 함
> ② 제욱시스가 파라시오스에 대한 소문을 듣게 됨
> ③ 파라시오스가 제욱시스와의 그림 대결에서 승리함
> ④ 제욱시스는 파라시오스의 그림을 가린 막을 걷으려 함
> ⑤ 제욱시스와 파라시오스의 그림 대결을 보기 위해 사람들이 몰려듦

② → ☐ → ☐ → ☐ → ☐

4 [보기]의 낱말을 <u>모두</u> 이용하여 ㉠에 들어갈 문장을 완성해 보세요.

> [보 기]   마침표   파라시오스   승리

어려운 낱말 풀이

① **기원전** 예수가 태어난 해를 기준으로 그 이전을 이르는 말 紀해 기 元으뜸 원 前 앞 전 ② **실제** 있는 그대로의 상태나 사실 實참될 실 際즈음 제 ③ **으뜸** 여럿 중 가장 뛰어나거나 순서에서 처음인 것 ④ **기꺼이** 기쁜 마음으로 ⑤ **뽐낼** 자신의 능력을 남에게 자랑할 ⑥ **펼칠** 보고 듣거나 즐길 수 있도록 사람들 앞에 나타낼 ⑦ **들뜬** 마음이 가라앉지 않고 붕 뜬 ⑧ **막** 칸을 막거나 어떤 곳을 가리는 데 쓰는 천 幕 막 막 ⑨ **공개** 어떤 것을 여러 사람에게 터놓고 알리거나 보이는 것 公 공변될 공 開 열 개 ⑩ **넝쿨** 뻗어나가 다른 물건에 감기기도 하고 땅바닥에 퍼지기도 하는 식물의 줄기 ⑪ **탄성** 몹시 감탄하는 소리 歎 칭찬할 탄 聲 소리 성

창작 뮤지컬 '뿌리 깊은 나무'가 지난 25일 마지막 부산 공연을 끝으로 전국 공연의 ⓒ마침표를 찍었다.

뮤지컬 '뿌리 깊은 나무'는 한글 창제와 반포를 둘러싼 세종대왕과 신하들의 갈등, 그리고 그로 인한 세종대왕의 고뇌를 소재로 한 창작 뮤지컬이다.

세종대왕은 백성들이 글을 제대로 쓰지 못하는 것을 안타깝게 여겨, 누구나 쉽게 배우고 쓸 수 있는 조선만의 글자를 만들고자 했다. 하지만 최만리, 정창손 등 신하들의 반대에 부딪혔다. 당시 조선은 명나라의 간섭을 받고 있었다. 조선이 중국의 한자를 버리고 새로운 글자를 만든다는 것을 명나라가 알게 되면 가만있지 않을 것이 분명했다. 그러나 세종대왕은 이러한 반대를 무릅쓰고 1443년 '훈민정음'을 만들어 1446년 음력 9월에 반포했고, 이후 백성들 사이에서 널리 쓰이게 되었다.

뮤지컬의 제목 '뿌리 깊은 나무'는 최초로 한글로 엮은 책이자 조선왕조의 찬란한 업적을 노래한 용비어천가의 제2장에서 따 왔다.

– 한소희 기자(sohee@toptutor.co.kr)

5 다음 중 윗글의 내용으로 알맞은 것을 골라 보세요. ------------------------------ [   ]

① 뮤지컬 '뿌리 깊은 나무'의 마지막 공연은 서울에서 열렸다.
② 뮤지컬 '뿌리 깊은 나무'는 한글의 창제 과정만 다루고 있다.
③ 조선의 신하들은 새로운 글자를 만드는 것에 적극적으로 찬성했다.
④ '훈민정음'은 1446년에 처음 만들어졌고 그해 음력 9월에 반포되었다.
⑤ 뮤지컬의 제목은 조선왕조의 업적을 노래한 용비어천가의 제2장에서 따 왔다.

6 위 기사의 밑줄 친 ⓒ의 뜻으로 알맞은 것을 골라 보세요. ------------------------------ [   ]

① 호된 고통이나 어려움을 겪다.
② 무엇에 대한 결의를 나타내다.
③ 어떤 일이 마무리되어 끝이 나다
④ 어떤 일에 아주 적극적인 태도를 취하다.
⑤ 무거운 책임을 져서 마음에 부담이 크다.

1
단계

[보기]의 단어를 사용하여 빈칸을 알맞게 채워 보세요.

> [보 기]　　　　　실제　　　공개　　　탄성

[1]　이 영화는 □□ 있었던 일을 바탕으로 만들어졌다.

[2]　웅장한 폭포의 모습에 사람들은 □□ 을 내질렀다.

[3]　그 학생은 심사위원들 앞에서 새로운 발명품을 □□ 했다.

2
단계

[보기]를 참고하여 다음의 역사적 사건이 일어난 시기로 알맞은 것에 ○표를 해 보세요.

> [보 기]　'기원'은 연대를 나타낼 때 기준이 되는 해로, 예수가 태어난 해를 기준으로 삼습니다. 그래서 예수가 태어나기 전을 '기원전'이라 하고, 영어로는 B.C(Before Christ)라고 합니다. 예수가 태어난 후는 '기원후'라고 하고, 영어로는 A.D(Anno Domini, '주님의 해'라는 뜻)라고 합니다. 기원후는 다른 말로 '서기'라고도 부릅니다.

[1]　고조선은 B.C 108년 지배층의 권력다툼으로 인해 멸망했다. ┈┈┈┈┈ [기원전 / 기원후]

[2]　에디슨은 서기 1879년 전구를 발명했다. ┈┈┈┈┈┈┈┈┈┈┈┈ [기원전 / 기원후]

3
단계

[보기]의 속담 설명을 읽고 빈칸에 공통으로 들어갈 낱말을 써 보세요.

> [보 기] **'호박이 □□ 째로 굴러떨어졌다'**라는 속담이 있습니다. 이 속담은 생각지도 못한 호박 열매가 여기저기 감기기도 하는 호박 줄기를 뜻하는 □□ 와(과) 함께 통째로 굴러왔다는 말입니다. 호박의 줄기는 약이나 음식으로도 활용할 수 있기 때문에, 이 말은 뜻밖의 좋은 물건을 더 얻거나 행운을 만났다는 것을 의미합니다.

➙ □□

시간　**끝난 시간** □시 □분
1회분 푸는 데 걸린 시간 □분

채점　**독해** 6문제 중 □개
어법·어휘 6문제 중 □개

15회 구우일모(九牛一毛)*
아홉 구   소 우   하나 일   털 모

아홉 마리의 소가 있다면 그중에서 소의 털 한 가닥은 없어져도 모를 만큼 아주 사소할 것입니다. '구우일모(九牛一毛)'는 아홉 마리 소 중에서 털 한 가닥이 빠진 것을 말하는데, 그 정도로 '대단히 많고 중요한 것 중에서 아주 하찮은 것'을 뜻합니다.

공부한 날 [ ]월 [ ]일   시작 시간 [ ]시 [ ]분

오래전 중국에는 사마천이라는 뛰어난 역사가가 있었습니다. 사마천이 살았던 한나라는 북방 흉노족의 침입으로 잦은 어려움을 겪었습니다. 그러던 중 이릉이라는 장수가 흉노족을 토벌하기① 위해 나섰습니다. 이릉이 이끄는 군사들은 용감하게 싸웠지만 결국 패배하고 말았습니다. 그 소식을 들은 한나라의 왕 무제는 크게 화를 냈습니다.

"패배하는 것은 장수로서 큰 죄를 지은 것이다. 이릉과 그의 가족들을 모두 벌하라!"

하지만 평소 이릉의 충심을 잘 알던 사마천은 무제의 판단이 옳지 않다고 생각했습니다.

"폐하, 이릉을 벌하지 마십시오. 그는 충성스럽고 용감한 장수이므로, 다음 기회가 주어진다면 반드시 승리할 것입니다."

그러나 분노에 휩싸인 무제는 사마천의 간언②을 들으려 하지 않았습니다.

"감히 내 앞에서 죄인의 편을 드는 것이냐? 너 또한 임금을 속이려 한 죄로 벌을 받아야 할 것이다!"

무제는 사마천에게 아주 무서운 벌을 내렸습니다. 사람들은 사마천에게 도망치라고 했습니다. 그러나 사마천은 기꺼이 벌을 받기를 선택했습니다. 나중에 사마천은 친구에게 이렇게 말했습니다.

"내가 도망간다 하더라도 그건 한낱 아홉 마리 소 중에서 털 한 가닥 없어지는 ㉠구우일모(九牛一毛)라는* 말과 마찬가지일 뿐이야. 이렇게 하찮은 존재인 내가 도망가는 것에 무슨 의미가 있겠나? 그리고 아무리 무서운 벌이라 할지라도 내가 살아있는 것에 비하면 역시 소의 털 한 가닥일 뿐이지. 나는 차라리 무서운 벌을 견디고 살아남아 내가 쓰고 있는 역사책을 완성하겠네."

훗날 무제는 자신의 잘못을 뉘우치고 사마천의 죄를 사면③했습니다. 그리고 사마천은 마침내 길이길이 남을 위대한 역사책인 「사기(史記)」를 완성했습니다.

– 유래

어려운 낱말 풀이

① 토벌 무력, 즉 힘으로 쳐서 없앰 討칠 토 伐칠 벌
② 간언 어른이나 임금에게 잘못된 일을 고치도록 하는 말 諫간할 간 言말씀 언
③ 사면 죄를 용서하고 형벌을 면제함 赦용서할 사 免면할 면

1 사마천이 밑줄 친 ㉠과 같이 말한 까닭을 골라 보세요. ───────────────── [   ]

① 역사책을 완성하고 싶지 않아서

② 죽음을 선택하는 것이 두려워서

③ 부당하더라도 법을 지켜야 한다고 생각해서

④ 자신에게 내려진 벌이 부끄럽다고 생각해서

⑤ 하찮은 자신이 벌을 피하는 것은 의미가 없다고 생각해서

2 다음은 '구우일모'의 한자와 뜻입니다. 한자의 뜻을 참고하여 뜻풀이를 완성해 보세요.

九		牛		一		毛	
뜻	음	뜻	음	뜻	음	뜻	음
아홉	구	소	우	하나	일	털	모
겉뜻(한자 그대로 풀이한 뜻)				☐☐ 마리 ☐ 중 ☐ 이(가) ☐ 가닥 빠진 것			
속뜻(실제로 말하고자 하는 뜻)				아주 하찮고 사소한 것			

3 다음 중 '구우일모'를 알맞게 활용한 상황에 ○표를 해 보세요.

이번 시험은 나에게 정말 중요해. 내가 본 모든 시험들 중에서 가장 **구우일모** 격이라고 할 수 있지. ───────────── [   ]

나는 내가 그림을 잘 그린다고 생각했는데, 얼마 전 전시회를 보고 오니까 내 그림은 아직 **구우일모**일 뿐이라는 걸 깨달았어. ───────────── [   ]

4 다음 중 '구우일모'와 바꿔 쓸 수 있는 사자성어를 골라 보세요. ───────────────── [   ]

① 조족지혈(鳥足之血): 새 발의 피
② 죽마고우(竹馬故友): 아주 친한 친구
③ 어부지리(漁父之利): 어부가 이익을 취함
④ 작심삼일(作心三日): 결심이 삼일 만에 끝남
⑤ 과유불급(過猶不及): 지나침은 모자란 것만 못함

[5~6] 다음 글을 읽고, 문제를 풀어 보세요.

> 방학 일주일 전, 재범이네 반 게시판에 다음과 같은 공고문이 붙었습니다.
>
> '초등학생 동시 공모전! 시를 쓰는 것을 좋아하는 학생이라면 누구나 신청할 수 있습니다. 당선된 작품은 시집으로 엮어 드립니다.'
>
> 재범이는 평소에 시를 쓰는 것을 좋아했습니다. 그리고 반 친구들도 재범이의 시를 좋아할 만큼 글 쓰는 실력도 뛰어났습니다. 그러나 재범이는 늘 자신의 실력에 자신 없어 하곤 했습니다. 그런 속마음을 알고 있는 선생님이 재범이에게 다가와 물었습니다.
>
> "이번 공모전에 시를 써서 내는 게 어떠니?"
>
> "마음은 그러고 싶지만, 자신이 없어요. 저보다 잘 쓰는 사람들이 너무 많은 것 같아요. 제 글이 운 좋게 시집에 실리더라도 초라해 보이면 어떡하죠? 다른 멋진 작품들 옆에서 ☐☐☐☐ 처럼 눈에 띄지 않을 거예요."
>
> 그러자 선생님이 말했습니다.
>
> "_____"

5 빈칸에 알맞은 고사성어를 써 보세요.

→ ☐☐☐☐

6 선생님이 재범이에게 해줄 조언으로 알맞지 <u>않은</u> 것을 골라 보세요. ───────────────── [   ]

① 비록 지금은 부족하게 느껴져도 언젠가 좋은 작품을 쓸 수 있을 거야.
② 두려워하지 말고 도전한다면 좋은 결과가 나올 거야.
③ 초라해 보일까 봐 겁이 난다고 시작조차 하지 않으면 안 돼.
④ 자신 없는 일은 포기하고 잘할 수 있는 다른 일을 찾아 봐.
⑤ 다른 사람들의 시와 너의 시를 비교하지 말고 자신감을 가져.

1 단계

문장이 자연스럽도록 빈칸에 알맞은 낱말을 [보기]에서 찾아 써 보세요.

> [보기]   간언   토벌   사면

[1] 제자들은 스승의 죄를 [ ][ ] 해 달라고 임금님께 부탁하였다.

[2] 그는 왕에게 전쟁보다 백성을 먼저 생각할 것을 [ ][ ] 하였다.

[3] 적을 크게 [ ][ ] 한 기념으로 비석을 세웠다.

2 단계

문장이 자연스럽게 이어지도록 빈칸에 들어갈 알맞은 말을 골라 보세요.

[1] 무너져 버린 궁궐은 이제 [   ] 돌무더기일 뿐이다. ─────────── [   ]
　　① 역시　　　② 한낱

[2] 대공원에 갈 바에는 [   ] 집에서 쉬는 것이 낫다. ─────────── [   ]
　　① 차라리　　② 감히

3 단계

다음 문장에서 밑줄 친 말을 뜻이 비슷한 말로 바꾸어 써 보세요.

[1] 사마천은 길이길이 남을 **위대한** 역사책인 '사기'를 완성했습니다.

→ [ㄸ][ ][ ]

[2] 이렇게 **하찮은** 존재인 내가 도망가는 것에 무슨 의미가 있겠나?

→ [ ][ ][ ][ ][않][은]

[3] 무제는 자신의 잘못을 **뉘우치고** 사마천의 죄를 사면했습니다.

→ [ ][ ][하][고]

시간 　끝난 시간 [ ]시[ ]분　　채점　**독해** 6문제 중　[ ]개
　　　1회분 푸는 데 걸린 시간 [ ]분　　　　**어법·어휘** 8문제 중　[ ]개

거두다의 다양한 뜻

'거두다'라는 낱말은 크게 두 가지 뜻으로 주로 쓰입니다. '①그만두다 또는 끝내다'라는 뜻과 '②무언가를 한 곳에 모으다'라는

뜻으로 쓰입니다. 그리고 그 두 가지 뜻 속에서 서로 다른 의미로 쓰이기도 합니다.

다음은 '거두다'라는 낱말의 여러 가지 의미를 풀이한 것입니다.

곡식을 거두다 (곡식을 걷다)

'곡식이나 열매 따위를 따서 담거나 한데 모으다'라는 뜻입니다.
이때 쓰인 '거두다'는 '걷다'로 줄여서 쓸 수도 있습니다.

예 곡식을 모두 **거둬들인(=걷은)** 겨울 들판은 텅 비어 있었다.
　　　　　　└→ 한데 모아들인(=한데 모은)

성과를 거두다 (성과를 걷다)

곡식을 거두어들이는 것이 한 해 동안의 뿌듯한 결과를 얻는 것과 마찬가지인

것처럼, 이 표현은 '좋은 결과를 얻다'라는 뜻으로 오랫동안 쓰여 왔습니다.

이때 쓰인 '거두다'도 '걷다'로 줄여서 쓸 수도 있습니다.

예 열심히 연습하더니 이번 대회에서 승리를 **거두었구나(걷었구나)**.
　　　　　　　　　　　　　　　　　　└→ 얻었구나

일을 거두다

'하던 일을 멈추거나 끝내다'라는 뜻입니다. 특히 어떤 말을 그만두거나 웃음을 그칠 때에도 이 표현을 씁니다.
하지만 이때 쓰인 '거두다'는 '걷다'로 줄여서 쓸 수 없습니다.

예 이제 고맙다는 말씀은 **거두셔도** 됩니다. 마땅히 해야 할 일이었을 뿐입니다.
　　　　　　　　　　　└→ 그만하셔도

식구를 거두다

'식구로 받아들여 보살피다'라는 뜻입니다. 가족은 모두 모여 한솥밥을
먹는 사람들입니다. 이 가족의 구성원으로 받아들인다는 뜻으로 '식구를
거두다'라는 표현을 씁니다. 이때 쓰인 '거두다'는 '걷다'로 줄여서 쓰면
안 됩니다.

예 갈 곳 없는 아이를 **거두어 주시다니** 정말 감사한 분이셔.
　　　　　　　└→ 데려다 보살펴 주시다니

회비를 거두다 (회비를 걷다)

'여러 사람들에게 돈이나 물건 따위를 받아들이다'라는 뜻입니다. 이때 쓰인 '거두다'는 대체로 '걷다'로 줄여서
씁니다.

예 아버지가 속한 동창회는 매월 회비를 회원들에게 **걷는다(거둔다)**.
　　　　　　　　　　　　　　　　　　　└→ 받는다.

4주차

주간학습계획표

한 주 간의 계획을 먼저 세워보세요. 매일 학습을 마친 후 맞힌 문제의 개수를 쓰세요!

회차	영역	학습내용	학습계획일	맞은 문제수
16회	속담	**우물에 가 숭늉 찾는다** '숭늉'은 밥을 지은 솥에 밥을 푸고 물을 부어 따뜻하게 데운 물입니다. 그런데 그런 숭늉을 우물에 가 찾는 것은 순서가 맞지 않는 일이라 할 수 있습니다. **'우물에 가 숭늉 찾는다'**는 이처럼 **'일의 순서도 모르고 성급하게 덤비거나, 엉뚱한 것을 찾을 때'** 쓰는 말입니다.	월 일	독해 6문제 중 개 어법·어휘 4문제 중 개
17회	관용어	**간담이 서늘하다** 무섭거나 위협적인 일로 놀랐을 때 **'간담이 서늘하다'**라고 표현합니다. 이 말은 **'뜻밖의 일로 몹시 놀라서 섬뜩하다'**라는 뜻입니다. '간담'은 우리 몸의 간과 쓸개를 가리키는 말로, '속마음'을 의미하기도 합니다.	월 일	독해 5문제 중 개 어법·어휘 3문제 중 개
18회	고사성어	**화룡점정(畫龍點睛)** 용에게 눈이 없다면 어떤 느낌이 들까요? 아마 뭔가 빠진 것 같고 완성되지 않은 느낌이 들 것입니다. 이처럼 **'화룡점정(畫龍點睛)'**이라는 고사성어는 **'가장 중요한 부분을 끝내고 완성한다'**라는 뜻입니다.	월 일	독해 6문제 중 개 어법·어휘 5문제 중 개
19회	속담	**물에 빠지면 지푸라기라도 잡는다** 물에 빠진 위험한 상황에서는 무엇이라도 붙잡기 위해 발버둥을 칠 수밖에 없습니다.이처럼 속담 **'물에 빠지면 지푸라기라도 잡는다'**는 **'위급한 일이 생기면 무엇이든지 닥치는 대로 붙잡고 늘어지게 된다'**라는 뜻입니다.	월 일	독해 6문제 중 개 어법·어휘 6문제 중 개
20회	관용어	**성에 차다** **'성에 차다'**는 **'만족스럽다'**는 뜻으로 쓰입니다. 여기서 '성'은 사람의 성품, 성질을 뜻하고, '차다'는 것은 마음에 든다는 뜻입니다. 즉, 이 말은 자기 성품에 알맞아 마음에 든다는 뜻입니다.	월 일	독해 6문제 중 개 어법·어휘 8문제 중 개

우물에 가 숭늉 찾는다*

'숭늉'은 밥을 지은 솥에 밥을 푸고 물을 부어 따뜻하게 데운 물입니다. 그런데 그런 숭늉을 우물에 가 찾는 것은 순서가 맞지 않는 일이라 할 수 있습니다. '우물에 가 숭늉 찾는다'는 이처럼 '일의 순서도 모르고 성급하게 덤비거나, 엉뚱한 것을 찾을 때' 쓰는 말입니다. '우물가에서 숭늉 찾는다'라고 쓰기도 합니다.

공부한 날 [ ]월 [ ]일 시작 시간 [ ]시 [ ]분

실수라면 나 역시 **일가견**(1)이 있는 사람이다. 언젠가 **비구니**(2)들이 사는 **암자**(3)에서 하룻밤을 묵은 적이 있다. 다음 날 아침 부스스해진 머리를 정돈하려고 하는데, 빗이 마땅히 눈에 띄지 않았다. 원래 여행할 때 빗이나 화장품을 찬찬히 챙겨 가지고 다니는 성격이 아닌 데다 그날은 아예 가방조차 가지고 있지 않았다. 그러던 중에 마침 노스님 한 분이 나오시기에 나는 아무 생각도 없이 이렇게 여쭈었다.

"스님, 빗 좀 빌릴 수 있을까요?"

스님은 갑자기 당황한 얼굴로 나를 바라보셨다. 그제야 파르라니 깎은 스님의 머리가 유난히 빛을 내며 내 눈에 들어왔다. 나는 거기가 비구니들만 사는 곳이라는 사실을 깜박 잊고 엉뚱한 주문을 한 것이었다. **본의 아니게**(4) 노스님을 놀린 것처럼 되어 버려서 어쩔 줄 모르고 서 있는 나에게, 스님은 웃으시면서 저쪽 구석에 가방이 하나 있을 텐데 그 속에 빗이 있을지 모른다고 하셨다.

방 한구석에 놓인 체크무늬 여행 가방을 찾아 막 열려고 하다 보니 그 가방 위에는 먼지가 소복하게 쌓여 있었다. 적어도 5, 6년은 손을 대지 않은 것처럼 보이는 그 가방은 아마도 누군가 산으로 들어오면서 챙겨 들고 온 **속세**(5)의 짐이었음이 틀림없었다. 가방 속에는 과연 허름한 옷가지들과 빗이 한 개 들어 있었다.

나는 그 빗으로 머리를 빗으면서 자꾸만 웃음이 나오는 걸 참을 수가 없었다. 절에서 빗을 찾은 나의 엉뚱함도 ㉠**우물가에서 숭늉 찾는*** 격이려니와, 빗이라는 말 한마디에 그토록 당황하고 어리둥절해하던 노스님의 표정이 자꾸 생각나서였다.

– 나희덕, 「실수」 중, 중학 국어 2-2 (동아 출판사)

어려운 낱말 풀이

① **일가견** 어떤 문제에 대해 독자적인 경지를 이루는 견해 —하나 일 家집 가 見볼 견
② **비구니** 여성 스님 比견줄 비 됴언덕 구 尼중 니
③ **암자** 자그마한 절 庵암자 암 子아들 자
④ **본의 아니게** 의도와는 달리 本뿌리 본 意뜻 의 -
⑤ **속세** 불교에서 사람들이 살아가는 세상을 부르는 말. 스님이 되면 속세를 떠났다고 표현함 俗풍속 속 世세상 세

1 말하는 이가 빗을 가지고 있지 않았던 까닭을 써 보세요.

□ □ 할 때 빗 같은 것을 챙기고 다니는 □ □ 이(가) 아니라서

2 말하는 이가 스님에게 빗을 빌려 달라고 했을 때, 스님이 당황한 까닭을 골라 보세요. ------ [   ]

① 말하는 이가 있는 줄 몰라 깜짝 놀라서
② 말하는 이의 머리에 이미 빗이 꽂혀 있어서
③ 스님이 될 때는 속세의 모든 물건을 버려야 하기에
④ 스님은 머리를 기르지 않으므로 빗도 가지고 있지 않아서
⑤ 불교에서 빗은 중요한 물건이라 함부로 빌려줄 수 없어서

3 다음은 여러 글의 종류와 각각의 특징입니다. 이 글의 종류는 무엇인지 ○표를 해 보세요.

시	수필	희곡
어떤 생각이나 감정을 짧고 운율이 있는 글로 표현한 것. 말을 직접 전달하기 보다 무언가에 빗대 표현할 때가 많다.	글쓴이의 느낌이나 체험을 쓴 글이다. 사실을 쓴 것이고, 글쓴이의 생각과 느낌이 잘 드러나는 소소한 이야기가 많다.	공연을 목적으로 쓰인 글. 등장인물들의 대사나 행동을 구체적으로 제시하며, 이를 중심으로 이야기를 진행한다.
[ ]	[ ]	[ ]

4 밑줄 친 ㉠에서 '우물가'와 '숭늉'은 각각 무엇을 뜻하는지 본문에서 찾아 빈칸을 채워 보세요.

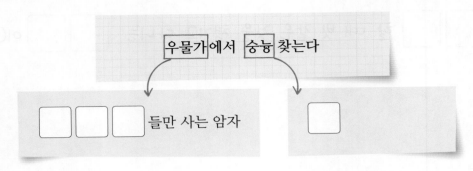

우물가 에서 숭늉 찾는다

☐☐☐ 들만 사는 암자

☐

5 [보기]는 '우물에 가 숭늉 찾는다'의 두 가지 의미입니다. 다음 문장에서 각각 어떤 뜻으로 쓰였는지 기호를 써 보세요.

[보기]   **우물에 가 숭늉 찾는다**
　　　　1. 일의 순서도 모르고 성급하게 덤비다. ──────────────────── ㉠
　　　　2. 엉뚱한 물건을 찾다. ──────────────────────────── ㉡

[1] 얼마 전 길을 잘못 찾아 엉뚱한 곳에 가고 말았다. 거기서 친구 집을 찾았으니, 다들 모르는 게 당연했다. **우물에 가 숭늉 찾은 셈**이 아닌가. ───────────────────── [　　　　]

[2] 우선 국어, 영어, 수학을 공부하지 않으면 다른 공부를 하는 데 한계가 있어. 왜 자꾸 **우물에 가 숭늉을 찾으려** 하니. ──────────────────────────────── [　　　]

6 다음 중 '우물에 가 숭늉 찾는다'와 비슷한 뜻으로 사용할 수 있는 고사성어를 골라 ○표를 해 보세요.

연목구어 緣木求魚	**조삼모사** 朝三暮四	**감언이설** 甘言利說
'나무 위에 올라가 물고기를 잡으려 한다'라는 뜻으로, 엉뚱한 방법으로 엉뚱한 것을 이루려고 함	'아침에는 3개, 저녁에는 4개'라는 뜻으로, 이러나 저러나 별다를 게 없음	'달콤하고 이로운 말'이라는 뜻으로, 상대를 꾀려고 하는 온갖 달콤한 말
[　　　]	[　　　]	[　　　]

1
단계

밑줄 친 부분과 바꿔 쓸 수 있는 말을 골라 번호를 써 보세요.

[1] **본의 아니게** 상처를 주게 되어 죄송합니다. ·· [   ]
　① 의도와는 달리
　② 그렇게 될 줄 알면서도

[2] 그는 영화에 대해 **일가견이 있다.** ·· [   ]
　　　① 관심이 없다.
　　　② 잘 알고 있다.

2
단계

[보기]를 읽고 다음 중 '띠다'를 **잘못** 활용한 문장에 ○표를 해 보세요.

> [보 기]　　　**띄다**: 눈에 보이다, 혹은 남보다 훨씬 두드러지다.
> 　　　　　　　**띠다**: 빛깔이나 색채 따위를 가지다.

[1] 오늘따라 먼지들이 눈에 많이 **띈다.** ··· [   ]
[2] 그녀는 단연 눈에 **띄는** 활약을 보였다. ·· [   ]
[3] 호수는 푸른빛을 **띄고** 있었다. ··· [   ]

3
단계

[보기]를 보고 밑줄 친 부분의 뜻으로 알맞은 것을 골라 번호를 써 보세요.

> [보 기]　어린 스님의 **파르라니** 깎은 머리가 귀엽다.
> 　　　　　① 붉은빛이 돌도록
> 　　　　　② 파란빛이 돌도록
> 　　　　　③ 노란빛이 돌도록

→ [   ]

시간　**끝난 시간** [　] 시 [　] 분　　채점　**독해** 6문제 중　　[　] 개
1회분 푸는 데 걸린 시간 [　] 분　　　　　**어법·어휘** 4문제 중　　[　] 개

17회 간담이 서늘하다*

무섭거나 위협적인 일로 놀랐을 때 '간담이 서늘하다'라고 표현합니다. 이 말은 '뜻밖의 일로 몹시 놀라서 섬뜩하다'라는 뜻입니다. '간담'은 우리 몸의 간과 쓸개를 가리키는 말로, '속마음'을 의미하기도 합니다.

공부한 날 [ ]월 [ ]일 시작 시간 [ ]시 [ ]분

먼 옛날 신라에 원효라는 스님이 살았습니다. 원효 스님은 더 많은 것을 배우기 위해 의상이라는 스님과 함께 중국으로 떠나기로 하였습니다. 중국에는 많은 책이 있어 공부를 더 할 수 있었기 때문입니다.

중국으로 길을 가던 어느 날, 원효 스님과 의상 스님은 밤이 늦어 동굴에서 잠을 자기로 했습니다. 하루 종일 걸어 피곤했던 원효 스님은 쓰러져 잠들었다가 목이 너무 말라 잠에서 깨었습니다.

원효 스님이 어두컴컴한 동굴 안을 더듬거려 보니, 어느 바가지 같은 것에 물이 차 있는 것이 느껴졌습니다. 너무 목이 말랐던 원효 스님은 제대로 보지도 않고 바가지에 담긴 물을 쭉 들이켰습니다.

'이보다 시원한 물이 있을 수 있을까!'

원효 스님은 그렇게 생각하며 다시 잠을 청했습니다.

그리고 다음 날, 아침에 일어난 원효 스님은 깜짝 놀랐습니다. 알고 보니 어젯밤 바가지라고 생각했던 것은 해골이었습니다. 원효 스님은 해골에 담긴 물을 마셨던 것입니다.

원효 스님은 그토록 맛있게 마신 물이 썩은 해골의 물이었다는 사실을 알고 몹시 놀라 섬뜩하여 **간담이 서늘해졌습니다.** *

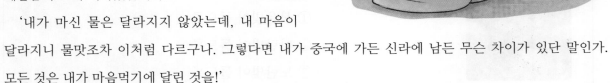

'이럴 수가, 차라리 몰랐다면 좋았을걸! 해골에 담긴 물인 줄 몰랐을 때는 그토록 시원했는데, 이제는 구역질이 날 뿐이구나.'

그런데 바로 그때, 원효 스님의 머리에 **불현듯**[①] 깨달음이 스쳐 지나갔습니다.

'내가 마신 물은 달라지지 않았는데, 내 마음이 달라지니 물맛조차 이처럼 다르구나. 그렇다면 내가 중국에 가든 신라에 남든 무슨 차이가 있단 말인가. 모든 것은 내가 마음먹기에 달린 것을!'

원효는 그렇게 중국으로 가는 대신 신라로 돌아가 더욱 열심히 공부하게 되었습니다. 그리고 먼 훗날 많은 사람들의 존경을 받는 큰스님이 되어 '원효 대사'라는 이름으로 역사에 이름을 남기게 되었습니다.

– 역사 속 인물 이야기

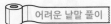 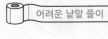 어려운 낱말 풀이 | ① 불현듯 불을 켜서 불이 일어나는 것과 같다는 뜻으로, 갑자기 어떠한 생각이 걷잡을 수 없이 일어나는 모양 (=불현듯이)

1 이 이야기의 내용으로 맞는 것에 ○표, 아닌 것에 ×표를 해 보세요.

[1] 원효 스님은 더 많은 것을 배우기 위해 중국으로 가는 중이었다. ┈┈┈┈┈ [　　　]

[2] 원효 스님은 중국에서 의상 스님과 만나기로 약속했다. ┈┈┈┈┈┈┈ [　　　]

[3] 원효 스님은 동굴 안에서 잠을 자다가 해골에 담긴 물을 마셨다. ┈┈┈┈ [　　　]

[4] 원효 스님은 중국에 도착했고 신라로 다시는 돌아가지 않았다. ┈┈┈┈ [　　　]

2 다음은 원효 스님이 깨달음을 얻은 과정을 요약한 것입니다. 빈칸을 알맞게 채워보세요.

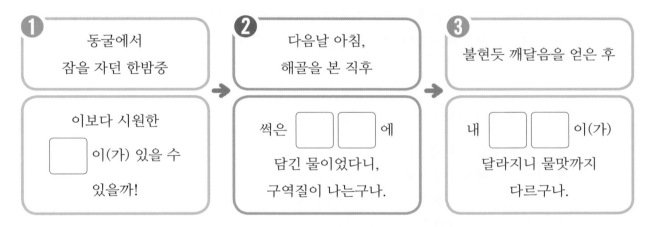

❶ 동굴에서 잠을 자던 한밤중

이보다 시원한 [　] 이(가) 있을 수 있을까!

❷ 다음날 아침, 해골을 본 직후

썩은 [　][　] 에 담긴 물이었다니, 구역질이 나는구나.

❸ 불현듯 깨달음을 얻은 후

내 [　][　] 이(가) 달라지니 물맛까지 다르구나.

3 이 이야기에 나온 '간담이 서늘하다'의 의미를 올바르게 설명한 친구를 골라 보세요. ┈ [　　　]

① 정철: 간담이 서늘했다니 원효 스님은 별로 놀라지 않았군.

② 수정: 동굴이 정말 시원했나 봐.

③ 서영: 시원했다기보다는 추웠다는 거지.

④ 형우: 그만큼 더웠다는 말을 강조하고 싶었던 것은 아닐까?

⑤ 지윤: 알고 보니 썩은 해골에 담긴 물이었다는 게 섬뜩했다는 말이야.

장복선은 조선 시대에 평양의 창고를 관리하던 창고지기였습니다. 어느 날 평안감사였던 체제공이 창고를 조사해 보니 돈 2,000냥이 부족했습니다. 체제공은 곧바로 장복선을 불러 부족한 돈에 대해 물었습니다. 하지만 장복선은 아무 말도 하지 않았습니다. 분노한 체제공은 장복선에게 곤장형을 내리고 다음 날 사형을 집행하라는 말과 함께 감옥에 가두었습니다.

장복선은 죽음을 생각하자 ㉠등골이 오싹했지만 목숨을 구걸하지는 않았습니다. 그리고 창고의 돈 2,000냥을 어디에 썼는지 그 내역을 적기 시작했습니다. 그 내역은 아픈 노인의 약값, 세금을 내지 못한 농부에게 준 몇 냥 등 모두 가난하고 힘없는 이들을 위해 사용한 것이었습니다. 체제공은 이 사실을 알게 되었지만 나라의 돈을 무단으로 사용한 것이었기에 처벌을 면해줄 수는 없었습니다.

다음 날, 사형이 집행되려는 찰나에 놀라운 일이 벌어졌습니다. 장복선에게 은혜를 입었던 수많은 사람들이 장복선을 살려달라고 간청하며 체제공에게 빌었던 것입니다. 그리고 돈 2,000냥을 갚기 위해 자신들의 돈과 물건을 스스로 내놓기 시작했습니다. 결국 많은 사람의 후원으로 창고에 비었던 돈 2,000냥이 메워졌고 체제공은 장복선을 풀어 주게 되었습니다.

4 다음 중 윗글의 내용으로 알맞은 것을 골라 보세요. ---------------------------------- [　　　]

① 장복선의 직업은 평안감사였다.
② 장복선은 체제공에게 온갖 변명을 늘어놓았다.
③ 장복선은 스스로 돈을 마련해서 사형을 면했다.
④ 체제공은 장복선이 돈을 어디에 썼는지 몰라 용서해 주었다.
⑤ 체제공은 많은 사람들의 간청과 후원에 의해 장복선을 풀어 주었다.

5 밑줄 친 ㉠ 대신 사용할 수 있는 말을 골라 보세요. ---------------------------------- [　　　]

① 눈꺼풀이 무거웠지만
② 귀가 가려웠지만
③ 간담이 서늘했지만
④ 가슴이 부풀었지만
⑤ 눈이 반짝였지만

1 단계 다음 중 '섬뜩하다'와 비슷한 상황에 쓸 수 있는 표현에 ○표를 해 보세요.

[1] **오싹하다**: 무섭거나 추워서 소름이 끼치다. ··· [   ]

[2] **버럭하다**: 화가 나서 소리를 냅다 지르다. ··· [   ]

[3] **덜컹하다**: 무섭거나 놀라서 가슴이 울렁이다. ··· [   ]

2 단계 다음 문장의 밑줄 친 부분의 알맞은 뜻을 찾아 선으로 이어 보세요.

마음을 **먹다**. •

• ㉠ 꾸지람이나 욕 따위를 듣다.

• ㉡ 나이를 더하다.

• ㉢ 어떤 감정이나 마음을 품다.

3 단계 [보기] 속 빈칸에 들어갈 낱말이 <u>아닌</u> 것을 골라 보세요. ··························· [   ]

> [보 기]
>
> • 사람들은 뉴스에 나온 범죄자가 [   ]을 받아야 한다고 말했다.
>
> • 영수증 [   ]을 보니 쓸데없이 구매한 물건이 너무 많았다.
>
> • [   ]으로 훈련장을 이탈한 선수는 팀에서 퇴출당했다.
>
> • 아주머니의 꼭 고쳐달라는 [   ]에 모두가 난색을 표했다.

① 집행   ② 내역   ③ 처벌

④ 무단   ⑤ 간청

 시간   **끝난 시간** [   ]시 [   ]분

1회분 푸는 데 걸린 시간 [   ]분

 채점   **독해** 5문제 중 [   ]개

어법·어휘 3문제 중 [   ]개

4
주
17
회

해설편
009쪽

18회

화룡점정(畵 龍 點 睛)*
그림 화 용 룡 점 점 눈동자 정

용에게 눈이 없다면 어떤 느낌이 들까요? 아마 뭔가 빠진 것 같고 완성되지 않은 느낌이 들 것입니다. 이처럼 '화룡점정(畵龍點睛)'이라는 고사성어는 '가장 중요한 부분을 끝내고 완성한다'라는 뜻입니다.

공부한 날 [ ]월 [ ]일 시작 시간 [ ]시 [ ]분

옛날 한 절에 장승요라는 화가가 살고 있었습니다. 장승요는 마음을 다스리기 위해 절에서 살고 있었고 오직 그림만 그리며 마음을 **단련**①시키고 있었습니다. 그런데 어느 날, 절에서 "훠이. 훠이." 하는 시끄러운 소리가 났습니다. 그림을 그리던 장승요는 붓을 내려 두고 소리가 나는 곳으로 향했습니다.

"스님, 무슨 일로 이렇게 소란스럽습니까?"

그러자 스님이 말했습니다.

"비둘기가 자꾸 **법당**②으로 들어가 똥을 싸지 뭡니까. 쫓아내도 계속 들어오니 걱정입니다. 쫓을 방법이 없겠습니까?"

이 말을 들은 장승요는 잠깐 생각한 후 빙긋 웃으며 말했습니다.

"절 안에 붓과 물감이 있습니까?"

장승요의 말에 스님은 붓과 물감을 가져다 주었습니다. 장승요는 법당 벽에 매를 그리기 시작했습니다. 그림을 그린 후, 정말 비둘기는 한 마리도 법당 안에 들어오지 않았습니다. 큰스님은 매우 기뻐하며 장승요에게 말했습니다.

"정말 대단하십니다. 한 가지 부탁이 있는데 혹시 들어주실 수 있겠습니까?"

"무엇입니까?"

"안락사라는 절에 용을 한 마리 그려 줄 수 있으신지요?"

큰스님의 부탁에 장승요는 안락사라는 절로 향했습니다. 절의 넓은 벽 앞에 선 장승요는 용 그림을 멋지게 그렸고 사람들은 입을 모아 감탄했습니다.

"와! 정말 용이 살아 움직이는 것 같아. 그야말로 **걸작**③이로군."

"그런데 용이 뭔가 좀 이상하지 않아? 잘 그렸는데 뭔가 하나 빠진 것 같아."

"맞아. 그러고 보니 눈동자가 없네!"

사람들의 **감탄**④은 어느새 용의 눈동자가 없다는 **술렁거림**⑤으로 바뀌었습니다. 그러자 스님이 장승요에게 물었습니다.

"그림이 완성된 것이 아닙니까? 마지막 점을 찍어 눈동자를 완성시켜 주십시오."

"이 그림은 완성된 것입니다. 다만 **화룡점정***으로 용 그림에 눈동자를 찍는다면, 용이 하늘로 날아갈까 봐 그리지 않은 것입니다."

이 말을 들은 스님과 사람들은 농담으로 받아들이며 웃었습니다. 사람들이 믿지 않자 장승요는 다시 붓을 들었고 점을 하나 찍어 눈동자를 만들었습니다. 그 순간, 하늘에서 천둥 번개가 치더니 그림 속의 용이 나와 하늘로 날아갔고 눈동자가 빠진 용만 벽에 남았습니다. 그 후, 사람들은 일의 마지막에 가장 중요한 일을 완벽하게 끝마치는 것을 두고 '용 그림에 눈동자를 찍는다'라는 뜻으로 **화룡점정***이라는 말을 사용하게 되었습니다.

– 유래

어려운 낱말 풀이

① **단련** 몸과 마음을 굳세게 닦음 鍛불릴 단 鍊단련할 련   ② **법당** 부처의 가르침을 배우는 절 法법 법 堂집 당

③ **걸작** 매우 훌륭한 작품 傑뛰어날 걸 作지을 작   ④ **감탄** 마음속 깊이 느끼어 찬탄함 感느낄 감 歎탄식할 탄

⑤ **술렁거림** 자꾸 어수선하게 소란이 일어남

1 법당으로 자꾸 비둘기가 날아들자 장승요가 어떤 방법으로 문제를 해결했는지 골라 보세요. ······· [   ]

① 매를 그렸다.

② 매를 데려왔다.

③ 부처님께 기도를 올렸다.

④ 유명한 매 사냥꾼에게 부탁했다.

⑤ 비둘기가 싫어하는 먹이를 뿌렸다.

2 다음 중 장승요가 안락사라는 절에서 처음에 그린 용의 모습으로 알맞은 것에 ○표를 해 보세요.

[   ]

[   ]

3 다음은 이 이야기를 읽고 '장승요'에 대해 정리한 것입니다. 빈칸을 채워 보세요.

> **장승요**
>
> • ☐☐ 을(를) 무척 잘 그렸음.
>
> • ☐ 에서 살며 마음을 단련하고 있었음.
>
> • ☐☐☐ (이)라는 절에 용 그림을 그려 주었는데, 그 그림을 완성하자 용이 나와
> 하늘로 올라갔다는 전설이 있음.

4 다음은 '화룡점정'의 한자와 뜻입니다. 빈칸을 채워 뜻풀이를 완성해 보세요.

畫		龍		點		睛	
뜻	음	뜻	음	뜻	음	뜻	음
그림	화	용	룡	점	점	눈동자	정

'화룡점정'은 '☐ 을(를) 그릴 때 마지막으로 ☐☐☐ 을(를) 그린다.'라는

말입니다. 즉, 일의 마무리를 완벽하게 끝낸다는 뜻입니다.

5 [보기]에서 '화룡점정'에 대한 선생님의 설명을 잘 읽고, 빈칸에 알맞은 낱말을 골라 보세요.   [   ]

> [보 기]
>
> **선생님**: '화룡점정'에서 '화'는 '그리다', '룡'은 '용', '점'은 '점 찍다', '정'은 '눈동자'라는
> 뜻이에요. 즉, 용의 눈동자에 점을 찍는다는 말이지요. 용의 눈동자가 없으면 완성되지 않은
> 느낌이겠죠? 그래서 '화룡점정'은 일의 _____ 을(를) 완벽하게 끝낸다는 뜻으로 쓰입니다.

① 시작   ② 중간   ③ 부분   ④ 마무리

6 다음 중 '화룡점정'과 뜻이 비슷한 표현을 조사한 친구에 ○표를 해 보세요.

> **희진**: 일의 마지막을 뜻하는 '대미'는 '**대미를 장식하다**'라는 말로 쓰여. 끝을 잘 맺어 마무리했다는 뜻이지.

[   ]

> **영수**: '**등용문**'은 용문에 오른다는 말인데, 용문은 높은 곳, 즉 출세를 위해서 거쳐야 하는 중요한 시험을 말해.

[   ]

> **혜지**: '**사족**'은 '뱀의 다리'라는 뜻인데 뱀은 다리가 없잖아. 그러니까 쓸데없는 것을 덧붙여서 일을 망친다는 뜻이야.

[   ]

> **고운**: '**독안룡**'은 눈이 하나밖에 없는 용이라는 뜻이야. 비록 눈이 하나뿐이지만 용처럼 덕이 높은 사람을 말하는 거지.

[   ]

1
단계

다음 낱말의 올바른 뜻을 찾아 선으로 이어 보세요.

[1] 단련 •

[2] 법당 •

[3] 감탄 •

• ㉠ 몸과 마음을 굳세게 닦음

• ㉡ 마음속 깊이 느끼어 감동을 받음

• ㉢ 불상을 모시고 설법도 하는 절의 성당

2
단계

다음 문장에 쓰인 밑줄 친 낱말과 뜻풀이를 알맞게 이어 보세요.

[1] 화가의 작품 중 **걸작**만을 모아 전시회를 열었다. •

• ㉠ 매우 훌륭한 작품

[2] 그 친구의 대답이 **걸작**이어서 모두 웃고 말았다. •

• ㉡ 우스꽝스럽거나 유별나서 남의 눈에 띄는 말과 행동

3
단계

[보기]와 낱말의 관계가 같은 것끼리 묶은 것을 찾아 ○표를 해 보세요.

[보 기]   술렁거리다 – 떠들썩하다

아이 – 어린이   소년 – 소녀   스승 – 제자

[   ]   [   ]   [   ]

시간   **끝난 시간** [   ] 시 [   ] 분

1회분 푸는 데 걸린 시간 [   ] 분

채점   **독해** 6문제 중   [   ] 개

어법·어휘 5문제 중   [   ] 개

물에 빠지면 지푸라기라도 잡는다*

물에 빠진 위험한 상황에서는 무엇이라도 붙잡기 위해 발버둥을 칠 수밖에 없습니다. 이처럼 속담 '물에 빠지면 지푸라기라도 잡는다'는 '위급한 일이 생기면 무엇이든지 닥치는 대로 붙잡고 늘어지게 된다'라는 뜻입니다.

공부한 날 ☐ 월 ☐ 일 시작 시간 ☐ 시 ☐ 분

신라 **향가**①에 전해 내려오는 이야기입니다. 순정공이라는 사람이 새로 **부임**②한 지역으로 가던 길이었습니다. 순정공의 일행은 바닷가에 이르러 점심을 먹기 위해 잠시 멈추었습니다. 바다를 둘러싼 높고 가파른 절벽의 꼭대기에는 철쭉꽃 한 송이가 홀로 피어 있었습니다. 순정공의 부인 수로가 그 꽃을 보고 말했습니다.

"저 꽃을 꺾어다 줄 사람은 없을까?"

그러나 시중을 드는 사람들은 모두 이렇게 말했습니다.

"저곳은 사람의 발길이 닿을 수 없는 곳입니다."

그때 암소를 끌고 지나던 노인이 수로의 말을 듣고 절벽에 올라가 그 꽃을 꺾어서 내려왔습니다. 그리고는 이런 노래를 부르며 수로에게 꽃을 바쳤습니다.

"자줏빛 바위가에 잡은 암소를 놓아두게 하시고, 나를 부끄러워하지 않으시면 꽃을 꺾어 바치오리다."

그 일이 있고 이틀 뒤, 사람들이 다시 바닷가에서 점심을 먹고 있을 때였습니다. 바다에서 홀연히 한 마리의 용이 솟아오르더니 수로를 끌고 물속으로 들어가 버렸습니다. 눈앞에서 부인을 빼앗긴 순정공은 낙심한 채 눈물을 흘렸습니다. 아무도 어찌할 ⓐ방법을 모르고 있을 때, 또 다른 노인이 나타나 말했습니다.

"바닷속 용일지언정 여러 사람의 목소리를 두려워하지 않을 리가 없습니다. 이 지역의 백성들을 모두 모아 노래를 지어 부르면서 막대기로 언덕을 두드린다면, 용이 부인을 돌려줄지도 모릅니다."

순정공은 그 말이 썩 내키지 않았습니다. 하지만 **물에 빠지면 지푸라기라도 잡는다***는 심정으로 그 노인의 말을 따르기로 하였습니다. 그리고 백성들을 모아 바다를 향해 다음과 같은 노래를 부르게 하였습니다.

"거북아, 거북아! 수로를 내놓아라. 남의 여인을 앗아간 죄 얼마나 큰가. 네가 만약 거역하고 내놓지 않는다면, 그물로 잡아서 구워 먹으리."

노랫소리를 들은 용은 수로를 데리고 바다에서 나왔습니다. 순정공은 수로와 무사히 새로 부임한 지역으로 돌아갈 수 있었습니다.

– 수로 부인 설화

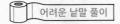 어려운 낱말 풀이

① **향가** 신라 때에 사람들이 주로 부르던 노래 鄕시골 향 歌노래 가
② **부임** 임명이나 발령을 받아 근무할 곳으로 감 赴다다를 부 任맡길 임

1 이 이야기의 내용을 바르게 이해하지 <u>못한</u> 친구에 ○표를 해 보세요.

수정: 꽃을 꺾어다 준 노인과 용에게 노래를 부르자고 한 노인은 같은 사람이야.	**지수:** 수많은 백성들이 입을 모아 노래를 부르자 용은 수로를 돌려주었어.	**상아:** 두 가지 사건 모두 점심 때 바닷가에서 일어난 일이야.

[   ]   [   ]   [   ]

2 다음은 이야기 속 백성들이 바다를 향해 부른 노래의 가사입니다. 밑줄 친 ㉠~㉤에 대한 설명으로 알맞지 <u>않은</u> 것을 골라 보세요. ﹘﹘﹘﹘﹘﹘﹘﹘﹘﹘﹘﹘﹘﹘﹘﹘﹘﹘﹘﹘﹘﹘﹘ [   ]

거북아, 거북아! ㉠수로를 내놓아라.
㉡남의 여인을 ㉢앗아간 죄 얼마나 큰가.
㉣네가 만약 거역하고 내놓지 않는다면,
㉤그물로 잡아서 구워 먹으리.

① ㉠: 수로를 돌려받기 위해 이 노래를 부르는 것이다.
② ㉡: 수로를 의미한다.
③ ㉢: 순정공의 부인을 용이 함부로 데려간 죄를 뜻한다.
④ ㉣: 만약에 용이 수로를 돌려주지 않을 경우를 말한다.
⑤ ㉤: 수로를 구워 먹겠다는 뜻이다.

3 다음 중 '@방법'과 바꾸어 쓸 수 있는 낱말을 골라 보세요. ﹘﹘﹘﹘﹘﹘﹘﹘﹘﹘﹘﹘﹘﹘﹘ [   ]

① 길   ② 손   ③ 약   ④ 정   ⑤ 발

4 이 이야기에 나온 '물에 빠지면 지푸라기라도 잡는다'에서, '물에 빠지면'과 '지푸라기라도 잡는다'가 각각 무엇을 가리키는지 바르게 선으로 이어 보세요.

[1]　물에 빠지면　　　　•

•　㉠　용이 나타나 수로를 물속으로 데려간 일

[2]　지푸라기라도 잡는다　　　　•

•　㉡　노인의 말을 따르는 것이 내키지 않지만 시도해 본 일

5 다음 중 '물에 빠지면 지푸라기라도 잡는다'와 가장 어울리는 상황을 골라 보세요.

오늘이 시험을 보는 날이라는 것을 학교에 와서 알게 된 정수는 이미 늦은 것을 알면서도 다급히 책을 읽기 시작했다. ---------------------- [　　　]

알람을 못 듣고 늦게 일어난 진희는 버스까지 놓치는 바람에 결국 학교에 지각을 하고 말았다. ---------------------- [　　　]

세현이는 엄마가 드시고 싶어 하시는 복숭아를 사러 과일 가게에 가서 복숭아를 샀다. ---------------------- [　　　]

6 다음 설명에 제시된 속담과 '물에 빠지면 지푸라기라도 잡는다'의 공통점으로 알맞은 것을 골라 보세요. ---------------------- [　　　]

'**벼락이 치면 바가지라도 뒤집어쓴다**'라는 속담이 있습니다. 얇은 바가지로는 벼락을 피할 수 없다는 것을 알고 있지만, 벼락이 무서워서 급한 마음에 손에 잡히는 대로 바가지라도 머리에 쓰게 된다는 뜻입니다.

① 둘 다 아무리 애써도 벗어날 수 없는 상황에 처했음을 의미한다.
② 둘 다 위급한 상황에 처한 사람은 무어라도 닥치는 대로 붙잡게 된다는 뜻이다.
③ 둘 다 한참 애쓰던 일이 실패로 돌아갔을 때 쓸 수 있는 말이다.
④ 둘 다 다급한 상황에 처해서 남을 돌아볼 수 없다는 뜻이다.
⑤ 둘 다 무슨 일을 해도 일이 잘 풀리지 않을 때를 뜻하는 말이다.

1
단계

다음 낱말의 알맞은 뜻을 찾아 선으로 이어 보세요.

[1] 낙심하다 •

[2] 거역하다 •

[3] 앗아가다 •

• ㉠ 빼앗거나 가로채어 자기 것으로 하여 가져가다.

• ㉡ 바라는 일이 이루어지지 아니하여 마음이 상하다.

• ㉢ 윗사람이 지시한 일을 따르지 않고 거스르다.

2
단계

[보기]의 빈칸에 공통으로 들어갈 수 <u>없는</u> 표현을 골라 보세요. ·································· [   ]

[보 기]

• 남자는 상대방의 이기적인 제안이 썩 [   ] 않았다.

• 아무래도 [   ] 않아서 그 일을 그만두기로 결정했다.

① 탐탁치   ② 달갑지   ③ 싫지

④ 내키지   ⑤ 마음에 들지

3
단계

다음 설명을 참고하여 아래에 제시된 낱말을 소리나는 대로 써 보세요.

어떤 낱말을 발음할 때, 뒤의 소리를 된소리로 발음하는 것을 된소리되기 현상이라고 합니다. 예를 들면 '국밥'은 [국빱]이라고 읽으며, '옷을 입고'는 [오슬 입꼬]라고 읽게 된다는 것입니다.

[1] 물속: [   ]

[2] 등불: [   ]

시간 끝난 시간 [   ]시[   ]분   채점 **독해** 6문제 중 [   ]개

1회분 푸는 데 걸린 시간 [   ]분   **어법·어휘** 6문제 중 [   ]개

20회 관용어

성에 차다*

'성에 차다'는 '만족스럽다'라는 뜻으로 쓰입니다. 여기서 '성'은 사람의 성품, 성질을 뜻하고, '차다'는 것은 마음에 든다는 뜻입니다. 즉, 이 말은 자기 성품에 알맞아 마음에 든다는 뜻입니다.

공부한 날 ☐ 월 ☐ 일 시작 시간 ☐ 시 ☐ 분

18세기 프랑스 철학자 드니 디드로는 친구로부터 ⓐ우아한 가운을 선물 받았습니다. 디드로는 가운이 아주 마음에 들었습니다. 붉은색의 ⓑ세련된 가운을 입자, 자신이 **고풍스럽고**① 우아한 사람이 된 기분이 들었습니다. 그리고 그가 원래 가지고 있던 낡은 가운은 촌스럽고, 어딘가 불편해 보였습니다. 그는 낡은 가운을 버리고, 새 가운을 입었습니다. 서재에 앉아 자신의 모습을 보니 무척 만족스러웠습니다.

그런데, 이내 자신이 앉아 있던 책상이 마음에 들지 않기 시작했습니다. 낡은 책상이 세련되고 우아한 가운과 어울리지 않았기 때문입니다. 그래서 그는 책상을 가운과 잘 어울리는 세련된 것으로 바꿨습니다. 책상을 바꿔 만족스러운 것도 잠시, 이번에는 의자가 **성에 차지*** 않았습니다. 의자를 바꾸니 카펫이, 카펫을 바꾸니 책장이 **성에 차지*** 않았습니다. 그렇게 차례로 서재의 가구들과 물건들을 바꿔 나갔습니다.

결국 서재는 가운을 선물받기 전과는 완전히 다른 서재로 바뀌었습니다. 새 가운에 잘 어울리는 세련된 서재로 **탈바꿈**②한 것입니다. 그런데 그는 ⓒ문득 무언가 잘못되었다고 느꼈습니다. 이전에 쓰던 서재는 낡고 정리되지 않았지만, 편안하고 아늑했습니다. 반면 가구들을 모두 바꾸고 새롭게 꾸민 서재는 꼭 남의 서재에 들어와 있는 것처럼 불편했습니다. 그는 낡은 가운을 버리고, 빨간 가운의 노예가 되어 서재를 바꾼 것을 후회했습니다. 그리고 '나의 오래된 가운을 버림으로 인한 ⓓ후회'라는 수필을 남겼습니다.

↑ 드니 디드로

이후 한 학자는 이 수필을 읽고, 하나의 물건을 갖게 되면 그것에 어울리는 다른 물건들을 계속적으로 사게 되는 ⓔ현상을 '디드로 효과'라고 정의했습니다. 오늘날 기업들은 사람들을 디드로로 만들기 위해 노력하고 있습니다. 한 브랜드의 티셔츠를 샀다면 바지를 사도록, 바지를 샀다면 신발을 사도록 만드는 것입니다. 디드로처럼 후회하지 않기 위해서는 물건을 사기 전 나에게 꼭 필요한 물건인지 **점검**③해 볼 필요가 있습니다.

🧻 어려운 낱말 풀이

① 고풍스럽고 예스러운 느낌이 있고 古옛 고 風바람 풍 -
② 탈바꿈 본디의 모양이나 형태를 바꿈
③ 점검 낱낱이 검사함. 또는 그 검사 點점 점 檢검사할 검

1 '디드로 효과'가 무엇인지 생각하며 빈칸에 들어갈 말을 본문에서 찾아 써 보세요.

하나의 물건을 갖게 되면 그것과 ☐☐☐는 ☐☐들을 계속

사게 되는 심리 현상

2 이 글에 대한 설명으로 맞는 것에 ○표, 아닌 것에 ✕표를 해 보세요.

[1] 드니 디드로는 친구로부터 가운을 선물 받았다. ⋯⋯⋯⋯⋯⋯⋯⋯ [   ]

[2] 드니 디드로는 가운을 입자 자신이 고풍스럽다는 느낌이 들었다. ⋯⋯⋯⋯ [   ]

[3] 한 브랜드의 티셔츠를 사면 다른 물건을 사지 않는 것을 디드로 효과라고 한다. ⋯⋯ [   ]

3 밑줄 친 ⓐ~ⓔ의 낱말 뜻으로 알맞지 <u>않은</u> 것을 골라 보세요. ⋯⋯⋯⋯⋯⋯ [   ]

① ⓐ우아하다: 고상하고 기품이 있으며 아름답다

② ⓑ세련되다: 모습 따위가 환하고 말쑥하다

③ ⓒ문득: 생각이나 느낌 따위가 갑자기 떠오르는 모양

④ ⓓ후회: 이전의 잘못을 깨치고 뉘우침

⑤ ⓔ현상: 무엇을 모집하거나 사람을 찾는 일 따위에 상금이나 상품을 내걺

4 다음 대화에서 밑줄 친 부분과 바꿔 쓸 수 <u>없는</u> 표현을 골라 보세요. ⋯⋯⋯⋯⋯ [   ]

> 준호: 하루 종일 게임을 해 놓고도 아직도 **성에 차지** 않는 거니?
>
> 재현: 아직 멀었어! 레벨을 올리려면 몇 판은 더 해야 해.
>
> 준호: 야, 게임 좀 그만 하고 나가서 밥 먹자. 내가 맛있는 거 사 줄게.

① 충분하지   ② 흡족하지   ③ 만족하지

④ 부족하지   ⑤ 마음에 들지

5 [보기]의 설명을 읽고 빈칸에 들어갈 문장으로 적절하지 <u>않은</u> 것을 골라 보세요. ············· [   ]

> [보 기]
>
> '성에 차다'와 비슷한 표현으로 '직성이 풀리다'라는 말이 있습니다. '바라는 일이 마음대로 이루어져 흡족하고 편한 상태가 되다'라는 뜻인데, 쉽게 말해 '만족한다'라는 뜻입니다.
> 예를 들면, "＿＿＿＿＿＿＿＿＿＿＿＿＿＿＿＿"와 같이 쓸 수 있습니다.

① 시험 문제를 다 풀면 꼭 한 번 더 검토해야 **직성이 풀려**.

② 한 그릇으로는 **직성이 풀리지** 않아. 밥을 더 먹어야겠어.

③ 년 친구가 부끄러워하는 모습을 보고 놀려야 **직성이 풀리겠니**?

④ 그 사람은 남의 외모 지적을 해야 **직성이 풀리는** 못된 사람이야.

⑤ 열심히 준비한 이번 수행평가를 망쳤더니 **직성이 풀려서** 못 견디겠어.

6 다음 중 '성에 차다'를 바르게 활용한 문장에 ○표를 해 보세요.

> 운동을 좋아하는 찬이는 수영만으로는 **성에 차서** 축구, 야구, 테니스까지 두루 배우기 시작했다. ·························· [   ]

> 곧 새롭게 출시할 제품 디자인이 **성에 찼는지** 사장님은 만족스러워하며 직원들을 칭찬하였다. ·························· [   ]

1단계 빈칸에 알맞은 낱말을 [보기]에서 찾아 써 보세요.

[보 기]　　　　　　아늑　　　　후회　　　　정의

[1] 겨울날 따뜻한 이불 속에 폭 파묻혀 있으면 ☐☐하다.

[2] 하고 싶은 일이 있다면 나중에 ☐☐하지 않게 지금 해야 한다.

[3] 중요한 개념의 ☐☐을(를) 잘 알아야 내용을 잘 이해할 수 있다.

2단계 다음에 제시된 낱말의 반대말을 [보기]에서 찾아 써 보세요.

[보 기]　　　　　　불규칙　　　　불가능　　　　불편

[1] 편하다 ⟷ ☐☐하다　　　[2] 가능하다 ⟷ ☐☐☐하다

[3] 규칙적이다 ⟷ ☐☐☐적이다

3단계 다음 설명을 읽고 빈칸에 공통으로 들어갈 알맞은 말을 써 보세요.

　'-스럽다'는 '그러한 성질이 있다'는 뜻을 더하는 말입니다. 예를 들면 복이 많아 보인다는 뜻의 '복스럽다', 걱정이 되어 마음이 편하지 않다는 뜻의 '걱정스럽다'처럼 사용할 수 있습니다.

[1] 원래 가지고 있던 낡은 가운은 촌 ☐☐고 불편해 보였다.

[2] 이번 시험에서 100점을 맞다니, 네가 정말 자랑 ☐☐다.

시간　끝난 시간 ☐시 ☐분　　채점　독해 6문제 중 ☐개
1회분 푸는 데 걸린 시간 ☐분　　어법·어휘 8문제 중 ☐개

빗(머리카락) / 빚(돈) / 빛(광선)

햇볕이 따뜻한 봄, 진우와 친구들은 학교 숙제로 식물원에 왔습니다.

진우: 여기 설명을 보니, 해바라기처럼 { ① 빗 / ② 빛 }이

내리쬐는 방향으로 자라는 식물을 향일성 식물이라고 한대.

주형: 그래서 이름이 해바라기였구나.

성윤: 내가 해바라기 사진을 찍을게. 너희들이 해바라기 설명을

받아 적어 줘.

친구들은 각자 역할을 정해 식물원의 식물들을 조사했습니다.

'빗'과 '빚'과 '빛'은 비슷한 말처럼 보이지만 그 뜻은 전혀 다릅니다. '빗'은 '머리털을 빗는 도구'라는 뜻이고, '빚'은 '남에게 갚아야 할 돈'이라는 뜻이며, '빛'은 '우리 눈을 자극하여 물체를 볼 수 있게 하는 것'입니다. 다시 말해 '빗'은 도구의 이름이고, '빚'은 빌린 돈이나 외상값이라는 말이며, '빛'은 우리가 앞을 볼 수 있도록 밝혀 주는 것이라고 할 수 있습니다. 예를 들어 빗은 '빗으로 머리를 빗다', '빗으로 머리카락을 정돈하다' 등으로 쓸 수 있고, 빚은 '빚을 갚다', '빚이 눈덩이처럼 불어나다' 등으로 쓸 수 있으며, 빛은 '빛을 비추다', '지하실은 빛이 없어 어둡다' 등으로 쓸 수 있습니다.

빗: 머리털을 빗는 도구. '빗으로 머리를 빗다', '빗으로 머리카락을 정돈하다' 등.

빚: 남에게 갚아야 할 돈. '빚을 갚다', '빚이 눈덩이처럼 불어나다' 등.

빛: 우리 눈을 자극하여 물체를 볼 수 있게 하는 것. '빛을 비추다', '지하실은 빛이 없어 어둡다' 등.

✎ 바르게 고쳐 보세요.   정답: 010쪽

진우: 여기 설명을 보니, 해바라기처럼 빛이 내리쬐는 방향으로 자라는 식물을 향일성 식물이라고 한대.

→ 진우: 여기 설명을 보니, 해바라기처럼 [ ]이 내리쬐는 방향으로 자라는 식물을 향일성

식물이라고 한대.

5주차

한 주 간의 계획을 먼저 세워보세요. 매일 학습을 마친 후 맞힌 문제의 개수를 쓰세요!

회차	영역	학습 내용	학습계획일	맞은 문제수
21회	사자성어	**삼고초려(三顧草廬)** 「삼국지」의 유비는 제갈량의 마음을 얻기 위해 제갈량의 초가집을 세 번이나 찾아갔습니다. 이처럼 훌륭한 인재를 맞아들이기 위해서는 참을성 있게 노력해야 하기도 합니다. 인재를 얻는 데 노력한 유비의 이 이야기는 지금도 '**삼고초려(三顧草廬)**'라는 사자성어로 널리 쓰입니다.	월 / 일	독해 6문제 중 ☐ 개 어법·어휘 8문제 중 ☐ 개
22회	관용어	**자취를 감추다** '자취'는 어떤 것이 남긴 표시나 자리를 말합니다. 그런데 이런 표시마저 감춘다면 어디로 없어졌는지 전혀 알 수 없을 것입니다. 이처럼 '**자취를 감추다**'라는 관용어는 '**남들이 모르게 어디로 숨거나, 어떤 사물이나 현상이 없어졌다**'는 뜻입니다.	월 / 일	독해 5문제 중 ☐ 개 어법·어휘 5문제 중 ☐ 개
23회	속담	**거미도 줄을 쳐야 벌레를 잡는다** 거미가 벌레를 사냥하기 위해서는 거미줄을 쳐 놓는 준비가 필요합니다. '**거미도 줄을 쳐야 벌레를 잡는다**'는 속담은 '**무슨 일이든지 거기 필요한 준비가 있어야 그 결과를 얻을 수 있다**'라는 뜻입니다.	월 / 일	독해 6문제 중 ☐ 개 어법·어휘 5문제 중 ☐ 개
24회	사자성어	**태평성대(太平聖代)** 어질고 똑똑한 임금님이 나라를 잘 다스린다면, 나라가 안정되어 나쁜 일이 없이 편안할 것입니다. 이렇게 '**어진 임금이 잘 다스려 걱정이 없고 편안한 시대**'를 '**태평성대(太平聖代)**'라고 합니다.	월 / 일	독해 5문제 중 ☐ 개 어법·어휘 7문제 중 ☐ 개
25회	속담	**개밥에 도토리** '**개밥에 도토리**'는 어떤 무리에 어울리지 못하고 홀로 떨어져 무척 외롭다는 뜻으로, '**따돌림을 받는 사람을 비유적으로 이르는 말**'입니다.	월 / 일	독해 6문제 중 ☐ 개 어법·어휘 4문제 중 ☐ 개

21회 삼고초려(三 顧 草 廬)*

석 삼　돌아볼 고　풀 초　오두막 려

'인재(人材)를 맞아들이기 위하여 참을성 있게 노력하거나 마음을 쓰는 것'을 가리켜 '삼고초려(三顧草廬)'라고 합니다. '삼고초려'는 옛 중국의 유비가 제갈량을 얻기 위해 몸소 제갈량의 초가집으로 세 번이나 찾아갔던 일화에서 유래했습니다.

공부한 날 　　월　　일　시작 시간　　시　　분

　유비는 관우와 장비라는 장수들과 의형제를 맺고 세력이 약해져 가는 한나라의 **부흥**①을 위해 노력했으나 조조군에게 밀려 항상 패하였습니다. 어느 날 형주에 머물게 된 유비는 그 지역에서 현명하기로 소문난 사마휘라는 사람을 만났습니다.

　사마휘는 유비를 보자 이렇게 이야기했습니다.

　"유비 님께서는 인재가 부족하여 계속 쫓겨 다니는 것입니다."

　그러자 유비는,

　"아닙니다. 저에게는 훌륭한 장수들과 **문관**②들이 있는데 어찌 인재가 부족하다고 하십니까?"라고 **반문**③했습니다.

　"유비 님께는 분명 용맹한 장수와 뛰어난 문관들이 많지만, 전쟁에서 이기기 위한 여러 가지 전략과 전술을 세워 줄 사람이 부족합니다."라고 사마휘는 말했습니다.

　유비가 그 말을 듣고 놀란 표정을 짓자 사마휘는 다시 말을 이어 갔습니다.

　"복룡과 봉추. 그 둘 중 한 명을 손에 얻으면 유비 님의 뜻을 이룰 수 있을 것입니다."

　유비는 그 말을 듣고 복룡과 봉추에 대해 물었으나, 사마휘는 그저 웃기만 할 뿐 아무런 말도 하지 않았습니다. 그들이 누구인지 알아내기 위해 노력하던 유비는 저 먼 양양 땅에 제갈량이라는 사람이 있는데, 그 사람의 별명이 복룡이라는 말을 듣게 되었습니다.

　이 말을 들은 유비는 관우, 장비와 함께 제갈량을 찾아갔습니다. 그러나 그때 제갈량이 사는 초가집에는 심부름을 하는 아이 한 명만 있을 뿐이었습니다.

　"제갈량 님은 어디 가셨니?"

　"아침 일찍 나가서서 지금은 안 계십니다. 다음에 다시 와 주십시오."

　유비는 하는 수 없이 발길을 돌려야 했습니다. 그리고 며칠 뒤, 폭설을 **무릅쓰고**④ 다시 의형제들과 함께 제갈량의 집을 찾았습니다. 그러나 제갈량은 이번에도 집에 없었습니다.

　"오늘은 친구를 만나러 가셨습니다. 다음에 다시 와 주십시오."

　"먼 길을 두 번이나 찾아왔는데 이번에도 없다고?"

　관우와 장비는 제갈량이 몹시 **무례**⑤하다며 불평했습니다. 하지만 유비는 장비와 관우를 **나무랄**⑥ 뿐 제갈량을 만나러 가는 것을 포기하지 않았습니다.

　며칠 뒤, 유비는 제갈량을 한 번 더 찾아갔습니다. 그런데 이번에는 제갈량이 마루에서 낮잠을 자고 있었습니다.

　"낮잠을 주무시고 계십니다. 깨울까요?"

　"아니다, 깨우지 말거라. 일어날 때까지 기다리마."

　유비는 화를 내기는커녕 두 손을 공손히 모으고 마당에 서서 제갈량이 일어날 때까지 기다렸습니다. 한참을 기다리자 드디어 제갈량이 잠에서 깨어났습니다. 유비의 모습을 본 그는 화들짝 놀라 몸을 일으켜 바르게 앉았습니다.

　"무례함을 용서해 주십시오."

　"아닙니다. 괜찮습니다."

　유비는 그제야 제갈량의 앞에 무릎을 꿇고 자신이 찾아온 이유를 말했습니다.

"고통받는 백성들을 위해 함께 나라를 구합시다. 선생님의 도움이 **간절히**⁷ 필요합니다."

제갈량은 유비를 보며 이렇게 말했습니다.

"저같이 부족하고 보잘것없는 사람도 귀하다 생각하여 ㉠자기 몸을 낮추며 세 번이나 초라한 초가집에 찾아와 주시다니, 몸 둘 바를 모르겠습니다. 기꺼이 그렇게 하겠습니다."

자신의 마음을 얻기 위해 **삼고초려**까지 한 유비의 정성에 감동한 제갈량은 마침내 유비를 도와 일하기로 결심했습니다.

해설편 011쪽

1 다음 중 글의 내용과 일치하는 것에 ○표, 일치하지 않는 것에 ×표를 해 보세요.

[1] 유비는 형주에서 현명하기로 소문난 사마휘를 만났다. ⸺⸺⸺⸺⸺ [　　　]

[2] 유비는 사마휘의 말을 듣자마자 복룡과 봉추가 누구인지 깨달았다. ⸺⸺ [　　　]

[3] 유비가 처음 제갈량을 찾아갔을 때 집에는 아무도 없었다. ⸺⸺⸺⸺ [　　　]

[4] 제갈량은 유비의 정성에 감동하여 그를 돕기로 결심했다. ⸺⸺⸺⸺ [　　　]

2 다음은 글의 내용을 순서와 관계없이 요약한 것입니다. 이야기의 순서에 맞게 화살표를 그리고, 순서대로 번호를 써 보세요.

① 유비는 사마휘에게 복룡과 봉추 이야기를 듣고 그들이 누구인지 알아내려 했다.

② 유비는 폭설을 무릅쓰고 제갈량을 찾아갔지만, 제갈량이 친구를 만나러 가서 집에 없었다.

③ 유비가 제갈량을 찾아갔을 때 제갈량은 아침 일찍 나가는 바람에 집에 없었다.

④ 유비는 낮잠을 자는 제갈량을 깨우지 않고 마당에 서서 그가 깨기를 공손히 기다렸다.

⑤ 제갈량은 자신의 마음을 얻기 위해 참을성 있게 노력한 유비를 돕기로 결심했다.

[　] → [　] → [　] → [　] → [　]

어려운 낱말 풀이

① **부흥** 기세가 약해졌던 것이 다시 활발하게 일어남, 또는 그렇게 되게 함 復 다시 부 興 일어날 흥
② **문관** 옛날에 나라에서 실시하는 과거 시험에 합격한 고급 관리 文 글월 문 官 벼슬 관　③ **반문** 물음에 대답하지 않고 질문을 한 상대방에게 도리어 물음 反 돌이킬 반 問 물을 문　④ **무릅쓰고** 힘들고 어려운 일이나 상황을 견디고　⑤ **무례** 말이나 행동에 예의가 없음 無 없을 무 禮 예도 례　⑥ **나무랄** 잘못을 꾸짖어 잘 알아듣게 말할
⑦ **간절히** 무엇을 바라는 마음이 아주 강하게 懇 정성 간 切 끊을 절 -

3 밑줄 친 ⊙의 의미로 가장 알맞은 것을 골라 보세요. -- [   ]

① 용기와 자신감을 주시니　　　　　　② 가난한 처지를 헤아려 주시니
③ 진심 어린 정성을 보여 주시니　　　④ 잘못을 여러 번 용서해 주시니
⑤ 세상에 뜻을 펼칠 수 있도록 도와주시니

4 다음 중 '삼고초려'를 바르게 활용한 문장에 ○표를 해 보세요.

[1] | 그는 자신이 한 거짓말이 들킬까 봐 하루 종일 **삼고초려**했다. | ----------- [   ]

[2] | 그 배우는 감독의 **삼고초려** 끝에 작품에 출연하기로 결정했다. | ----------- [   ]

[3] | 선수들의 실력이 **삼고초려**하여 누가 우승을 할지 짐작할 수 없었다. | ----------- [   ]

5 빈칸에 들어갈 알맞은 말을 [보기]에서 찾아서 '삼고초려(三顧草廬)'의 뜻을 완성해 보세요.

[보 기]　　　　풀　　　세　　　참을성　　　오두막

'삼고초려'는 [   ]로 만든 [   ][   ][   ]을 [   ] 번 돌아본다는 뜻입니다.

이 말의 속뜻은 인재를 얻기 위해 [   ][   ][   ] 있게 노력하거나 마음을

쓴다는 뜻입니다.

6 '삼고초려(三顧草廬)'와 비슷한 뜻의 속담을 골라 ○표를 해 보세요.

내 코가 석 자다.	서당 개 삼 년이면 풍월을 읊는다.	열 번 찍어 안 넘어가는 나무 없다.
자신의 일도 감당하기 어려워 남의 사정을 돌볼 여유가 없음.	한곳이나 분야에 오래 있으면 웬만큼 지식과 경험을 쌓게 됨.	어렵거나 이루기 힘든 일도 꾸준히 시도하면 결국 이루어짐.
[ ]	[ ]	[ ]

1
단계

밑줄 친 부분과 바꿔 쓸 수 있는 말을 골라 번호를 써 보세요.

[1] 선생님께서 숙제하지 않은 학생들을 호되게 **나무라기** 시작했다. --------------------- [   ]

① 꾸짖기

② 칭찬하기

[2] 그는 부모님의 반대를 **무릅쓰고** 가수가 되었다. -------------------------- [   ]

① 중요하게 생각하지 않고

② 힘들고 어려운 상황을 견디고

2
단계

다음 빈칸에 들어갈 알맞은 말을 [보기]에서 골라 써 보세요.

[보 기]	무례	부흥	반문

[1] 새로운 이장은 농촌의 ☐☐ 을 위해 노력하겠다고 했다.

[2] 나의 ☐☐ 한 행동으로 인해 부모님의 표정은 급격히 안 좋아지셨다.

[3] 그는 예상하지 못한 ☐☐ 에 몹시 당황한 듯 보였다.

3
단계

'발길'이 들어가는 관용 표현의 알맞은 뜻을 찾아 선으로 이어 보세요.

[1] 발길을 끊다. •   • ㉠ 가고 싶은 마음이 생기지 않다.

[2] 발길이 무겁다. •   • ㉡ 왕래가 뜸해지다.

[3] 발길이 멀어지다. •   • ㉢ 왕래나 교제를 그만두다.

시간   끝난 시간 ☐ 시 ☐ 분

1회분 푸는 데 걸린 시간 ☐ 분

채점   독해 6문제 중 ☐ 개

어법·어휘 8문제 중 ☐ 개

22회 자취를 감추다*

'자취'는 어떤 것이 남긴 표시나 자리를 말합니다. 그런데 이런 표시마저 감춘다면 어디로 없어졌는지 전혀 알 수 없을 것입니다. 이처럼 '자취를 감추다'라는 관용어는 '남들이 모르게 어디로 숨거나, 어떤 사물이나 현상이 없어졌다'라는 뜻입니다.

공부한 날 [ ]월 [ ]일 시작 시간 [ ]시 [ ]분

[앞부분 줄거리] 홍 **판서**^①의 아들인 홍길동은 열심히 노력하여 뛰어난 재주를 갖추지만 **서자**^②라는 이유로 차별을 받는다. 그러던 중 집안에 자신을 해치려는 음모가 있어 이를 물리친다.

홍 판서가 창밖에 사람이 있는 것을 이상하게 여겨 창을 열고 보니 길동이 서 있었다.

"밤이 깊었는데 어찌 자지 않고 이렇게 돌아다니느냐?"

길동이 땅에 엎드려 대답하여 말하길,

"저는 서자로 태어나 아버지를 아버지라 부르지 못하고, 형을 형이라 부르지 못했습니다. 그럼에도 저를 낳아주시고, 길러주신 은혜에 보답하고 싶었사오나, 집에 저를 해치려는 음모가 있어 겨우 물리치고 목숨을 구했습니다. 제가 집에 머문다면 이런 일들이 끊이지 않을 것입니다. 그래서 마지막 인사를 드리려 합니다."

하며 두 눈에서 눈물이 마구 쏟아졌다. 홍 판서는 크게 놀라 타일렀다.

"무슨 일이 있었기에 이렇게도 서러워하느냐? 내가 너의 **한**^③을 짐작하니, 오늘부터 아버지라 부르고 형이라 부르는 것을 허락하겠다."

"저의 ㉠한 가닥 지극히 맺힌 한을 아버님께서 풀어주시니 지금 죽어도 한이 없습니다. 엎드려 바라건대 아버지께서는 늘 건강하게, 오래오래 사시길 바랍니다."

하고 절을 하자, 홍 판서는 길동을 잡지 못하고 무사하기만을 당부했다. 인사를 마친 길동은 어머니에게도 가 마지막 인사를 했다.

"저는 이제 어머니 곁을 떠나고자 합니다. 언젠가는 다시 모실 날이 올 것입니다. 그러니 그때까지 건강하십시오."

길동의 어머니는 그 말을 듣고 눈물을 흘리며 말했다.

"네가 어디로 가고자 하느냐? 이제 너를 보내고 어찌 잊을 수 있겠느냐. 네가 얼른 돌아와 우리가 서로 다시 만나기를 바란다."

길동이 마지막 절을 하고 문을 나서니, 온데간데없이 ㉡**자취를 감추었다.***

– 허균, 「홍길동전」 중, 중학 국어 1-1(지학사) '5. 갈등, 함께 풀어 보아요'(23회에 계속됩니다.)

어려운 낱말 풀이
① 판서 오늘날의 장관에 해당하는 매우 높은 벼슬 判판가름할 판 書쓸 서
② 서자 양반과 양인 여성 사이에서 낳은 아들 庶여러 서 子아들 자
③ 한 몹시 원망스럽고 억울하거나 안타깝고 슬퍼 응어리진 마음 恨한 한

1 다음 중 홍길동이 집을 떠난 결정적인 까닭을 골라 보세요. ──────────── [　　　]

① 마지막으로 한을 푼 것

② 어머니가 눈물을 흘린 것

③ 아버지가 끝내 붙잡지 않은 것

④ 아버지를 아버지라 부르지 못한 것

⑤ 집안에 자신을 해치려는 음모가 있었던 것

5
주
22
회

해설편 0 1 1 쪽

2 밑줄 친 ㉠이 뜻하는 것이 무엇인지 본문에서 찾아 빈칸을 채워 보세요.

☐☐ (으)로 태어나 ☐☐☐ 을(를) ☐☐☐ (이)라

부르지 못하고, ☐ 을(를) ☐ (이)라 부르지 못한 것

3 다음 중 '㉡자취를 감추었다'와 바꿔 쓸 수 있는 말을 골라 보세요. ──────── [　　　]

① 홀렸다

② 놀랐다

③ 사라졌다

④ 쓰러졌다

⑤ 도망쳤다

"네 이놈, 전우치! 내 지난날의 죄를 용서하고 벼슬을 주었더니, 은혜를 갚기는커녕 역모를 꾸미고 있었더냐? 그 죄 죽어 마땅하다!"

그러자 전우치가 말하기를,

"제 죄는 만 번 죽어 마땅하오나, 죽기 전에 마지막 소원이 있으니 들어주소서. 제게는 그림을 그리는 재주가 하나 있사온데, 나무를 그리면 점점 자라고, 짐승을 그리면 걸어가옵고, 산을 그리면 산에서 나무와 풀이 자라나니 천하의 명화라 할 만합니다. 그러니 마지막으로 그림 한 장을 그리게 해 주소서."

하니, 호기심이 동한 왕은 전우치의 뜻을 들어주기로 했다. 잠시 후, 전우치가 붓과 종이를 받아 그림을 그리는데, 그 그림은 산길에 나귀 한 마리가 서 있는 그림이었다.

"그럼 이제 그만 떠나겠습니다. 부디 건강하십시오."

전우치가 그렇게 말하며 절을 하니, 왕이 어리둥절해서 물었다.

"너는 이제 죽은 목숨인데, 무슨 작별인사를 하느냐?"

전우치는 대답 대신 그림 속으로 몸을 날렸다. 깜짝 놀란 왕은 그림 속을 살펴보았다. 그곳에서는 전우치가 나귀를 타고 산길로 유유히 사라지고 있었다. 왕은 그제야 전우치에게 속았음을 깨달았으나, 전우치는 이미 ⓒ**자취를 감춘** 뒤였다.

– 고전 소설 「전우치전」 중

4 전우치가 그림을 그리려고 한 까닭이 무엇인지 짐작하여 빈칸을 채워 보세요.

왕에게 밝힌 까닭	죽기 전 마지막 ☐ ☐ 이라서
실제 까닭	☐ ☐ 속으로 도망치려고

5 [보기]의 뜻풀이를 보고 'ⓒ자취를 감춘'은 어떤 뜻으로 쓰인 것인지 골라 번호를 써 보세요.

[   ]

[보 기] 　　　　　　　　　　　**자취를 감추다**
① 남들이 모르게 어딘가로 숨다.　② 사물이나 현상 따위가 없어지다.

1 단계

다음은 우리나라 속담에 자주 등장하는 '정승'과, 이 말을 활용한 속담의 뜻입니다. '정승'은
다음 중 어떠한 사람을 의미하는지 골라 보세요. ──────────────────────────── [   ]

> • **정승:** 영의정, 좌의정, 우의정을 부르는 말로, 가장 높은 벼슬이다.
> • **개처럼 벌어서 정승처럼 써라:** 천한 일로 돈을 벌어도 돈을 쓸 땐 떳떳하고 좋은 일에
>   쓴다는 말.

① 훌륭한 사람, 혹은 지위가 높은 사람
② 충성심이 깊은 사람, 혹은 청렴한 사람
③ 거짓말쟁이, 혹은 욕심이 많은 사람

2 단계

밑줄 친 낱말의 알맞은 뜻을 골라 번호를 써 보세요.

[1] **과거**의 잘못을 용서해다오. ───────────────────────────────── [   ]
　　① 지난날　　　② 오랜 세월

[2] **천하의** 진시황이라도 죽음을 피해 가진 못했다. ─────────────── [   ]
　　① 그 대단한　　② 세상의 작은 일부인

3 단계

한자어의 풀이를 보고, 다음 빈칸에 들어갈 한자를 [보기]에서 찾아 써 보세요.

| [보기] | 作 작품 작 | 畫 그림 화 | 品 물건 품 |

[1] 名 이름 명 ／ 畫 그림 화
: 이름난 훌륭한 그림

[2] 名 이름 명 ／ 　　
: 이름난 훌륭한 물건

[3] 名 이름 명 ／ 　　
: 이름난 훌륭한 작품

23회 거미도 줄을 쳐야 벌레를 잡는다*

거미가 벌레를 사냥하기 위해서는 거미줄을 쳐 놓는 준비가 필요합니다. '거미도 줄을 쳐야 벌레를 잡는다'는 속담은 '무슨 일이든지 거기 필요한 준비가 있어야 그 결과를 얻을 수 있다'라는 뜻입니다.

공부한 날 ☐ 월 ☐ 일 시작 시간 ☐ 시 ☐ 분

[앞부분 줄거리] 길을 나선 길동은 자신의 비범한 능력을 알아보고 스스로 부하가 되고자 하는 도적들의 부탁을 받아들여 도적 무리의 우두머리가 된다. 길동은 도적 무리의 이름을 '활빈당'이라 짓고, **탐관오리**①들이 부정하게 얻은 재물들을 도적질해 백성들에게 나눠준다.

길동의 도적질이 계속되자, 전국의 관리들이 임금에게 길동을 잡아달라는 글을 올렸다. 그 글을 본 임금은 크게 놀라 말했다.

"이 도둑의 용맹과 **술법**②은 아무도 당하지 못하겠구나. 이는 보통 도적이 아니니 잡기 어려우리라."

임금은 얼른 길동을 잡아들이라 명령을 내렸지만 아무도 길동을 잡지 못했다. 오히려 길동은 **도술**③을 부려 어사로 변장해 탐관오리를 벌하고, 벼슬아치인 척 변장하여 수레를 타고 다니는 등 동에 번쩍 서에 번쩍 하며 활약을 펼쳤다. 이에 임금은 크게 분노하며 관리들을 재촉했다. 그러자 한 신하가 나서며 말했다.

"홍길동은 홍 판서의 서자요, 지금 벼슬하고 있는 홍인형의 동생이니, 이들을 부르시어 물어보시면 홍길동을 잡을 수 있을 것입니다."

임금은 즉시 인형을 잡아들여 **심문**④을 하는데, 임금의 위엄을 보이며 책상을 치고 분노하여 물었다.

"길동이라는 자가 너의 동생이라 하는데, 어찌 도적질로 나라를 어지럽게 하는데도 말리지 않고 나라의 큰 걱정거리가 되게 하느냐? 네가 얼른 잡아들여 걱정거리를 없애라. ㉠거미도 줄을 쳐야 벌레를 잡는다*고 하니, 홍길동 같은 도적을 잡는 데도 마땅한 준비가 필요하리라. 너에게 감사라는 벼슬을 내리겠다. 길동을 잡는 데 필요한 준비를 철저히 하고, 1년의 시간을 줄 테니 빨리 잡아들이도록 하라."

인형은 임금님께 절을 하고, 즉시 각 고을에 길동에게 전하는 글을 붙였다. 그 글은 길동으로 인해 길동의 가족이 큰 위기에 처했으니 얼른 **자수**⑤하라고 달래는 내용이었다. 며칠 뒤 길동은 나귀를 타고 인형에게 찾아가 자수했다. 인형은 눈물을 흘리며 길동을 **죄수**⑥가 타는 수레에 태워 보냈다.

잡혀 온 길동을 본 임금은 길동을 크게 꾸짖었다. 그러자 길동이 말했다.

"저는 원래 서자라 제 능력을 마음껏 펼치지 못하는 한이 있어 도적의 우두머리가 되었습니다. 그러나 나라와 백성들의 재물은 털끝만큼도 건드리지 않았고 탐관오리들이 백성들에게 빼앗은 재물만을 빼앗았습니다. 임금님께서는 걱정 마시고 저를 풀어 주십시오."

말을 끝낸 길동이 앞으로 넘어지더니, 그 자리에는 짚더미만 남아 있었다.

– 허균, 「홍길동전」 중, 중학 국어 1-1(지학사) '5. 갈등, 함께 풀어 보아요'(24회에 계속됩니다.)

어려운 낱말 풀이 : ① **탐관오리** 부패한 관리 貪탐할 탐 官벼슬 관 汚더러울 오 吏벼슬아치 리 ② **술법** 신비한 재주, 마법이나 도술과 같은 것 術꾀 술 法법 법 ③ **도술** 어떻게 한 것인지 알 수 없는 신통한 재주를 부리는 것 道길 도 術꾀 술 ④ **심문** 자세히 따져 물음 審살필 심 問물을 문 ⑤ **자수** 스스로 붙잡힘 自스스로 자 首머리 수 ⑥ **죄수** 죄를 지어 붙잡힌 사람 罪허물 죄 囚가둘 수

1 다음 중 이 이야기의 내용으로 알맞지 <u>않은</u> 것을 골라 보세요. ----------------------------- [   ]

① 임금은 홍길동을 잡기 어려울 것이라 생각했다.
② 임금은 홍길동을 붙잡기 위해 홍인형을 불렀다.
③ 홍인형은 감사 벼슬을 하게 되었다.
④ 홍인형은 홍길동을 죄수가 타는 수레에 태울 때 기뻐했다.
⑤ 결국 임금은 홍길동을 사로잡아 벌주는 데 실패했다.

2 다음은 홍인형이 각 고을에 붙인 글입니다. 빈칸에 들어갈 알맞은 말을 본문에서 찾아 써 보세요.

내 동생 ☐☐☐ 보아라.

네 한을 내가 짐작하나, 네가 ☐☐☐ 을(를) 일삼으며 나라를 혼란스럽게

하므로 임금님의 걱정이 크다. 옛말에 위로는 임금을 섬기고, 아래로는 백성을 돌보라

하였는데 너는 백성만 돌보고 임금님은 섬기지 않으니, 나라에 죄를 짓고 있는 셈이 아니냐.

너의 죄로 말미암아 나를 비롯한 너의 ☐☐ 들에게 큰 위험이 닥쳤다.

우리를 위해서라도 부디 마음을 풀고 내게 자수해다오.

너의 ☐ 홍인형이 쓴다.

3 다음 중 이 이야기를 읽고 자신의 생각을 올바르게 말한 친구에 ○표를 해 보세요.

윤성: 아무런 죄도 없는 이들의 재산을 도둑질해 자기 배를 채우다니. 홍길동은 자기 재주를 나쁘게 이용했구나.

예은: 홍길동은 능력이 뛰어남에도 서자로 태어났기에 차별 없이 능력을 펼치려면 도적이 될 수밖에 없었구나.

명중: 형을 비롯한 가족들이 위기에 처했는데 그냥 도망쳐 버리다니, 홍길동은 가족을 소중하게 생각하지 않는구나.

[   ]   [   ]   [   ]

4 밑줄 친 ⊙에서 '거미'와 '줄', '벌레'는 각각 무엇을 가리키는지 본문에서 찾아 빈칸을 채워 보세요.

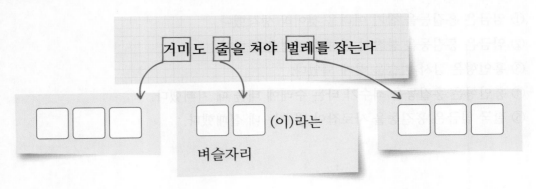

거미도 줄을 쳐야 벌레를 잡는다

☐☐☐　　☐☐ (이)라는 벼슬자리　　☐☐☐

5 다음 중 '거미도 줄을 쳐야 벌레를 잡는다'와 뜻이 비슷한 표현에 ○표를 해 보세요.

- 하늘을 봐야 별을 따지: 어떤 일에서 성과를 거두려면 준비가 필요함 ----------------------- [　　　]
- 독 안에 든 쥐: 궁지에서 벗어날 수 없는 처지임 --- [　　　]
- 일찍 일어나는 새가 벌레를 잡는다: 부지런해야 얻는 것이 많음 -------------------------- [　　　]

6 [보기]의 대화를 읽고, '거미도 줄을 쳐야 벌레를 잡는다'라는 조언이 필요한 친구의 이름을 써 보세요.

[보기]

수애: 너 얼마 전에 쪽지시험 점수 어땠어?

민준: 운이 좋았는지 아는 것만 나와서 100점 맞았지.

수애: 우와, 나는 하나도 모르겠던데……. 노느라 공부를 안 해서 그런가?

민준: 나는 쪽지시험 며칠 전부터 계속 공부한 보람이 있었던 것 같아.

→ ☐☐

1
단계

다음 낱말에 알맞은 뜻을 선으로 이어 보세요.

[1] 심문 •

[2] 자수 •

[3] 죄수 •

• ㉠ 자세히 따져 물음

• ㉡ 죄를 지어 붙잡힌 사람

• ㉢ 스스로 붙잡힘

2
단계

다음 낱말의 뜻풀이를 보고, 뜻이 비슷한 낱말을 골라 보세요. ─────────── [   ]

추호(秋毫)

가을에 나는 짐승의 아주 가는 털. 매우 작거나 사소한 것을 이르는 말.

예시) 그럴 생각은 **추호**도 없다.

① 집채

② 털끝

③ 솥뚜껑

3
단계

다음 중 [보기]의 '잡다'는 무슨 뜻으로 쓰인 것인지 골라 ○표를 해 보세요.

[보 기]   아무도 홍길동을 **잡지** 못했다.

[1] 손으로 움키고 놓지 않다. ─────────────── [   ]

[2] 붙들어 손에 넣다. ─────────────── [   ]

[3] 짐승을 죽이다. ─────────────── [   ]

24회 태평성대(太平聖代)*

클 태   편안할 평   어진 임금 성   시대 대

어질고 똑똑한 임금님이 나라를 잘 다스린다면, 나라가 안정되어 나쁜 일이 없이 편안할 것입니다. 이렇게 '어진 임금이 잘 다스려 걱정이 없고 편안한 시대'를 '태평성대(太平聖代)'라고 합니다.

공부한 날 [ ]월 [ ]일 시작 시간 [ ]시 [ ]분

[앞부분 줄거리] 길동은 높은 벼슬을 주면 다시 잡히겠다는 글을 써 올리고, 임금은 길동에게 높은 벼슬을 내린다. 벼슬을 받은 길동은 감사 인사를 올리고 다시 사라진다. 사라진 길동은 남쪽으로 가다 **율도국**에 다다른다. 길동은 살기 좋은 율도국에 나라를 세우고 살기로 결심한다.

'나는 이미 조선을 떠나기로 했으니, 이 율도국에 나라를 세워 큰일을 하겠다.'

길동은 그렇게 결심하고 도술을 부려 뜰을 걷는 임금에게 찾아가 말하길,

"저는 홍길동입니다. 드릴 말씀이 있어 왔사옵니다."

길동이 하늘에서 내려와 엎드리거늘, 임금이 놀라며 묻기를,

"네 어찌 깊은 밤중에 찾아왔느냐?"

"**전하**를 받들어 오랜 세월을 모시고자 하였습니다. 그러나 서자 출신이라 벼슬을 하지 못하고, 재주를 뽐내지 못했습니다. 제가 부패한 관리들을 혼내 주고, 나라에 죄를 지은 것은 임금님께서 이를 알아주셨으면 하는 마음에서 한 일입니다. 그런데 임금님께서는 저에게 높은 벼슬을 내려 저의 소원을 이뤄 주셨으니, 전하께 인사를 드리고 조선을 떠나고자 합니다. 바라건대, 늘 건강하시길 바랍니다."

말을 마치고 길동은 하늘로 다시 사라졌다.

길동은 삼천 명의 도적 무리를 거느리고 남쪽으로 갔다. 그리고는 한 섬에 이르러 수천 채의 집을 짓고 농사를 짓고 무술을 익혔다. 얼마 지나지 않아 병사들은 강해지고 **양식**들은 창고 가득 풍족하였다. 이를 지켜보던 길동이 마침내 말하길,

"이제 때가 왔으니, 율도국을 치고자 한다. 그대들은 온 힘을 다하라."

길동은 잘 훈련시킨 군사들을 데리고 마음에 두었던 율도국으로 갔다. 율도국의 장군들이 길동에게 맞섰으나, 그 재주를 따라가지 못하고 무릎을 꿇었다. 길동은 율도국의 왕이 되어 백성들을 정성스레 보살피고 좋은 인재들을 모아 신하로 삼았다. 길동이 다스린 지 삼 년이 되자 산에는 도적이 없었고, 길에 떨어진 물건이라도 함부로 주워 가는 이가 없었다. 길동은 어진 왕으로 율도국을 잘 다스려 백성들은 **태평성대**를 누리며 행복하게 살았다.

– 허균, 「홍길동전」 중, 중학 국어 1-1(지학사) '5. 갈등, 함께 풀어 보아요'

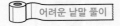 어려운 낱말 풀이

① **율도국** 먼 옛날에 남쪽에 있던 섬나라의 이름, 지금의 오키나와로 추정됨 栗밤나무 율 島섬 도 國나라 국
② **전하** 왕을 부르는 호칭 殿궁궐 전 下아래 하
③ **양식** 사람이 살기 위해 필요한 먹을거리 糧먹을 양 食먹을 식

1 다음은 22회부터 이어진 이야기에 나온 홍길동의 삶을 정리한 것입니다. [보기]의 사건들을 일어난 순서에 맞게 기호를 써 보세요.

[보 기]
㉠ 홍길동, 집을 나서다.
㉡ 홍길동, 율도국으로 떠나 나라를 세우고 태평성대를 이루다.
㉢ 홍길동, 집에서 자기를 해하려는 음모를 물리치다.
㉣ 홍길동, 높은 벼슬을 받다.
㉤ 홍길동, 형 홍인형에게 자수하다.

홍길동, 홍 판서 댁 서자로 태어나다. ☐ ☐ 홍길동, 활빈당을 세우다 ☐ ☐ ☐

2 이 이야기의 내용으로 미루어 홍길동이 간 '율도국'은 어느 방향에 있던 나라일지 골라 보세요.

[   ]

3 다음 중 '태평성대'와 어울리는 시대에 ○표를 해 보세요.

조선의 제9대 왕 성종은 '경국대전'이라는 법전을 완성했다. 이로 인해 지방의 관리들이 백성을 억울하게 벌주는 일이 없어졌다. 또한 일본과 무역을 강화하여 많은 돈을 벌었고, 인재 교육에 큰 관심을 쏟아 나라가 나날이 부강해졌다.

[   ]

조선의 제23대 왕 순조와 이후 헌종, 철종에 이르기까지의 시기는 백성들에게 지옥이나 다름없었다. 왕을 등에 업은 왕비의 가족들이 나라의 벼슬을 사고팔았고, 그렇게 벼슬을 얻은 관리들은 백성들을 쥐어짜 부를 쌓았다. 농민들은 굶어 죽거나 도적이 되어야 했다.

[   ]

[4~5] 다음 글을 읽고, 문제를 풀어 보세요.

먼 옛날 중국에는 '삼황오제'라고 하는 위대한 임금들이 있었다고 전해집니다. 그중에서도 '요'와 '순'이라고 하는 임금은 나라와 백성들을 위하기로 유명했습니다. 요 임금은 검소한 생활을 즐겨 비단옷을 입지 않았으며, 또 쉬는 시간조차 없이 나라를 돌봐 신하들이 감히 나쁜 마음을 먹을 수 없었습니다. 또한 죄를 지은 사람들을 엄히 다스리니, 백성들이 살기 편해 요 임금을 찬양하는 노래를 불렀다고 합니다.

순 임금은 요 임금 다음의 왕으로, 요 임금의 자식이 아님에도 왕이 되었습니다. 자식들 중에서는 좋은 왕이 될 재목이 없음을 깨달은 요 임금이 나라를 두루 살펴 왕이 될 사람을 찾았기 때문이었습니다. 순 임금은 늘 신중해서 누군가를 벌주거나 하는 일에 억울함이 없도록 자세히 살폈고, 벌을 준다고 해도 지나치게 잔인한 벌을 내리지 않았습니다. 또, 순 임금은 농부들에게 문제가 생기면 그곳으로 가 농사를 지었고, 어부들에게 문제가 생기면 그곳으로 가 낚시를 할 정도로 백성들과 가깝게 지냈다고 전해집니다.

옛날의 기록을 살펴보면 ㉠요순시대라는 말이 자주 등장합니다. 그것은 요 임금과 순 임금의 시대처럼 백성들이 편안하고 걱정이 없다는 뜻으로, 유교에서 왕을 칭찬할 때 최고로 치는 말 중 하나였습니다. 이처럼 위대한 임금은 아주 긴 시간을 넘어서도 이름을 남기는 법입니다.

4 윗글의 '㉠요순시대'와 뜻이 비슷한 사자성어를 써 보세요.

→ ☐ ☐ ☐ ☐

5 다음은 윗글의 내용을 바탕으로 '요 임금'과 '순 임금'에 대해 정리한 것입니다. 빈칸을 알맞게 채워 보세요.

요 임금	• ☐☐한 생활을 즐겨 비단옷을 입지 않음. • 쉬는 시간조차 없이 나라의 일을 돌보며 죄인들을 엄히 다스림. • ☐☐이(가) 아닌 순 임금에게 왕위를 넘김.
순 임금	• 늘 ☐☐해서 벌을 주는 데 억울함이 없도록 자세히 살핌. • 농사를 짓고 낚시를 할 만큼 ☐☐들과 가깝게 지냄.

24회 어법·어휘편

1단계 서로 뜻이 반대되는 낱말끼리 이어 보세요.

[1] 부패하다 •

[2] 맞서다 •

[3] 풍족하다 •

• ㉠ 피하다

• ㉡ 청렴하다

• ㉢ 부족하다

2단계 [보기]를 읽고 빈칸을 알맞게 채워 보세요.

[보 기]

'폐하', '전하', '저하', '각하' 등의 호칭은 예전에 상대를 높여 부르던 말이었습니다. '폐하'는 가장 높은 호칭으로 황제에게, '전하'는 왕에게, '저하'는 세자에게, 마지막으로 '각하'는 높은 관리들에게 쓰던 호칭이었습니다.

고려는 중국과 독립된 나라임을 알리고자 왕에게 가장 높은 호칭인

☐☐ 을(를) 썼지만, 조선은 중국의 신하라는 의미로 왕에게

☐☐ (이)라는 호칭을 사용하였다.

3단계 다음 '마음'이 들어가는 관용 표현에 알맞은 뜻을 선으로 이어 보세요.

[1] 마음에 두다. •

[2] 마음이 풀리다. •

[3] 마음이 굴뚝같다. •

• ㉠ 화나 응어리 따위가 풀리다.

• ㉡ 잊지 않고 마음에 새기다.

• ㉢ 하고 싶은 마음이 간절하다.

시간
끝난 시간 ☐시 ☐분
1회분 푸는 데 걸린 시간 ☐분

채점
독해 5문제 중 ☐개
어법·어휘 7문제 중 ☐개

속담

옛날부터 전해오는 지혜를 간단하고 깔끔하게 표현한 짧은 글

개밥에 도토리*

'개밥에 도토리'는 어떤 무리에 어울리지 못하고 홀로 떨어져 무척 외롭다는 뜻으로, '따돌림을 받는 사람을 비유적으로 이르는 말'입니다.

공부한 날 ☐ 월 ☐ 일 시작 시간 ☐ 시 ☐ 분

3년 전, 우리가 머무르고 있는 절의 **경내지**①가 종단 몇몇 **사무승**②들의 **농간**③에 의해 팔렸을 때, 나는 분한 생각 때문에 며칠 동안 잠조차 이룰 수 없었다. 전체 **종단**④의 여론을 무시하고 몇몇이서 은밀히 **강행**⑤한 **처사**⑥며, 수천 그루의 아름드리 소나무들이 눈앞에서 넘어져 갈 때, 그리고 밤낮을 가리지 않고 불도저가 산을 헐어 뭉갤 때, 정말 분통이 터져 견딜 수가 없었다.

나를 둘러싸고 있는 모든 것들이 원망스럽고 저주스러웠다. 함께 살던 주지 스님도 다른 절을 맡아서 가고, 그 그늘에서 붙어살던 나는 그야말로 **개밥에 도토리*** 신세가 되고 말았다. 나는 다른 **도량**⑦으로 옮겨 차라리 눈으로 보지나 말자고 내심 작정하고 있었다.

그러던 어느 날 새벽, 법당에서 **예불**⑧을 마치고 내려오던 길에 문득 한 생각이 떠올랐다.

본래무일물! 본래 한 물건도 없다는 이 말이 떠오른 순간 가슴에 맺혔던 멍울이 삽시간에 술술 풀리었다.

그렇지! 본래 한 물건도 없는 것이다. 이 세상에 태어날 때 가지고 온 것도 아니고, 이 세상을 **하직**⑨할 때 가져가는 것도 아니다. 인연 따라 있었다가 그 인연이 다하면 흩어지고 마는 거다. 언젠가 이 몸뚱이도 버리고 갈 것인데…….

이렇게 생각이 미치자 그전까지의 **관념**⑩이 아주 달라지게 되었다. 내가 주지 노릇을 하지 않고 붙어 살 바에야 어디로 옮겨가나 마찬가지 아니냐. **중생**⑪들끼리 얽혀 사는 **사바세계**⑫라면 거기가 거기지. 그렇다면 내 마음먹기 탓이다. 차라리 비리의 현장에서 나를 키우리라. 땅에서 넘어진 자 땅을 짚고 일어난다는 옛사람의 말도 있지 않더냐.

이때부터 팔려 나간 땅에 대해서도 애착이 가지 않았다. 그것은 본래 사찰 소유의 땅이 아니었을 것이다. **신도**⑬들이 **희사**⑭를 했거나 아니면 그때까지 주인이 없던 땅을 절에서 차지한 것일 게다. 그러다가 그 인연이 다해 내놓게 된 것이다. 그리고 경내지가 팔렸다고 해서 그 땅이 어디로 간 것이 아니고 다만 소유주가 바뀔 뿐이다.

이날부터 마음이 평온해지고 잠을 제대로 잘 수 있었다. 그토록 시끄럽던 불도저며 바위를 뚫는 컴프레서 소리가 아무렇지 않게 들렸다. 그것은 이렇게 생각했기 때문이다.

– 법정, 「무소유 – 회심기」 중

🧻 어려운 낱말 풀이

① **경내지** 절의 안쪽 땅 境지경 경 內안 내 地땅 지   ② **사무승** 절의 일을 돌보는 스님 寺절 사 務힘쓸 무 僧중 승
③ **농간** 남을 속이거나 남의 일을 그르치게 하려는 간사한 꾀 弄희롱할 농 奸간사할 간   ④ **종단** 종교의 단체
宗종교 종 團모일 단   ⑤ **강행** 강제로 시행함 强굳셀 강 行행할 행   ⑥ **처사** 일을 처리함 處곳 처 事일 사
⑦ **도량** 절   ⑧ **예불** 불교의 예배 禮예배 예 佛부처 불   ⑨ **하직** 떠남 下아래 하 直곧을 직   ⑩ **관념** 생각
觀볼 관 念생각 념   ⑪ **중생** 불교에서 사람들을 가리킬 때 쓰는 말 衆무리 중 生날 생   ⑫ **사바세계** 괴로움이 많은
인간 세계 娑세상 사 婆할머니 바 世세상 세 界지경 계   ⑬ **신도** 종교를 믿는 사람들 信믿을 신 徒무리 도   ⑭ **희사**
기꺼이 재물을 내놓음 喜기쁠 희 捨버릴 사

1 이 글의 '나'에 대한 설명으로 옳은 것에 ○표, 틀린 것에 ×표를 해 보세요.

[1] 머무르고 있는 절의 안쪽 땅이 원하지 않게 팔려 나가자 매우 분하고 괴로웠다. ······· [　　　]

[2] 어느 새벽 '본래무일물'의 가치를 깨달은 뒤 마음이 편안해졌다. ···················· [　　　]

[3] 결국 자신이 머물던 절을 떠나 다른 절로 거처를 옮기게 되었다. ················ [　　　]

2 [보기]는 이 글의 앞부분입니다. [보기]를 참고하여 이 글의 주제로 알맞은 것을 골라 보세요.
··· [　　　]

> [보기]　우리들이 화를 내고 속상해하는 것도 따지고 보면 외부의 자극에서라기보다 마음을 걷잡을 수 없는 데에 그 까닭이 있을 것이다.

① 감정에 솔직하게 행동해야 한다.
② 아무것도 하려고 해서는 안 된다.
③ 무엇이든지 더 가지려고 해야 한다.
④ 나를 괴롭히는 외부 자극을 피해야 한다.
⑤ 결국에 모든 것은 내가 마음먹기에 달렸다.

3 다음 대화를 읽고 빈칸에 들어갈 선생님의 말씀으로 알맞은 것을 골라 보세요. ············· [　　　]

> 민　　철: 선생님, 왜 '개밥에 도토리'라는 말을 쓰는 건가요?
> 선생님: 개들은 도토리를 먹지 않지? 그런데 개밥 속에 도토리가 우연히 굴러들어 간다면 개는 아무 관심도 갖지 않을 거야. 그렇게 다 먹고 난 밥그릇에 도토리만 덩그러니 남아 있는 모습이 마치 ＿＿＿＿＿＿＿＿＿＿＿ 그렇게 말하게 된 거란다.

① 아주 멋있어 보여서
② 따돌림을 당하는 것 같아서
③ 매우 지루해하는 모습 같아서
④ 모두에게 주목받는 것 같아서
⑤ 다른 사람들을 귀찮아하는 것 같아서

해설편 013쪽

4 다음 중 '개밥에 도토리'라는 표현을 알맞게 쓴 친구에 ○표를 해 보세요.

> **지후:** 체험학습을 가게 되었는데 같은 조에 아는 친구가 아무도 없어서 혼자 다니고, 결국 완전히 **개밥에 도토리** 신세가 되었어.

[   ]

> **연경:** 다른 학교에 전학을 갔을 때, 먼저 용기 내서 다가갔더니 **개밥에 도토리**처럼 새로운 친구들과 친해질 수 있었어.

[   ]

[5~6] 다음 글을 읽고, 문제를 풀어 보세요.

> 아멜리아 에어하트(Amelia Earhart)는 여성 최초로 대서양 횡단에 성공한 비행기 조종사로 잘 알려져 있습니다. 1920년대 미국은 바야흐로 비행의 시대였습니다. 라이트 형제가 비행기를 발명한 이후 비행기 제조기술은 끊임없이 발전하고 있었으며, 일반인을 위한 비행 체험이 자주 열렸습니다. 원래 의학을 공부하고 싶었던 아멜리아는 우연히 10분 동안 비행기를 타 볼 기회를 얻게 되었고, ㉠이 10분은 아멜리아의 인생을 송두리째 바꾸어 놓았습니다.
>
> 아멜리아는 아르바이트를 해서 모은 돈으로 비행장에서 수업을 받기 시작했습니다. 당시 비행을 배우러 온 사람들은 대부분 남자였기 때문에, 막 비행을 시작할 때 ㉡아멜리아는 무리에 어울리기가 어려워 외톨이처럼 지낼 수밖에 없었습니다. ㉢하지만 밝고 유쾌한 성격 덕분에 사람들은 금방 아멜리아를 받아들였고, 마침내 세계에서 열여섯 번째로 자격증을 획득한 여성 항공기 조종사가 되었습니다.
>
> 그 후 아멜리아는 다른 남자 조종사 두 명과 함께 대서양 횡단에 성공했지만, 항상 혼자서 대서양을 넘고 싶다는 생각을 하고 있었습니다. 결국 아멜리아는 혼자 비행기를 몰기로 결심하고 약 15시간에 걸친 비행 끝에, ㉣여성 최초로 대서양 횡단을 성공한 것은 물론 최단 시간으로 대서양을 가로지르는 기록까지 세우게 되었습니다. ㉤아멜리아는 미국 사람들에게 희망과 용기를 주었고, 그 해에 태어난 많은 여자 아이들에게 '아멜리아'라는 이름이 붙여졌을 만큼 큰 사랑을 받았습니다.

5 ㉠~㉤ 중 '개밥에 도토리'와 가장 어울리는 부분을 골라 보세요. ┄┄┄┄┄┄ [   ]

① ㉠   ② ㉡   ③ ㉢   ④ ㉣   ⑤ ㉤

6 윗글을 읽고 느낀 점을 잘못 말한 친구를 골라 보세요. ┄┄┄┄┄┄┄┄┄┄ [   ]

① **종민:** 우연한 기회에 꿈을 발견하게 될 수도 있다는 사실을 배울 수 있었어.
② **경찬:** 어려운 상황에서도 밝고 유쾌한 태도로 이겨 낼 수 있다는 것을 배웠어.
③ **세인:** 아멜리아의 대서양 횡단은 많은 사람들에게 희망과 용기를 주었구나.
④ **승안:** 잠시 꿈을 포기했지만 다시 일어나 꿈을 이뤄 내 다행이야.
⑤ **지연:** 나도 아멜리아처럼 어려운 일에도 용기 내어 도전하고 싶어.

1단계 밑줄 친 낱말의 알맞은 뜻을 골라 보세요.

[1] 차라리 눈으로 보지나 말자고 내심 **작정하고** 있었습니다. ─────────── [　　]
　　　　　　　① 마음에 내키지 않아 싫어하고
　　　　　　　② 일을 어떻게 하기로 결정하고

[2] 이렇게 생각이 **미치자** 그 전과는 마음가짐이 달라졌습니다. ────────── [　　]
　　　　　　① 어딘가에 이르거나 닿자
　　　　　　② 지나칠 정도로 열중하자

2단계 다음 문장의 밑줄 친 낱말과 뜻을 알맞게 선으로 이어 보세요.

[1] 팔려 나간 땅에 대해서도 **애착**이 가지 않았다. ・　　　・ ㉠ 사랑과 미움을 아울러 이르는 말

[2] 그 사람이 참 밉기도 했지만 한편으로는 정도 많이 들어 **애증**이 느껴진다. ・　　　・ ㉡ 몹시 사랑하거나 끌려서 떨어지지 않는 마음

3단계 다음 중 밑줄 친 부분이 보기와 같은 의미로 쓰인 것을 골라 ○표를 해 보세요.

[보 기] 　**다하다**: 인연 따라 있었다가 그 인연이 **다하면** 흩어지고 마는 거다.

[1] 겨울이 **다하면** 봄이 온다. ───────────────────────── [　　]
[2] 최선을 **다해** 임무를 완수하겠습니다. ──────────────────── [　　]
[3] 내 책임을 **다하면** 맡은 일을 무사히 끝낼 수 있다. ─────────── [　　]

시간　끝난 시간 [　] 시 [　] 분
　　　1회분 푸는 데 걸린 시간 [　] 분

채점　독해 6문제 중　[　] 개
　　　어법·어휘 4문제 중　[　] 개

불교에서 온 낱말

불교는 삼국 시대부터 우리나라에 전해져 문화적으로 큰 영향을 미쳤습니다. 역사적으로

불교는 단순한 종교가 아닌 많은 사람들의 마음을 하나로 모아주는 역할을 하기도 했습니다.

그래서 역사적인 유물뿐만 아니라 우리가 지금까지 자주 쓰는 표현 중에도 불교와 관련이

깊은 말이 많습니다.

무진장: 無없을 무 盡다할 진 藏감출 장

'엄청나게 많은 상태'를 뜻하는데, 불교에서는 덕이 매우 많아 다함이 없는 것을 말합니다.

예 인터넷 쇼핑몰에는 옷이 **무진장** 많아서 고르기 힘들다.
　　　　　　　　　　└ 몹시

불가사의: 不아닐 불 可옳을 가 思생각 사 議의논할 의

사람의 생각으로는 미루어 헤아릴 수도 없다는 뜻으로, '사람이 상상조차 할 수 없고 이해하기 어려운 것'을 불가사의하다고 합니다.

예 고대 이집트에서 어떻게 피라미드를 지을 수 있었는지 여전히 **불가사의하다**.
　　　　　　　　　　　　　　　　　　　└ 도무지 알 수 없다.

아수라장: 阿언덕 아 修닦을 수 羅비단 라 場마당 장

'아수라'는 전쟁을 지나치게 좋아한 나머지 하늘과 싸우면서 그만 나쁜 신이 되고 말았습니다. 아수라가 지나간 곳은 눈뜨고 볼 수 없을 만큼 끔찍하게 흐트러지기 때문에, '싸움 같은 어떤 일로 큰 혼란과 어지러움에 빠진 곳'을 가리켜 아수라장이라고 하게 되었습니다.

예 홍수가 덮친 마을은 그야말로 **아수라장**이 되어 있었다.
　　　　　　　　　　　　└ 큰 혼란에 빠져 엉망진창이 된 곳

찰나: 刹절 찰 那어찌 나

불교에서는 시간의 가장 짧은 단위를 가리켜 찰나라고 하는데, 일반적으로 '아주 짧고 빠른 시간'을 찰나의 순간이라고 표현하게 되었습니다.

예 멀리서 바라본 인생은 **찰나**와 같이 매우 짧다.
　　　　　　　　　└ 아주 짧고 빠른 시간

해탈: 解풀 해 脫벗을 탈

종교적으로 속세에서 벗어나 지혜를 깨우치고 자유롭게 된 상태를 해탈이라고 합니다. 관용적인 표현으로는 보다 단순하게 '얽매임에서 벗어나 자유로운 상태'를 가리킵니다.

예 이번 대회에는 욕심을 버리고 **해탈한** 마음으로 도전하려고 한다.
　　　　　　　　　　└ 고민을 내려놓아 자유로운

6주차

한 주 간의 계획을 먼저 세워보세요. 매일 학습을 마친 후 맞힌 문제의 개수를 쓰세요!

회차	영역	학습 내용	학습계획일	맞은 문제수
26회	관용어	**획을 긋다** 붓이나 펜으로 종이 위에 크게 획을 긋습니다. 그려진 선이 눈에 뚜렷하게 띌 것입니다. 이처럼 어떤 행동이 특별하게 큰 영향을 미치면, 전과 후가 크게 차이가 나게 됩니다. 그래서 '획을 긋다'라는 말은 '**중요한 영향을 주어 어떤 시기나 범위를 분명하게 구분 짓는다**'라는 뜻입니다.	월 일	독 해 5문제 중 ☐ 개 어법·어휘 4문제 중 ☐ 개
27회	고사성어	**이심전심(以心傳心)** 꼭 글이나 말을 통하지 않아도 마음에서 마음으로 뜻이 전해질 때가 있습니다. '**이심전심(以心傳心)**'은 이처럼 '**내가 생각하는 것과 상대방이 생각하는 것이 같을 때**' 쓰는 말입니다. 물론 '**굳이 말로 하지 않아도 상대방이 내 뜻을 알아줄 때**' 쓰기도 합니다.	월 일	독 해 5문제 중 ☐ 개 어법·어휘 8문제 중 ☐ 개
28회	속담	**팔은 안으로 굽는다** 팔은 절대 바깥으로는 굽혀지지 않습니다. 반드시 몸 안쪽을 향해서 자기 자신을 가리키게 됩니다. '**팔은 안으로 굽는다**'라는 말은 이처럼 일의 잘잘못을 떠나 '**사람은 자기와 가까운 사람에게 정이 더 간다는 것**'을 말합니다.	월 일	독 해 6문제 중 ☐ 개 어법·어휘 6문제 중 ☐ 개
29회	관용어	**해가 서쪽에서 뜨다** 해는 늘 동쪽에서 뜹니다. 어느 날 갑자기 해가 서쪽에서 뜬다면 어떨까요? '해가 서쪽에서 뜨다'라는 관용어는 '**전혀 예상 밖의 일이나 일어날 수 없는 일이 일어났을 때**' 사용하는 말입니다.	월 일	독 해 6문제 중 ☐ 개 어법·어휘 4문제 중 ☐ 개
30회	사자성어	**일취월장(日就月將)** 어떤 것을 배운다는 것은 대개 힘들고 어려운 과정입니다. 그런데 종종 누군가의 실력이 하루가 다르게 빠른 속도로 늘어나는 것을 볼 때가 있습니다. 이처럼 '**나날이 다달이 자라거나 발전**'할 때 '**일취월장(日就月將)**'이라는 표현을 사용합니다.	월 일	독 해 6문제 중 ☐ 개 어법·어휘 7문제 중 ☐ 개

붓이나 펜으로 종이 위에 크게 획을 긋습니다. 그려진 선이 눈에 뚜렷하게 띌 것입니다. 이처럼 어떤 행동이 특별하게 큰 영향을 미치면, 전과 후가 크게 차이가 나게 됩니다. 그래서 '획을 긋다'라는 말은 '**중요한 영향을 주어 어떤 시기나 범위를 분명하게 구분 짓는다**'라는 뜻입니다.

공부한 날 ☐☐월 ☐☐일 시작 시간 ☐☐시 ☐☐분

인류 최초로 블랙홀 관측 성공, 과학의 역사에 획을 긋다!
초등과학신문 2019.04.11.

블랙홀의 모습이 공개됐다. 블랙홀을 실제로 **관측**[①]한 것은 이번이 처음이다.

지난 10일 사건지평선망원경(EHT) 연구진은 거대**은하**[②] 'M87'의 중심부에 있는 블랙홀을 관측하는 데 성공했다고 밝혔다.

'블랙홀'은 **중력**[③]이 너무 커서 빛까지도 빨아들이는 거대한 **천체**[④]를 말한다. 빛을 모두 흡수하기 때문에 지금까지는 실제로 관측할 수 없었다. 눈으로 직접 보지 못하는 것은 물론이고, 그나마 **간접적으로**[⑤] 보는 것도 쉽지 않았다. 때문에 그동안 이론 속에만 존재해 왔다. 생김새도 검은 구멍과 같은 모양이지 않을까 상상해 볼 뿐이었다.

하지만 이번에는 다르다. 블랙홀의 안과 밖을 연결하는 부분으로 빛이 휘어지면서 블랙홀을 비추었고, 연구진은 이 모습을 **포착**[⑥]하는 데 성공한 것이다. 영상에 담긴 'M87' 블랙홀의 모습은 도넛과 같이 바깥의 밝은 고리 부분과 어두운 중심 부분으로 이루어져 있었다.

이번 연구에서 가장 중요한 역할을 한 것은 바로 사건지평선 망원경이었다. 이것은 세계 곳곳에 8개의 망원경을 세워서 연결한 것으로, 지구만한 크기의 거대한 **가상**[⑦] 망원경이라고 할 수 있다. 이

↑ 최초 관측된 'M87' 블랙홀 (출처: NASA)

망원경으로 블랙홀의 모습을 포착하기 위해 2017년부터 국제적으로 200명이 넘는 과학자들이 협력하여 연구하였다.

이번 **성과**[⑧]에 대해 미국 매사추세츠공대의 한 교수는 "과학계에 ㉠**획을 긋는** 위대한 업적이다. 우리는 블랙홀에 대한 확실한 증거를 찾아냈다"며 흥분을 감추지 못했다. 앞으로 인류가 무엇을 더 발견할 수 있을지, 우주의 신비는 어디까지일지 궁금증을 더한다.

🧻 **어려운 낱말 풀이**

① **관측** 자연현상의 상태, 변화 따위를 관찰하고 예측하는 일 觀볼 관 測헤아릴 측   ② **은하** 길게 흩어져 있는 수많은 별의 무리 銀은 하 河강 하   ③ **중력** 물체가 지구로부터 받는 힘. 지구가 물체를 끌어당기는 힘 重무거울 중 力힘 력   ④ **천체** 우주에 존재하는 모든 물체 天하늘 천 體몸 체   ⑤ **간접적으로** 중간에 매개가 되는 물건을 통하여 연결해서 間사이 간 接이을 접 的과녁 적 -   ⑥ **포착** 꼭 붙잡아 둠. 또는 어떤 기회를 알아차림 捕잡을 포 捉잡을 착   ⑦ **가상** 사실이 아니거나 확실하지 않은 것을 사실이라고 가정함 假거짓 가 想생각 상   ⑧ **성과** 이루어 낸 결실 成이룰 성 果열매 과

1 다음은 기사 내용을 바탕으로 뉴스 보도문을 작성한 것입니다. 알맞지 <u>않은</u> 내용을 찾아 보세요.
··· [   ]

> 진행자: 빛을 포함해 모든 것을 빨아들이는 블랙홀. ①그동안 실제 모습이 촬영된 적은 한 번도 없었는데요, ②2019년 4월 10일, 사건지평선망원경 연구진이 세계 최초로 블랙홀을 관측하는 데 성공했습니다.
>
> 기   자: ③고리 모양의 밝은 빛 가운데 검은 중심 부분이 보입니다. 역사상 처음으로 촬영된 블랙홀입니다. 연구진은 블랙홀의 안과 밖을 연결하는 부분으로 빛이 휘어지는 순간에 이 모습을 포착했습니다. ④전 세계 200개 나라에 각각 망원경을 세워서 신호를 모으고 분석하는 방법으로 블랙홀의 모습을 담아냈습니다. 과학계는 이번 관측이 천문 역사상 매우 중요한 발견으로 ⑤블랙홀의 존재를 증명하는 확실한 증거라고 평가하고 있습니다.
>
> 인터뷰: "우리는 그전에는 하지 못했던 블랙홀 연구에서 새로운 방법을 찾았습니다. 이제 시작입니다. 우주에 관한 위대한 관측들은 계속될 것입니다."

2 [보기]는 블랙홀을 관측하는 과정에서 있었던 일들을 정리한 것입니다. 일어난 순서에 맞게 기호를 써 보세요.

> [보 기]
>
> ㉠ 블랙홀을 실제로 관측하는 데 성공하였다.
> ㉡ 블랙홀은 검은 구멍과 같은 모양일 것이라고 상상만 하였다.
> ㉢ 세계 곳곳에 8개의 망원경을 세워서 연결하였다.
> ㉣ 국제적으로 200명이 넘는 과학자들이 모여서 계속 관찰하고 연구하였다.
> ㉤ 매사추세츠 공대의 한 교수가 "과학계에 획을 긋는 업적"이라고 평가하였다.

3 밑줄 친 ㉠의 의미로 가장 알맞은 것을 골라 보세요. ··· [   ]

① 충격적이고 위험한
② 눈 깜짝할 사이에 빠르게 벌어진
③ 역사적으로 큰 의미가 있고 중요한
④ 매우 아름다워 예술적인 가치가 있는
⑤ 많은 사람들이 관심을 가질 만큼 흥미로운

4 이 글을 읽고 자신의 느낌을 바르게 말하지 <u>않은</u> 친구에 ○표를 해 보세요.

연수: 과학 기술이 이렇게 많이 발전했다니! 이제 블랙홀이 어떻게 만들어졌고 왜 빛이 휘어지는지 알아냈구나. 우리가 우주여행을 가는 것도 시간문제일 거야. ·························· [　　　]

지원: 작년에 과학 만화를 보고 블랙홀이 어떻게 생겼을지 궁금했었는데, 드디어 보게 되었네. 꼭 반지처럼 예쁘다! 앞으로 우주에서 무엇을 더 발견하게 될지 정말 기대돼. ·························· [　　　]

준서: 2년 동안 블랙홀을 포착하기 위해 애써 온 연구진들의 노력이 대단한 것 같아. 그 장면을 관측하기 위해 과학자들이 계속 도전했기 때문에 성공할 수 있었을 거야. ·························· [　　　]

5 다음 중 '획을 긋다'와 가장 어울리는 상황에 ○표를 해 보세요.

〈제 8회 전국 초등학생 발명대회〉에서 뿌리초등학교 한상현 학생이 대상을 수상하였습니다. 상현 군은 "제 발명으로 사람들이 보다 편리한 생활을 누렸으면 좋겠다."라고 수상 소감을 밝혔습니다.	예전에는 가구를 만들 때 무조건 나무만을 사용했다. 1960년, 팬톤이 플라스틱 가구를 처음 만들면서 비로소 가구에 곡선과 다양한 색을 사용하게 된다. 팬톤은 가구계의 새로운 역사를 쓴 것이다.	이제 곧 두 살이 되는 막내 동생이 오늘 태어나서 처음으로 걸음마를 시작하였다. 부모님께서는 그 모습을 보고 크게 기뻐하시면서, 동생의 운동 신경이 남다른 것 같다며 흐뭇해하셨다.
[　　]	[　　]	[　　]

1단계

[보기] 속 빈칸에 들어갈 낱말이 <u>아닌</u> 것을 골라 보세요. ────────────── [   ]

[보 기]

- 몇몇 별똥별은 망원경이 없어도 눈으로 [   ] 할 수 있다.
- 적군의 움직임이 우리 병사들의 눈에 낱낱이 [   ] 되었다.
- [   ] 은(는) 행성, 위성, 혜성 등 우주에 있는 모든 별들을 포함한다.
- 동화는 [   ] (으)로 지어진 것이기 때문에 실제로 있는 이야기는 아니다.

① 관측   ② 천체   ③ 가상   ④ 이론   ⑤ 포착

2단계

다음 문장에서 밑줄 친 부분을 뜻이 비슷한 말로 바꾸어 써 보세요.

[1] '블랙홀'은 중력이 너무 커서 빛까지도 **빨아들이는** 천체를 말한다.

→ [   ][   ] 하 는

[2] 우리는 블랙홀에 대한 **확실한** 증거를 찾아냈다.

→ [   ][   ] 없 는

3단계

다음 빈칸에 공통으로 들어갈 낱말이 무엇인지 써 보세요.

1. [   ] 은(는) 붓으로 한 번 그은 선이나 점을 말한다.

2. 글씨를 한 [   ] 두 [   ] 정성껏 써라.

3. 몸을 [   ] 돌리더니 저만치 달아나 버렸다.

4. 그가 남긴 위대한 작품은 미술사에 한 [   ] 을(를) 그을 것이다.

→ [   ]

시간 끝난 시간 [   ]시 [   ]분
1회분 푸는 데 걸린 시간 [   ]분

채점 독해 5문제 중 [   ]개
어법·어휘 4문제 중 [   ]개

27회

이심전심(以 心 傳 心)*
~에서 이 마음 심 전해질 전 마음 심

꼭 글이나 말을 통하지 않아도 마음에서 마음으로 뜻이 전해질 때가 있습니다. '이심전심(以心傳心)'은 이처럼 '내가 생각하는 것과 상대방이 생각하는 것이 같을 때' 쓰는 말입니다. 물론 '굳이 말로 하지 않아도 상대방이 내 뜻을 알아줄 때' 쓰기도 합니다.

공부한 날 [ ]월 [ ]일 시작 시간 [ ]시 [ ]분

어느 날 부처님은 제자들을 산으로 불러 모았습니다. 제자들은 모두 모여 부처님의 귀중한 말씀을 한껏 기대하고 있었습니다. 그런데 부처님은 한동안 아무 말도 없이 가만히 서 계시기만 하셨습니다.

'왜 아무 말씀도 없으시지? 평소와 다르시네.'

제자들은 이상하게 생각했지만, **선뜻**① 까닭을 여쭈어 보기도 어려워 부처님을 그저 바라보고만 있었습니다.

그때 갑자기 부처님이 연꽃 한 송이를 집어 들고는 손으로 살포시 비틀었습니다. 제자들은 이 모습을 보고도 눈만 껌벅일 뿐이었습니다. 왜 그런 행동을 하는지 도무지 알 수 없었기 때문입니다.

하지만 제자 중 한 명인 가섭이라는 사람은 빙긋이 미소를 지었습니다. 그 모습을 보고 부처님이 가섭에게 물었습니다.

"내 뜻을 알겠느냐?"

가섭은 가만히 고개를 끄덕였습니다. 부처님이 가섭에게 다시 말했습니다.

"내가 마음으로 말하는 뜻을 너만이 알고 있구나. 내가 알고 있는 **진리**②를 너에게 전해 주마."

부처님이 생각하는 진리는 말이나 책에만 **의존**③하는 것이 아니라 마음에서 마음으로 통하는 것이었습니다. 그래서 부처님은 때때로 이렇게 직접 **설법**④을 하지 않고 **이심전심***으로 제자들에게 진리를 전했다고 합니다.

– 유래

↑ 석가모니 석상

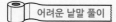 어려운 낱말 풀이

① 선뜻 기분이나 행동이 시원스러운 모양
② 진리 참된 도리 眞참 진 理이치 리
③ 의존 다른 것에 의지함 依의지할 의 存존재 존
④ 설법 뛰어난 스님이 진리나 불교의 도리를 말로 풀어서 가르침 說말씀 설 法법 법

1 이 이야기에 대한 설명으로 알맞은 것을 골라 보세요. ------------------------------ [   ]

① 부처님이 제자들을 절에 불러 모았을 때의 이야기다.
② 부처님은 할 말이 없어 제자들에게 아무런 말도 하지 않았다.
③ 부처님의 뜻을 이해한 제자는 가섭을 비롯해 몇 명밖에 되지 않았다.
④ '이심전심'은 부처님이 제자들에게 진리를 전하는 방식 중 하나다.
⑤ 부처님은 말과 책을 중요하게 생각했을 것이다.

2 다음은 부처님과 가섭의 행동에서 '이심전심'의 뜻을 짐작하는 과정입니다. 빈칸에 들어갈 알맞은 낱말을 이 이야기에서 찾아서 써 보세요.

부처님의 행동	부처님은 제자들을 산으로 불러 모은 뒤, 아무 [ ]도 없이 연꽃 한 송이를 손으로 살포시 비틀었습니다.
가섭의 행동	다른 제자들은 까닭을 알 수 없어서 눈만 껌벅이고 있었습니다. 그러나 제자 중 한 명인 [ ][ ]은(는) 부처님의 [ ][ ]을(를) 알고 빙긋이 미소를 지었습니다.
결론	'이심전심'이라는 말은 부처님처럼 '굳이 [ ]을(를) 하지 않아도' 가섭처럼 '[ ][ ]이(가) 서로 통함'이라는 뜻입니다.

3 다음 밑줄 친 ㉠~㉤ 중 '이심전심'이 나타난 부분의 기호를 써 보세요.

아버지: ㉠오늘 오랜만에 맛있는 음식을 시켜 먹을까요?
어머니: ㉡어제 만들어 둔 카레가 있는데, 금방 끓여서 차리면 돼요.
아버지: ㉢재호가 오늘 학교에서 상도 받았대요. 기분 좋게 시켜 줍시다.
어머니: 그럴까요? ㉣애들한테도 물어볼게요. 민혜야, 재호야 뭘 먹고 싶니?
민혜, 재호: ㉤치킨이요!
어머니: 이심전심이라더니, 둘이 똑같은 음식을 마음에 두고 있었구나.

[   ]

[4~5] 다음 이야기를 읽고, 문제를 풀어 보세요.

> '지음(知音)'은 '소리(音)를 알아듣는다(知)'는 뜻으로 자신의 속마음을 알아주는 친구를 가리키는 말입니다. 이 말은 중국 춘추시대의 두 사람으로부터 생겨났습니다.
>
> 백아는 거문고를 매우 잘 켜는 것으로 이름난 사람이었습니다. 그런 그에게는 자신의 거문고 소리를 정확히 알아주는 종자기라는 친구가 있었습니다.
>
> 백아가 높은 산에 오르고 싶은 마음으로 거문고를 타면, 종자기는 "참으로 근사하구나. 하늘 높이 우뚝 솟은 산이 마치 태산처럼 웅장하구나."라고 하였습니다. 또 흐르는 강을 생각하며 거문고를 타면, "기가 막히는구나. 넘실대며 흐르는 강물이 마치 눈앞을 지나가는 것 같구나."라고 감탄하였습니다. 이렇듯 ㉠이들은 무슨 생각을 하는지 말하지 않아도 서로 마음이 통하는 사이였습니다. 백아는 종자기를 '지음'이라 부르며 몹시 가깝게 사귀었습니다.
>
> 그러던 어느 날 갑자기 종자기가 병이 들어 세상을 떠났습니다. 그러자 백아는 평생을 아꼈던 거문고의 줄을 끊고 두 번 다시 거문고를 켜지 않았습니다. 이 세상에 자신의 음악을 진정으로 이해해 줄 사람이 이제 없다고 생각했던 것입니다.
>
> – '지음(知音)'의 유래

4 다음은 '지음'의 한자입니다. 한자와 뜻, 의미를 알맞게 선으로 이어 보세요.

한자	뜻	의미

知
알 | 지

· 소리를 ·

· 알아주는 사람

音
소리 | 음

· 안다 ·

· 자신의 마음을

5 밑줄 친 ㉠과 뜻이 같은 고사성어를 써 보세요.

→ ☐ ☐ ☐ ☐

27회 | 어법·어휘편

1
단계

다음 낱말의 알맞은 뜻을 찾아 선으로 이어 보세요.

[1] 진리 •

[2] 의존 •

[3] 유명 •

• ㉠ 다른 것에 의지함

• ㉡ 널리 알려짐

• ㉢ 참된 도리

2
단계

밑줄 친 말과 뜻이 비슷한 말을 [보기]에서 찾아 써 보세요.

[보 기] 　　　　 한동안　　　왜　　　미소

[1] 너는 참 **웃음**이 예쁜 아이구나. -- [　　　]

[2] 너무 당황한 나머지 **잠시** 멍해졌습니다. ----------------------------- [　　　]

[3] 오늘은 **어째서** 이렇게 졸린 거지? ------------------------------------- [　　　]

3
단계

밑줄 친 말을 바르게 고쳐 써 보세요.

[1] 가섭은 **가마니** 고개를 끄덕였습니다.

➡ [　][　][　]

[2] 내가 생각하는 것과 상대방이 생각하는 것이 **갖을** 때 쓰는 말입니다.

➡ [　][　]

28회 팔은 안으로 굽는다*

팔은 절대 바깥으로는 굽혀지지 않습니다. 반드시 몸 안쪽을 향해서 자기 자신을 가리키게 됩니다. '팔은 안으로 굽는다'라는 말은 이처럼 일의 잘잘못을 떠나 '사람은 자기와 가까운 사람에게 정이 더 간다는 것'을 말합니다.

공부한 날 [ ]월 [ ]일 시작 시간 [ ]시 [ ]분

농암 김창협은 조선 시대 숙종 임금 때 가장 뛰어난 관리 중 하나였습니다. 숙종은 그의 능력을 인정하여 높은 벼슬을 내렸는데, 도리어 그는 관두겠다는 뜻을 조심스레 올렸습니다.

"이처럼 높은 자리에 임명해 주시니 놀랍고 감사한 마음입니다. 그러나 이것은 **의정부**①가 하는 일의 잘잘못을 따지는 자리이니, 의정부에서 하는 일을 옳지 못하다고 말해야 하는 경우가 흔히 있을 것입니다. 그런데 바로 제 아버지가 **영의정**②의 자리에 계시니, **팔은 안으로 굽기*** 마련이라 제가 어찌 마음 놓고 의정부의 일을 **지적**③할 수 있겠습니까."

이 말을 들은 숙종은 그의 뜻을 받아들여 김창협을 다른 곳으로 보내 주었습니다.

이처럼 조선 시대에는 관리들이 인정에 휩쓸리지 않고 나랏일을 **공정**④하게 할 수 있도록 가까운 친족들이 같은 곳에서 일하지 못하도록 하였는데, 이를 '상피제'라고 합니다. 또한 관리들은 자신이 나고 자란 지방으로 **파견**⑤될 수도 없었습니다. 뿐만 아니라 시험을 치를 때에도 감독관과 관계가 있는 사이라면 다른 시험장에서 응시해야 했으며, 아버지와 아들이 함께 같은 시험을 치를 수 없었습니다.

우리나라는 예로부터 인연을 중요하게 생각했기 때문에, 상피제가 없었을 때는 관리를 **등용**⑥할 때 **팔이 안으로 굽는*** 경우가 많았습니다. 그러다 보니 훌륭한 재능이 있는데도 인맥이 있는 사람들에게 밀려나 억울하게 벼슬길에 오르지 못하는 사람들이 많았습니다. 이러한 부정행위를 예방하고, 인재를 올바르게 평가하기 위해 세종대왕은 상피제를 바로잡아야겠다고 생각했습니다. 고려 시대에는 상피제가 ⊙이름만 있을 뿐 잘 지켜지지 않다가, 세종이 가다듬은 이후부터 비로소 모든 관직에 엄격하게 적용되었습니다.

상피제를 통해 우리는 관리를 등용하는 데 있어서 능력을 가장 중요하게 생각하고 관리들의 질서를 바로잡아 공정한 정치를 이루고자 했던 조선 사회의 곧은 정신을 엿볼 수 있습니다.

어려운 낱말 풀이 ┃ ① **의정부** 조선시대 행정부의 최고 기관 議의논할 의 政정치 정 府관청 부
② **영의정** 조선시대 의정부의 으뜸 벼슬 領거느릴 영 議의논할 의 政정치 정
③ **지적** 꼭 집어서 가리킴. 허물을 드러내어 폭로함 指가리킬 지 摘딸 적
④ **공정** 공평하고 올바름 公공평할 공 正바를 정
⑤ **파견** 임무를 주어 사람을 보냄 派보낼 파 遣보낼 견
⑥ **등용** 인재를 뽑아서 씀 쭏오를 등 用쓸 용

1 이 글은 조선 시대의 어떤 제도에 대해 설명하고 있는지 본문에서 찾아 써 보세요.

→ ⬚⬚⬚

2 다음은 이 글의 내용을 바탕으로 '팔이 안으로 굽는다'의 뜻을 짐작하는 과정입니다. 빈칸을 알맞게 채워 보세요.

상황	숙종이 김창협에게 내린 벼슬은 의정부의 ⬚⬚⬚ 을(를) 따지는 자리인데, 김창협의 아버지께서 이미 의정부의 가장 높은 자리에 계시다고 했어.
정리	김창협은 '팔은 안으로 굽기 마련이라' 자식으로서 ⬚⬚⬚ 께서 하신 일을 마음 놓고 지적하기 어렵다고 말했어. 아버지의 편을 들게 되어 자신의 일을 제대로 할 수가 없을 거라고 생각했을 거야.
결론	'팔이 안으로 굽는다'라는 말은 '자신과 ⬚⬚⬚ 사람에게 더 정이 가기 때문에, 일을 공정하게 할 수 없다'는 뜻이겠구나.

3 다음 중 이 글의 내용으로 알맞은 것을 골라 보세요. ------------------------------ [   ]

① 김창협은 의정부의 영의정 자리에 임명되었다.
② 숙종은 자신이 내린 벼슬을 거절한 김창협에게 화가 나 먼 지방으로 보냈다.
③ 상피제가 없었을 때는 인맥이 없어서 벼슬에서 밀려난 훌륭한 인재들이 많았다.
④ 상피제는 고려 시대부터 관리를 뽑을 때 철저하게 지켜진 법이다.
⑤ 조선 시대는 능력보다 사람 사이의 정을 더 중요하게 생각했다.

4 밑줄 친 ㉠과 뜻이 비슷한 사자성어에 ○표를 해 보세요.

명실상부 名實相符	유명무실 有名無實	명불허전 名不虛傳
이름과 실제가 서로 맞는다. 알고 있는 것과 실제 능력에 차이가 없다는 뜻.	이름은 있지만 열매는 없다. 이름만 그럴듯하고 실속이 없다는 뜻.	이름은 헛되이 전해지지 않는다. 널리 알려진 데는 다 이유가 있다는 뜻.
[ ]	[ ]	[ ]

5 다음 중 '팔은 안으로 굽는다'라는 말과 가장 잘 어울리는 상황에 ○표를 해 보세요.

반장 선거에서 가장 좋은 선거 공약을 발표한 친구 대신에 나와
친한 친구를 뽑았다. ----------------------- [   ]

할머니께서 편찮으셔서 입원하셨다는 말에 헐레벌떡 병문안을
가서 정성껏 간호해 드렸다. ----------------------- [   ]

오늘 학교에서 시험을 보았는데, 옆 반 선생님께서 우리 반을
감독하셨다. ----------------------- [   ]

6 이 글을 읽고 '상피제'를 바르게 이해한 친구에 ○표를 해 보세요.

연아: 아는 사람과 함께 일하면 즐겁고
자세히 의논하기도 편할 텐데, 왜 일부러
멀리 파견한 걸까? 상피제는 융통성이 없고
너무 딱딱한 법인 것 같아.

지후: 똑똑한 사람보다는 친한 사람을
뽑아 주고 싶은 마음은 당연해. 그런 것을
막고 공정하게 뽑으려고 노력하다니,
조선 시대 조상들을 본받아야겠어.

[   ]   [   ]

1단계 다음 문장이 자연스럽도록 빈칸에 알맞은 낱말을 [보기]에서 찾아 써 보세요.

> [보기] 지적 예방 재능

[1] 더운 여름에는 식중독을 미리 □□ 해야 안전합니다.

[2] 지아는 여러 분야에서 □□ 이 많아서 부러워.

[3] 친구의 잘못을 □□ 할 때는 조심스럽게 해야지.

2단계 밑줄 친 낱말의 알맞은 뜻을 골라 보세요.

[1] **도리어** 그는 그 벼슬을 관두겠다는 뜻을 올렸습니다. ──────── [   ]
　　① 다른 말은 그만두고 요점만 말하자면
　　② 예상이나 기대와는 반대되거나 다르게

[2] 세종이 가다듬은 이후부터 **비로소** 적용되었습니다. ──────── [   ]
　　　　① 그전까지는 이루어지지 않다가 드디어
　　　　② 흡족하게 마음에 들 정도로

3단계 다음 중 밑줄 친 부분이 [보기]와 같은 의미로 쓰인 것을 골라 ○표를 해 보세요.

> [보기]　　**내리다** : 숙종은 그의 능력을 인정하여 높은 벼슬을 **내렸습니다.**

[1] 늦었는데 엘리베이터는 도대체 언제 **내려오는** 거야? ──────── [   ]

[2] 이웃을 도운 학생에게 선행상을 **내리기로** 하였습니다. ──────── [   ]

[3] 소나기 때문에 기상청은 호우주의보를 **내렸습니다.** ──────── [   ]

시간　끝난 시간 □시 □분　채점　독해 6문제 중 □개
1회분 푸는 데 걸린 시간 □분　　어법·어휘 6문제 중 □개

관용어 둘 이상의 낱말이 오래전부터 함께 쓰이면서 본래의 뜻과 다른 뜻을 지니게 된 표현

해가 서쪽에서 뜨다*

해는 늘 동쪽에서 뜹니다. 어느 날 갑자기 해가 서쪽에서 뜬다면 어떨까요? '해가 서쪽에서 뜨다'라는 관용어는 '전혀 예상 밖의 일이나 일어날 수 없는 일이 일어났을 때' 사용하는 말입니다.

공부한 날 ☐ 월 ☐ 일 시작 시간 ☐ 시 ☐ 분

조선 후기 1817년, 원주에 김금원이라는 여성이 살았습니다. 김금원은 어릴 때부터 몸이 약했는데, 이를 안타깝게 여긴 아버지가 김금원에게 글을 가르쳐 주었습니다. 김금원은 아버지와 함께 글공부를 하는 것을 매우 좋아했습니다. 김금원은 어려서부터 모든 **서적**①을 꿰고 있는 똑똑한 여성이었습니다.

김금원은 어느 날 집에 놀러온 손님으로부터 금강산에 대한 이야기를 듣게 되었습니다. 금강산 이야기는 김금원의 마음을 단번에 **사로잡았습니다**②. 김금원은 꼭 금강산에 가 보겠다고 다짐을 하게 되었습니다. 그러나 당시 사회에서 여성이 혼자 자유롭게 여행을 가는 것은 어려운 일이었습니다.

김금원은 그날부터 부모님을 **집요하게**③ 설득하기 시작했습니다. ☐(가)☐ 이제 고작 14살 된 아이의 여행을 부모님께서 허락하실 리가 없었습니다. 김금원의 아버지는 절대 그렇게 할 수 없다며 김금원의 이야기를 들어주지 않았습니다. 김금원은 부모님의 계속되는 반대에도 포기하지 않고 부모님을 설득하였지만 부모님의 마음을 돌리지는 못했습니다.

"하늘이 저에게 사물을 **통찰**④할 수 있는 눈과 귀를 주셨습니다. 저는 이것에서 그치지 않고 여러 곳을 돌아다니며 보고 듣는 것을 더 넓히고 싶습니다."

딸의 계속되는 설득에, 김금원의 아버지는 결국 깊은 고민에 빠지게 되었습니다. 기나긴 고민 끝에 김금원의 아버지는 결국 김금원을 믿고 여행을 보내 주기로 하였습니다. 아버지께서 허락을 해 주시다니 ㉠정말 **해가 서쪽에서 뜰*** 일이었습니다. 이렇게 김금원은 결국 굳은 의지로 부모님의 **완강한**⑤ 반대를 이겨 내고야 말았습니다.

김금원은 부모님의 마음이 바뀌기 전에 서둘러 **남장**⑥을 하고 여행길에 나섰습니다. 김금원은 원주에서 호서지방으로 이동하여 차례로 금강산, 설악산, 한양까지 갔다가 돌아오며 꿈에 그리던 약 1개월간의 **여정**⑦을 마치게 되었습니다.

그로부터 한참 후, 김금원은 여행을 하며 느낀 것을 시로 남기기로 마음먹었습니다. ☐(나)☐ 김금원이 쓴 「호동서락기」라는 시집이 세상에 알려지게 되었습니다.

– 역사 속 인물 이야기

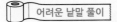 **어려운 낱말 풀이** ① **서적** 책 書글 서 籍문서 적 ② **사로잡았습니다** 마음을 한쪽에 쏠리게 했습니다 ③ **집요하게** 매우 고집스럽고 끈질기게 執잡을 집 拗우길 요 - ④ **통찰** 예리한 관찰력으로 사물을 꿰뚫어 봄 洞밝을 통 察살필 찰 ⑤ **완강한** 의지가 굳센 頑완고할 완 強강할 강 - ⑥ **남장** 여자가 남자처럼 차림 男사내 남 裝꾸밀 장 ⑦ **여정** 여행의 과정 旅나그네 여 程길 정

1 다음은 이 글을 읽고 '김금원'에 대해 정리한 것입니다. 알맞지 <u>않은</u> 부분을 골라 보세요. ············ [　　　　]

김금원
• 어릴 때부터 글공부하는 것을 좋아했음 ··· ①
• 손님의 이야기를 듣고 금강산에 가기로 마음먹음 ·· ②
• 남장을 하고 여행길에 오름 ··· ③
• 약 1년간의 여행을 마치고 다시 집으로 돌아옴 ··· ④
• 여행에 다녀온 이후 「호동서락기」를 씀 ··· ⑤

6
주
29
회

해설편 015쪽

2 이 글의 ㈎와 ㈏에 들어갈 알맞은 이어주는 말을 골라 보세요. ···························· [　　　　]

	㈎	㈏
①	하지만	그렇게
②	왜냐하면	한편
③	그렇게라도	그렇지만
④	그래서	그리고
⑤	그리고	그러다가

3 김금원이 여행한 과정을 아래 지도에서 찾아 차례대로 기호를 써 보세요.

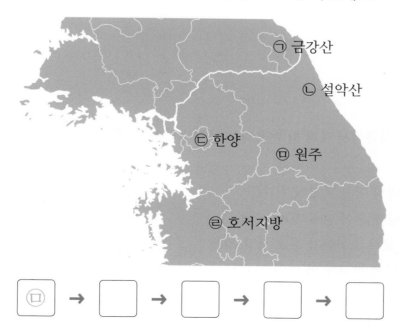

ⓐ 금강산
ⓑ 설악산
ⓒ 한양
ⓜ 원주
ⓓ 호서지방

[ⓜ] → [　] → [　] → [　] → [　]

4 다음은 김금원이 밑줄 친 ㉠과 같이 이야기한 까닭입니다. 알맞은 말을 골라 완성해 보세요.

부오님께서 여행 허락을 { 반드시 해 주실 줄 / 절대 안 해 주실 줄 } 알았는데 예상과 달리

{ 해 주셨기 / 안 해 주셨기 } 때문입니다.

5 '해가 서쪽에서 뜨다'는 무슨 의미인지 알맞게 선으로 이어 보세요.

해가 서쪽에서 뜨다 •

• ㉠ 해는 늘 서쪽에서 뜨니까 너무나도 당연한 말을 할 때 쓰는 표현이야.

• ㉡ 해는 늘 동쪽에서 뜨니까 예상 밖의 일이 일어났을 때 쓰는 표현이야.

6 다음 중 '해가 서쪽에서 뜨다'와 어울리는 상황에 ○표를 해 보세요.

소연이는 매일 아침 학교에 지각을 해서 선생님께 혼이 납니다. 어느 날 학교에 가 보니 소연이가 등교 시간보다 30분이나 일찍 학교에 와 있었습니다.

[   ]

한나는 매일 아침 일찍 학교에 와서 공부를 합니다. 어느 날 학교에 가 보니 한나가 등교 시간보다 30분이나 일찍 와서 공부를 하고 있었습니다.

[   ]

1
단계

밑줄 친 말과 뜻이 비슷한 말을 골라 보세요.

[1] 민수는 **집요하게** 학교까지 따라왔다. ──────────── [   ]
      ① 순순히
      ② 끈질기게

[2] 기나긴 우리의 **여정**을 마치겠다. ──────────── [   ]
      ① 여행길
      ② 연습

2
단계

다음 문장의 밑줄 친 말과 뜻을 알맞게 선으로 이어 보세요.

[1] 진열장에 있는 저 구두는 나의 마음을 **사로잡았어.** •

•㉠ 사람이나 짐승 따위를 산 채로 잡다.

[2] 전장에서 적군을 인질로 **사로잡았다.** •

•㉡ 마음을 한쪽에 쏠리게 하다.

3
단계

[보기]의 문장과 의미가 같은 문장을 골라 ○표를 해 보세요.

[보 기]   혜원이는 집으로 돌아가기로 마음먹었습니다.

[1] 혜원이는 집으로 돌아가지 않기로 결정했습니다. ──────── [   ]

[2] 혜원이는 집으로 돌아갈까 고민하였습니다. ──────── [   ]

[3] 혜원이는 집으로 돌아가기로 결정했습니다. ──────── [   ]

시간   **끝난 시간** [   ]시[   ]분   채점   **독해** 6문제 중   [   ]개

1회분 푸는 데 걸린 시간 [   ]분   **어법·어휘** 4문제 중   [   ]개

30회

일취월장(日 就 月 將)*
해 일 나아갈 취 달 월 장차 장

어떤 것을 배운다는 것은 대개 힘들고 어려운 과정입니다. 그런데 종종 누군가의 실력이 하루가 다르게 빠른 속도로 늘어나는 것을 볼 때가 있습니다. 이처럼 '나날이 다달이 자라거나 발전'할 때 '일취월장(日就月將)'이라는 표현을 사용합니다.

공부한 날 [ ]월 [ ]일 시작 시간 [ ]시 [ ]분

이 선생이 오신다는 날 나는 머리를 빗고 새 옷을 갈아입고 아버지를 따라서 마중을 나갔다. 저쪽에서 나이가 쉰 남짓 되어 보이는 키가 후리후리한 노인 한 분이 오시는데 아버지께서 먼저 인사를 하시고 나서 날더러,

⬆ 김구의 모습

"창암(김구의 어린 시절 이름)아, 선생님께 절하여라."
하셨다. 나는 공손하게 **너부시**① 절을 하고 나서, 그 선생을 **우러러보니**② **신인**③이라 할지 하느님이라 할지 어떻게나 **거룩해**④ 보이는지 몰랐다.

우선 우리 **사랑**⑤을 글방으로 정하고, 우리 집에서 선생의 식사를 받들기로 하였다. 그때에 내 나이가 열두 살이었다.

개학하던 첫날 나는 '마상봉한식(馬上逢寒食)' 다섯 자를 배웠는데, 뜻은 알든 모르든 기쁜 맛에 자꾸 읽었다. 밤에도 어머니께서 **밀 매갈이**⑥ 하시는 것을 도와 드리면서 자꾸 외웠다. 새벽에는 일찍 일어나서 선생님 방에 나가서 누구보다도 먼저 배워서 밥그릇 **망태기**⑦를 메고 먼 데서 오는 **동무**⑧들을 가르쳐 주었다.

이 모양으로 우리 집에서 석 달을 지내고는 산골 어르신 댁 사랑으로 글방을 옮기게 되어서 나는 밥그릇 망태기를 메고 고개를 넘어서 다녔다. 집에서 서당에 가기까지, 서당에서 집에 오기까지 ㉠내 입에서는 글소리가 끊어지는 일이 없었다. 글동무 중에는 나보다 정도가 높은 아이도 있었으나 배운 것을 외우는 데는 언제나 내가 최**우등**⑨이었다.

이러한 지 반년 만에 선생과 산골 어르신 사이에 **반목**⑩이 생겨서 **필경**⑪ 이 선생을 내어 보내게 되었는데, 산골 어르신이 말하는 이유는 이 선생이 밥을 너무 많이 **자신다**⑫는 것이거니와, 사실은 그 아들이 **둔재**⑬여서 공부를 잘 못하는데 내 공부가 **일취월장***하는 것을 **시기함**⑭이었다.

– 김구, 「백범일지」 중

어려운 낱말 풀이
① **너부시** 매우 공손하게 고개를 숙여 절하는 모양 ② **우러러보니** 마음속으로 공경하여 떠받드니
③ **신인** 신과 같이 숭고한 사람 神신령 신 人사람 인 ④ **거룩해** 뜻이 매우 높고 위대해 ⑤ **사랑** 집의 안채와 떨어져 있는, 손님을 접대하는 곳 숨집 사 廊사랑채 랑 ⑥ **밀 매갈이** 밀을 매통에 가는 일 ⑦ **망태기** 얇은 새끼나 노 따위로 엮어 만든 그릇 ⑧ **동무** 친하게 어울리는 사람 ⑨ **우등** 성적이 우수하고 모범이 됨 優뛰어날 우 等무리 등
⑩ **반목** 서로 사이가 좋지 않고 미워함 反반대할 반 目눈 목 ⑪ **필경** 마침내, 결국에는 畢마칠 필 竟마침내 경
⑫ **자신다** 먹는다('먹다'의 존댓말) ⑬ **둔재** 둔한 재주. 또는 그런 사람 鈍둔할 둔 才재주 재
⑭ **시기함** 남이 잘 되는 것을 샘하여 미워함 猜시기할 시 忌꺼릴 기

1 이 글의 '나'에 대한 설명으로 알맞은 것끼리 묶인 것을 골라 보세요. ───────── [   ]

> ⊙ 나는 열두 살에 이 선생님을 만났다.
> ⊙ 나는 '마상봉한식(馬上逢寒食)' 다섯 자를 배우기 전에 이미 다 알고 있었다.
> ⊙ 석 달 뒤에는 산골 어르신 집으로 공부를 배우러 다녔다.
> ⊙ 나는 산골 어르신의 아들에 비해 배우는 속도가 느렸다.

① ⊙, ⊙   ② ⊙, ⊙   ③ ⊙, ⊙
④ ⊙, ⊙   ⑤ ⊙, ⊙

2 다음은 이 글에 등장하는 글방 선생님의 첫 수업 모습입니다. 빈칸에 들어갈 말을 본문에서 찾아 써 보세요.

> 오늘은 첫 수업이니 한자로 쓴 유명한 시 한 구절을 배워 보자.
> '☐☐☐☐☐(馬上逢寒食)'이라는 구절인데, 각각 '말(馬말 마)' '위에서(上위 상)' '한식날을(寒차가울 한 食밥 식)' '맞이하다(逢만날 봉)'라는 뜻이란다. 우리말로 풀이하자면, 말 위에서 한식을 맞이한다는 의미지.

→ ☐☐☐☐☐

3 다음 내용의 빈칸에 공통으로 들어갈 알맞은 말을 본문에서 찾아 써 보세요.

> • '나'는 새벽 일찍 일어나 누구보다 먼저 공부를 배워 먼 데서 오는 ☐☐들을 가르쳐
>   └ 친구
>   주었다.
>
> • 배운 것을 외우는 데는 글☐☐ 중 내가 언제나 최우등이었다.
>   └ 공부를 같이 하는 친구

→ ☐☐

4 다음은 이 선생과 산골 어르신의 사이가 안 좋아진 까닭입니다. 빈칸에 들어갈 말을 본문에서 찾아 써 보세요.

산골 어르신의 아들과 '나'는 함께 공부했으나, 산골 어르신의 아들은 공부를 잘

못하는 반면, '나'는 □□□□ 했기 때문입니다.

5 다음 중 '일취월장'과 어울리는 상황에 ○표를 해 보세요.

제 친구는 매일 피아노 연습을
열심히 했어요. 그렇게 열심히 연습한
덕분에 피아노 실력은 매일 빠르게
늘었고, 이번에 나간 대회에서 당당히
1등을 차지했어요.

[   ]

제 친구는 학교에 가는 길에 쓰러져
계시는 할머니를 발견하고 재빨리
신고를 하였어요. 친구의 발 빠른
대처 덕분에 할머니께서 빠르게 치료를
받으실 수 있었어요.

[   ]

6 아래 기사의 밑줄 친 ㉠과 같은 뜻으로 쓸 수 있는 말을 골라 보세요. ---------------- [   ]

어린이 뿌리 일보

배우 현신우가 ㉠**일취월장한** 연기로 모두의 주목을 받고 있다. 그녀는 13살의 어린 나이에 처음 영화로 데뷔하여 점점 더 발전하는 연기 실력을 보여주며 많은 사람들에게 사랑받고 있다. 그녀의 첫 액션 연기 도전은 이번 달에 개봉하는 영화 □□에서 확인할 수 있다.

- 윤상우 기자(yoonsw@toptutor.co.kr).

① 매우 유쾌한
② 남들과 비슷한
③ 아주 화려한
④ 목소리가 큰
⑤ 나날이 발전하는

1단계

다음의 낱말과 뜻이 알맞도록 선으로 이어 보세요.

[1] 우러러보다 •　　　　　　　　　　　• ㉠ 마음속으로 공경하여 떠받듦

[2] 거룩하다 •　　　　　　　　　　　• ㉡ 서로 사이가 좋지 않고 미워함

[3] 반목 •　　　　　　　　　　　　　• ㉢ 뜻이 매우 높고 위대함

2단계

다음 문장이 자연스럽도록 빈칸에 알맞은 낱말을 [보기]에서 찾아 써 보세요.

[보 기]　　　　　　우등　　　　둔재　　　　사랑

[1] 지용이는 배우는 게 느린 ☐☐이다.

[2] 그는 우리 학교에서 가장 열심히 하는 ☐☐생이야.

[3] 이 책을 손님들이 보실 수 있게 ☐☐방에 놔두렴.

3단계

[보기]의 설명을 보고 '자시다'가 바르지 <u>않게</u> 쓰인 문장을 골라 보세요.

[보 기]　　　　　　자시다: '먹다'의 높은 존대

[1] 김 선생님께서는 특히나 나물을 잘 **자시니** 준비해 두어라. ------------------ [　　　]

[2] 수현이의 동생은 언제나 밥을 잘 **자시곤** 해. ------------------ [　　　]

[3] 할아버지께서 약주를 **자시는** 동안 아무 말도 없으셨다. ------------------ [　　　]

시간　**끝난 시간** ☐시 ☐분
1회분 푸는 데 걸린 시간 ☐분

채점　**독해** 6문제 중 ☐개
어법·어휘 7문제 중 ☐개

심(心) 자가 들어간 사자성어

한자 '마음 심(心)'은 사람의 심장 모양을 본떠 만들어진 글자입니다. 또 심(心)자는 '중심'이라는 뜻으로 쓰이기도 하는데, 우리나라의 조상들은 그만큼 마음을 중요하게 여겼습니다. 그 때문인지 우리나라의 사자성어에도 '심' 자가 들어가는 말이 많습니다.

노심초사: 勞근심 로 心마음 심 焦애태울 초 思생각 사

마음속에 근심을 가지고 고민하느라 애를 태우는 모습으로, '**몹시 마음을 쓰며 속이 탐**'이라는 뜻입니다. 걱정이 깊어지면 다른 생각을 하기 어려울 만큼 마음이 바짝바짝 마르는 듯해 무척 괴롭습니다. '노심초사'는 그럴 때 쓰는 말입니다.

예 조카가 놀다 다쳤대서 **노심초사**했는데, 다행히 병원에서 아무 문제없다고 하더라.
　　　　　　　　　　　└▸ 몹시 걱정하고 괴로워

언감생심: 焉어찌 언 敢감히 감 生날 생 心마음 심

언감생심은 한자 뜻풀이 그대로 '**어찌 감히 그런 마음을 품을 수 있으랴**'라는 뜻입니다. 이 표현은 문장 성분을 꾸며주는 부사처럼 사용되기도 합니다. "우리는 친구인데 언감생심 어떻게 네 물건을 훔칠 수 있겠니!"처럼 주로 어떤 가정을 부정할 때 자주 쓰입니다.

예 방학 내내 보충 수업을 들어야 하는데 놀이공원 가는 건 **언감생심**이지.
　　　　　　　　　　　　　　　└▸ 감히 품을 수 없는 마음

작심삼일: 作만들 작 心마음 심 三석 삼 日날 일

마음은 시시때때로 변합니다. 굳게 결심한 생각도 잠을 자고 일어나면 달라져 있기도 합니다. 특히 매일 좋은 습관을 만들기 위해 노력하는 것은 더욱 쉽지 않습니다. 처음 사흘까지는 그럭저럭 해낼 수 있을지 모르지만, 시간이 지나면서 귀찮은 마음을 이기지 못하고 미루다 보면 흐지부지되고 맙니다. 이처럼 '**결심한 마음이 사흘도 가지 못하고 곧 느슨하게 풀어짐**'을 가리켜 작심삼일이라고 합니다.

예 매일 운동을 하려고 헬스장에 등록했는데 자꾸 미루다 보니 **작심삼일**이 되어 버렸어.
　　　　　　　　　　　　　　　└▸ 결심이 느슨하게 풀어짐

한 주 간의 계획을 먼저 세워보세요. 매일 학습을 마친 후 맞힌 문제의 개수를 쓰세요!

회차	영역	학습내용	학습계획일	맞은 문제수
31회	속담	**까마귀 날자 배 떨어진다** 나는 아무것도 하지 않았는데 억울하게도 상황이 맞아 의심을 받을 때 '**까마귀 날자 배 떨어진다**'라고 표현합니다. 즉, '**아무 관계 없이 한 일이 공교롭게도 때가 같아 어떤 관계가 있는 것처럼 억울하게 의심을 받게 되는 상황**'을 비유적으로 이르는 말입니다.	월 일	독 해 6문제 중 ☐ 개 어법·어휘 6문제 중 ☐ 개
32회	관용어	**날개가 돋친 듯하다** 어떤 물건이 아주 빠르게 팔리거나 확산될 때 '**날개가 돋친 듯하다**'라고 표현합니다. 이 말은 '**날개가 달린 것처럼 빠르게 날아가는 듯하다**'라는 말로, 그만큼 '**순식간에 널리 퍼진다**'라는 뜻으로 사용되는 말입니다.	월 일	독 해 6문제 중 ☐ 개 어법·어휘 5문제 중 ☐ 개
33회	고사성어	**사족(蛇足)** '쓸데없는 일을 하다가 도리어 일을 망치는 상황'을 이르러 '**사족(蛇足)**'이라는 표현을 씁니다. '**글의 중심 내용과 관련이 없어 빼도 상관없는 문장**'을 일컬을 때에도 이 표현을 씁니다. 이 고사성어는 '**뱀을 다 그리고 나서 있지도 않은 발을 덧붙여 그려 넣는다.**'라는 상황에서 유래하였습니다.	월 일	독 해 6문제 중 ☐ 개 어법·어휘 7문제 중 ☐ 개
34회	속담	**죽 쑤어 개 준다** 죽을 만들기 위해서는 많은 시간과 수고를 들여야 합니다. 그렇게 고생스럽게 만든 죽을 주어야 할 사람이 아닌 개한테 주면 무척 허탈할 것입니다. '**죽 쑤어 개준다**'는 이처럼 '**애써 한 일을 남에게 빼앗기거나, 엉뚱한 사람에게 이로운 일을 하게 되었을 때**' 쓰는 말입니다.	월 일	독 해 6문제 중 ☐ 개 어법·어휘 4문제 중 ☐ 개
35회	관용어	**속이 검다** 겉으로는 웃고 있지만 속으로는 나쁜 생각을 하고 있는 사람에게 '**속이 검다**'라고 표현합니다. 이 표현은 '**겉으로는 순해 보이나 속으로는 엉큼한 데가 있다**'라는 뜻입니다.	월 일	독 해 6문제 중 ☐ 개 어법·어휘 6문제 중 ☐ 개

31회 까마귀 날자 배 떨어진다*

나는 아무것도 하지 않았는데 억울하게도 상황이 맞아 의심을 받을 때 '까마귀 날자 배 떨어진다'라고 표현합니다. 즉, '아무 관계없이 한 일이 공교롭게도 때가 같아 어떤 관계가 있는 것처럼 억울하게 의심을 받게 되는 상황'을 비유적으로 이르는 말입니다.

공부한 날 [ ]월 [ ]일 시작 시간 [ ]시 [ ]분

나는 까마귀라오. 반포지효(反哺之孝)에 대해 잠깐 말씀 드리고 싶소. 사람은 자기 세상에서 제일이라고 말하지만, 사람이 저지르는 짓을 살펴보면 어느 것 하나도 본받을 것이 없소. 그중에서 사람이 얼마나 **불효막심**①한지에 대해 말씀 좀 드리겠소.

옛날의 훌륭한 사람들이 말씀하시길 효도는 덕의 **근원**②이자 모든 행동의 바탕이라고 하셨지요. 여러분들도 아시다시피 우리 까마귀들은 다 자라고 나면 밖에서 구한 먹이를 물어 와서는 부모님께 먼저 드립니다. 이것이 바로 반포지효지요. 까마귀의 **효심**③은 모두가 알고 있습니다. 옛날에 백낙천이라는 분은 우리 까마귀더러 새 중의 증자(曾子)라고 하셨죠. 증자는 효도를 잘 실천하기로 유명한 사람입니다. 그런데 지금 세상 사람들은 어떻소? 형제간에 재산 문제로 다투어 부모님의 마음을 아프게 하는 것은 물론이요, 부모님이 **끼니**④를 거르지는 않는지 걱정하기는커녕 자기 배고픈 것만 아는 것이 지금 세상 사람들입니다.

그런데 사람들은 우리를 어떻게 생각합니까? 우리 까마귀가 떼를 지어 논밭으로 내려가는 것은 **해충**⑤을 잡아먹기 위함이지 곡식을 훔쳐 먹기 위함이 아니오. 1874년에 피이르라는 미국의 조류학자가 까마귀 2,258마리의 배를 갈라 연구한 적이 있소. 그런데 까마귀 배 속에는 곡식은 없고, 순 해충뿐이었다고 하오. 이 사실만 보더라도 우리 까마귀가 곡식에 이익이 되고 해가 되지 않는 것이 분명하오!

또 사람들은 까마귀 울음소리를 듣고 **흉한**⑥ **징조**⑦라고 마음대로 말하지요. 사람의 일이 흉하든지 **길하든지**⑧ 우리가 무슨 상관이요? 그것은 사람들이 어리석은 탓에 자신이 좋지 않을 때, 까마귀 울음소리를 흉하게 듣고 하는 말일 뿐이오. 사람이 전염병을 앓아서 죽게 된 때에 우리가 우연히 그 근처에 가서 울면 "까마귀가 울어서 죽게 됐다!"라며 **애먼**⑨ 우리에게 욕을 합니다. 그야말로 ㉠**까마귀 날자 배 떨어진 격***이지요. 까마귀가 우는 것과 흉한 일이 일어나는 것은 아무런 상관이 없단 말입니다.

이렇게 사람이 어리석습니다. 우리 까마귀가 인간에게 **업신여김**⑩을 받을 까닭이 없습니다. 부디 이 회의를 진행하는 회장님은 이 사실을 잘 살펴 하느님께 잘 말씀드려 주시기 바랍니다.

– 안국선, 「금수회의록 – 까마귀 편」

어려운 낱말 풀이 | ① **불효막심** 부모에게 불효함이 매우 심함 不아닐 불 孝효도 효 莫없을 막 甚심할 심 ② **근원** 사물이 시작되는 근본이나 원인 根뿌리 근 源근원 원 ③ **효심** 효성스러운 마음 孝효도 효 心마음 심 ④ **끼니** 아침, 점심, 저녁과 같이 일정 시간에 먹는 밥 ⑤ **해충** 사람이나 과수 등에 해를 끼치는 벌레 害해로울 해 蟲벌레 충 ⑥ **흉한** 운이 사납거나 불길한 凶흉할 흉 - ⑦ **징조** 어떤 일이 보일 기미 徵부를 징 兆조 조 ⑧ **길하든지** 운이 좋든지 吉길할 길 - ⑨ **애먼** 일의 결과가 억울한 ⑩ **업신여김** 교만한 마음으로 남을 낮추고 무시함

1 다음 중 이 글의 내용으로 옳은 것에 ○표, 틀린 것에 ×표를 해 보세요.

[1] 백낙천은 까마귀를 '새 중의 증자'라고 하였다. ────────────── [   ]

[2] 1874년에 조류학자 피이르는 까마귀의 서식지에 대해 연구하였다. ───── [   ]

[3] 까마귀는 인간에게 흉한 일이 생기면 울음소리를 낸다. ────────── [   ]

2 까마귀의 행동을 본 사람들의 오해와 실제 의미를 각각 선으로 이어 보세요.

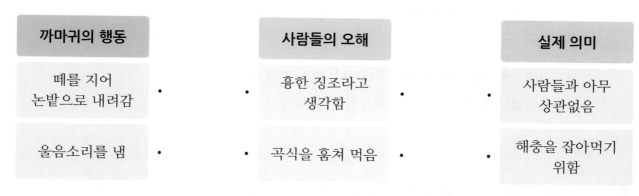

까마귀의 행동	사람들의 오해	실제 의미
떼를 지어 논밭으로 내려감	흉한 징조라고 생각함	사람들과 아무 상관없음
울음소리를 냄	곡식을 훔쳐 먹음	해충을 잡아먹기 위함

7주 31회

해설편 016쪽

3 다음 선생님의 말씀을 읽고, 이야기를 바르게 이해한 친구에 ○표를 해 보세요.

선생님: 「금수회의록」은 여러 동물들과 곤충들이 인간들의 잘못된 행동에 대해 이야기하는 내용의 소설입니다. 벌은 겉과 속이 다른 인간에 대해, 호랑이는 험악한 인간에 대해 이야기를 했어요. 그렇다면 까마귀는 인간들의 어떤 모습에 대하여 이야기를 했나요?

희주: 까마귀는 자신의 처지에 맞지 않게 사치를 부리는 사람들에 대하여 이야기하였어요. 까마귀의 말을 듣고 늘 겸손하게 행동해야겠다고 생각했어요.

유지: 까마귀는 인간들의 불효에 대하여 이야기하였어요. 까마귀의 말을 듣고 오늘 부모님께 투정을 부린 것이 죄송해졌어요.

[   ]   [   ]

4 까마귀가 밑줄 친 ㉠과 같이 말한 까닭을 써 보세요.

☐☐☐ 은(는) 인간들과 아무 상관없이 울었는데, 인간들이 ☐☐

징조라여 의심한 것이 억울했기 때문입니다.

5 '까마귀 날자 배 떨어진다'를 바르게 활용한 친구에 ○표를 해 보세요.

> 지호: **까마귀 날자 배 떨어진다**더니, 나는 아무것도 하지
> 않았는데 그곳에 있었다는 이유로 억울하게 오해를 받았어. ·············· [   ]

> 기태: **까마귀 날자 배 떨어진다**더니, 내가 가장 자신 있는
> 일이었는데 긴장해서 그만 실수를 하고 말았어. ·············· [   ]

6 다음 이야기 속 남자가 겪은 상황과 가장 잘 어울리는 표현에 ○표를 해 보세요.

> 한 남자가 뜨거운 태양 아래에서 길을 걷고 있었습니다. 더위에 지쳐 잠시 쉬려던 찰나에
> 그의 눈앞에 넓은 오이 밭과 큰 정자가 보였습니다.
> "마침 더웠는데 정말 잘 되었군. 저 정자에서 조금 쉬어가야겠어."
> 남자는 정자 위로 올라가 잠시 눈을 붙였습니다. 그렇게 해가 질 때까지 잠에 빠져 있던
> 남자는 주변이 소란스러워져 잠에서 깼습니다. 남자는 정신을 차리고 이제 정말 가야겠다고
> 생각하며 정자에서 내려와 오이 밭 쪽으로 발걸음을 옮겼습니다. 오이 밭에 잠시 멈춰 신을
> 고쳐 신고 있던 남자에게 사람들이 뛰어오며 소리쳤습니다.
> "오이 도둑놈이 저기에 있다!"
> 영문도 모른 채 사람들에게 붙잡힌 남자는 자신은 도둑이 아니라고 말했지만 아무도
> 믿어주지 않았습니다. 결국 남자는 가지고 있는 모든 짐을 검사하고 나서야 풀려날 수
> 있었습니다.

> 물에 빠진 놈 구했더니
> 내 봇짐 내라 하는 꼴이군.

> 남자의 꼴이 다 된 밥에
> 재 뿌린 꼴이구나.

> 정말 까마귀 날자
> 배 떨어진 격이네.

[   ]   [   ]   [   ]

1
단계

밑줄 친 부분과 바꿔 쓸 수 있는 말을 골라 번호를 써 보세요.

[1]　이건 정말 **길한** 징조야. --- [　　]
　　　　① 운이 사나울
　　　　② 운이 좋을

[2]　건강을 위해서라면 **끼니**를 거르면 안 돼. ---------------------- [　　]
　　　　① 식사
　　　　② 운동

2
단계

다음 문장이 자연스럽도록 빈칸에 알맞은 낱말을 [보기]에서 찾아 써 보세요.

> [보 기]　　　　해충　　　근원　　　효심

[1]　민선이는 정말 [　][　]이 지극한 친구야.

[2]　모기는 우리에게 병균을 옮기는 [　][　]이야.

[3]　모든 병의 [　][　]은 스트레스야.

3
단계

[보기]를 보고 밑줄 친 부분이 [보기]의 '격'과 다르게 쓰인 것을 골라 보세요.

> [보 기]　　　'격'은 ~하는 셈, ~하는 식의 뜻을 나타내는 말로 쓸 수 있습니다.

[1]　심지어 컴퓨터가 꺼지다니 정말 엎친 데 덮친 **격**이야. ----------------- [　　]
[2]　나는 대표자 **격**으로 회의에 참석했다. ----------------------------- [　　]
[3]　그건 거의 추운 날에 아이스크림을 먹으라는 **격**이야. ---------------- [　　]

시간

끝난 시간 [　]시 [　]분
1회분 푸는 데 걸린 시간 [　]분

채점

독해 6문제 중 [　]개
어법·어휘 6문제 중 [　]개

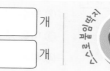

어떤 물건이 아주 빠르게 팔리거나 확산될 때 '날개가 돋친 듯하다'라고 표현합니다. 이 말은 '날개가 달린 것처럼 빠르게 날아가는 듯하다'라는 말로, 그만큼 '순식간에 널리 퍼진다'라는 뜻으로 사용되는 말입니다.

공부한 날 [ ] 월 [ ] 일 시작 시간 [ ] 시 [ ] 분

전자레인지는 우리 생활에서 떼어 놓을 수 없는 도구입니다. 버튼 하나로 음식을 따뜻하게 데우고 간단한 요리도 가능하기 때문입니다. 전자레인지는 정밀한 기술로 만들어졌지만 시작은 우연한 계기에서부터였습니다.

1945년, 미국의 퍼시 스펜서는 회사에서 레이더 장비 개발을 위해 열심히 일하고 있었습니다. 그러던 중 이상한 느낌이 들어 주머니를 보았더니 안에 있던 초콜릿이 완전히 녹아 있었습니다. 뜨거운 열기가 있던 것도 아닌데 이상한 일이었습니다. 순간 퍼시 스펜서는 레이더 장비를 의심했습니다. 그 장비에서는 **전자기파**①가 발생하고 있었는데 그것 때문이 아닐까 생각했던 것입니다. 그는 곧바로 실험을 해 보았고 예상대로 옥수수와 계란이 전자기파로 익어 가는 모습을 확인할 수 있었습니다. 그는 이 놀라운 결과를 바탕으로 전자기파를 이용해 요리를 할 수 있는 기계를 개발하는 데 **착수**②했습니다.

1947년, 그렇게 세상에 나오게 된 전자레인지는 모두의 **이목**③을 끌었습니다. 불을 지필 필요도 없이 수많은 종류의 요리를 금세 만들어 냈기 때문입니다. 하지만 뜨거운 관심이 곧 판매로 이어지지는 않았습니다. 초기의 전자레인지는 높이 167cm에 무게가 340kg으로 지금의 모습과는 거리가 멀었고 가격도 약 550만 원으로 일반 가정에서 사용하기에는 부담이 컸기 때문입니다. 분명 **획기적인**④ 발명품이었지만 지금처럼 대중화되기는 어려웠습니다.

1952년부터 본격적인 가정용 전자레인지가 출시되기 시작했습니다. 그리고 1967년에는 마침내 지금의 전자레인지와 유사한 크기의 약 54만 원짜리 전자레인지가 등장했습니다. 크기를 줄이고 가격을 내리는 동시에, 음식을 골고루 익히기 위해 수학적 계산을 적용하기 시작한 것도 이 시기였습니다. 이러한 성과에 힘입어 전자레인지는 **날개가 돋친 듯*** 팔리기 시작했습니다. 전자레인지는 이처럼 초콜릿이 녹은 우연한 계기에서 시작되어 약 반세기가 지난 오늘날에는 가정집을 비롯한 식당, 호텔, 병원 등 거의 모든 곳에서 찾아볼 수 있을 만큼 없어서는 안 될 물건이 되었습니다.

어려운 낱말 풀이

① **전자기파** 전기장과 자기장이 주기적으로 변화하면서 전달되는 파동 電전기 전 磁자석 자 氣기운 기 波물결 파
② **착수** 어떤 일에 손을 대어 시작 着붙을 착 手손 수
③ **이목** 주의나 관심 耳귀 이 目눈 목
④ **획기적인** 전혀 다른 시대를 열 만큼 뚜렷이 구분되는 劃그을 획 期기약할 기 的과녁 적 -

1 이 글의 제목으로 가장 알맞은 것을 골라 보세요. ---------------------------------- [   ]

① 퍼시 스펜서의 삶

② 전자기파의 위험성

③ 전자레인지와 레이더

④ 전자레인지의 다양한 용도

⑤ 우연히 발명되어 필수품이 된 전자레인지

2 퍼시 스펜서의 주머니에 있던 초콜릿이 녹은 것은 무엇 때문인지 본문에서 찾아 써 보세요.

➜ ☐ ☐ ☐ ☐

3 전자레인지에 대한 설명으로 옳은 것에 ○표, 틀린 것에 ×표를 해 보세요.

[1] 초기의 전자레인지는 성능이 우수해 많이 팔렸다. ------------------------------------- [   ]

[2] 전자레인지를 최초로 개발한 사람은 퍼시 스펜서이다. ---------------------------------- [   ]

[3] 초기 전자레인지는 높이 167cm에 무게가 340kg이었다. ------------------------------ [   ]

[4] 1967년 이후에는 음식을 골고루 익히기 위한 수학적 계산이 적용되었다. --------------- [   ]

4 각 문단의 중심 내용에 맞게 빈칸에 들어갈 말을 본문에서 찾아 써 보세요.

1문단	정밀한 기계인 ☐☐☐☐☐ 이(가) 발명된 것은 우연한 계기였다.
2문단	☐☐☐☐☐ 은(는) 레이더 개발을 위해 일을 하다가 초콜릿이 녹았다는 사실에 착안해 전자레인지 개발을 시작했다.
3문단	전자레인지는 획기적인 발명품이었으나 크기와 무게, 비싼 ☐☐ 때문에 대중화되지 못했다.
4문단	이후 문제점들을 보완한 ☐☐☐ 전자레인지가 출시되었고 오늘날에는 거의 모든 곳에서 사용하는 필수품이 되었다.

5 다음 중 '날개가 돋친 듯하다'의 뜻으로 옳은 것을 골라 보세요. ─────── [   ]

① 표진: 실제로 날개가 돋아났을 때 쓰는 말이야.
② 원준: 아니야, '날개'처럼 멋진 것을 보았을 때 쓴다고.
③ 소연: '날개'라는 말이 쓰인 건 높이 올라갔다는 뜻에서야.
④ 구성: '날개'가 달린 것처럼 빠르게 물건이 팔린다는 뜻이겠지.
⑤ 우영: 사실 이 말은 느리게 행동하는 사람을 보고 비꼬는 말이잖아?

6 다음 중 '날개가 돋친 듯하다'를 알맞게 활용한 문장에 ○표를 해 보세요.

오늘 새로 출시된 케이크가 **날개가 돋친 듯** 팔렸다.	─────── [ ]

비가 내리자 풀들이 **날개가 돋친 듯** 자랐다.	─────── [ ]

수리점에 맡겼던 컴퓨터가 **날개가 돋친 듯** 멀쩡해졌다.	─────── [ ]

1 단계

낱말의 뜻을 바르게 설명한 것을 찾아 선으로 이어 보세요.

[1] 개발 •

[2] 부담 •

[3] 적용 •

• ㉠ 알맞게 이용하거나 맞춤

• ㉡ 새로운 것을 고안해 내어 만듦

• ㉢ 어떤 일을 맡아 의무나 책임을 짐

2 단계

[보기] 속 빈칸에 공통으로 들어갈 말을 골라 보세요. ────────── [   ]

[보 기]

• 주문하고 나서 [   ] 음식이 나왔다.

• 신나게 축구를 하다보니 [   ] 주위가 캄캄해졌다.

• 부모님은 [   ] 돌아오셨다.

• 친구는 [   ] 잠이 들어 옆에서 코를 골았다.

① 골고루   ② 금세   ③ 거의   ④ 모든   ⑤ 본격적인

3 단계

밑줄 친 글자 중 뜻이 <u>다른</u> 하나를 골라 보세요. ────────── [   ]

㉠ **반**세기: 한 세기의 절반

㉡ **반**문: 물음에 대답하지 않고 되물음

㉢ **반**추: 어떤 일을 되풀이해 생각함

㉣ **반**성: 자신의 말이나 행동에 대한 옳고 그름을 되돌아봄

① ㉠   ② ㉡   ③ ㉢   ④ ㉣

시간

끝난 시간 [   ] 시 [   ] 분

1회분 푸는 데 걸린 시간 [   ] 분

채점

독해 6문제 중 [   ] 개

어법·어휘 5문제 중 [   ] 개

33회

사족(蛇 足)*
뱀사 발족

'사족(蛇足)'이란 '뱀을 다 그리고 나서 있지도 않은 발을 덧붙여 그려 넣는다.'라는 뜻으로, '쓸데없는 일을 하다가 도리어 일을 망치는 상황'을 이르는 말입니다. 또한 '글의 중심 내용과 관련이 없어 빼도 상관없는 문장'을 일컫기도 합니다.

공부한 날 [ ]월 [ ]일 시작 시간 [ ]시 [ ]분

옛 중국의 전국 시대 초나라에는 **제사를** ① **도맡아** ② 하는 사람이 있었습니다. 하루는 이 사람이 제사를 도와준 일꾼들에게 음식을 한 그릇만 주었습니다. 일꾼들은 불평을 하기 시작했습니다.

"에이, 이게 뭔가? 주려거든 많이나 주지. 사람이 몇인데 겨우 음식 한 그릇이라니."

"쯧쯧, 하여튼 있는 사람들이 더 **인색**③하다니까."

"그래도 귀한 음식이니까 조금씩이라도 맛보도록 합시다."

키가 작은 일꾼이 다른 일꾼들을 둘러보며 **다독였습니다**④. 막 음식을 나눠 먹으려는 순간, 눈이 커다란 일꾼이 좋은 생각이 났다는 듯 크게 소리치며 말했습니다.

"잠깐! 잠깐만 기다려 보세요. **내기**⑤를 해서 이긴 사람이 음식을 다 먹는 건 어떨까요?"

"그럽시다. 이까짓 것 나눠 먹어 봐야 간에 **기별**⑥도 안 갈 것이니."

일꾼들은 맞장구를 쳤습니다. 그러더니 어떤 내기를 해야 할지 **입씨름**⑦을 벌이기 시작했습니다. 하지만 사람이 많다 보니 오랜 시간이 흘러도 여러 의견만 나올 뿐 정작 내기를 결정하지는 못했습니다.

㉠"아이고, 이러다가 해 저물겠네."

덩치가 매우 큰 일꾼이 짜증을 내며 툴툴거렸습니다.

"그냥 뱀 그리기 내기나 하지요? 땅에 뱀을 그려서 가장 먼저 완성한 사람이 음식을 다 먹기로 합시다."

매우 피곤했던 일꾼들은 더는 시간을 끌고 싶지 않았습니다. 그래서 덩치가 큰 일꾼이 하자는 대로 뱀 그림을 먼저 완성하는 사람이 음식 한 그릇을 다 먹기로 했습니다.

㉡"무조건 제일 먼저 그리는 사람이 이기는 겁니다."

덩치가 큰 일꾼은 확실히 이길 자신이 있다는 듯 다시 한번 다짐을 받았습니다. 일꾼들은 모두 고개를 끄덕였습니다. 그리고 시작 소리와 함께 각자 뱀을 그리기 시작했습니다.

일꾼들은 생각보다 뱀을 그리기가 어려웠습니다. 다들 뱀을 그렸다가 지우기를 반복하는 사이, 뱀을 다 그린 덩치 큰 일꾼이 음식 그릇을 **냅다**⑧ 집어 들었습니다.

㉢"저는 다 그렸습니다. 그러니 이 음식은 제 것이 맞지요?"

덩치 큰 일꾼은 한창 뱀을 그리고 있는 다른 일꾼들을 둘러보며 놀려 댔습니다.

㉣"아이고, 아직 몸통도 제대로 못 그리셨네. 나는 그 시간이면 발까지도 그리겠네."

덩치 큰 일꾼은 한 손에 그릇을 든 채 다른 한 손으로 뱀에 발을 그려 넣었습니다. 그때, 눈이 큰 일꾼이 덩치 큰 일꾼의 손에 있던 음식 그릇을 휙 빼앗아 들었습니다. 다들 눈이 **휘둥그레졌습니다**⑨.

"아니, 왜 이러는 겁니까? 뱀을 제일 먼저 그린 사람이 음식을 다 먹기로 하지 않았습니까?"

㉤"세상에 발이 달린 뱀이 어디 있나요? 진짜 뱀을 그린 건 저이니, 이 음식은 제 것입니다."

다른 일꾼들은 웃음을 터트렸습니다.

"맞네, 나도 발 달린 뱀은 본 적이 없네."

"허허, 쓸데없는 행동 때문에 귀한 음식은 맛도 못 보겠구먼."

덩치 큰 일꾼은 뒤늦게 뱀의 발까지 그린 것을 후회했지만 이미 엎질러진 물이었습니다.

1 다음은 글의 내용을 요약한 것입니다. 빈칸에 순서대로 번호를 써 보세요.

> ① 일꾼들은 제사를 도와주고 음식 한 그릇을 받았다.
> ② 일꾼들은 모두 땅에 뱀을 그리기 시작했다.
> ③ 덩치 큰 일꾼이 뱀 그리기 내기를 하자는 의견을 냈다.
> ④ 덩치 큰 일꾼은 뒤늦게 자신의 행동을 후회했다.
> ⑤ 덩치 큰 일꾼은 한 손에 그릇을 들고 자신이 그린 뱀에 발을 그려 넣었다.

[ ] → [ ] → [ ] → [ ] → [ ]

2 밑줄 친 ㉠~㉤ 중 말을 한 사람이 <u>다른</u> 것을 골라 보세요. ·········· [   ]

① ㉠   ② ㉡   ③ ㉢   ④ ㉣   ⑤ ㉤

아래의 내용에서 '쓸데없는 일'과 '일'은 각각 무엇을 가리키는지 본문에서 찾아 빈칸에 적어 보세요.

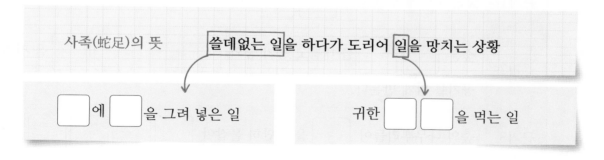

사족(蛇足)의 뜻   **쓸데없는 일**을 하다가 도리어 **일**을 망치는 상황

[ ]에 [ ]을 그려 넣은 일   귀한 [ ][ ]을 먹는 일

어려운 낱말 풀이

① **제사** 신이나 죽은 사람의 영혼에 음식을 바쳐 정성을 나타내는 행동 祭제사 제 祀제사 사   ② **도맡다** 혼자서 책임을 지고 몰아서 모든 것을 돌보거나 해내다   ③ **인색** 어떤 일을 하는 데 대하여 너그럽지 못함 吝아낄 인 嗇아낄 색   ④ **다독였습니다** 따뜻하게 어루만져 감싸고 달랬습니다   ⑤ **내기** 일정한 약속 아래에서 승부를 다툼   ⑥ **기별** 다른 곳에 있는 사람에게 소식을 전함 또는 그 소식 寄이할 기 別다를 별   ⑦ **입씨름** 말로써 서로 다투는 일   ⑧ **냅다** 몹시 빠르고 세찬 모양   ⑨ **휘둥그레졌습니다** 놀라거나 두려워서 눈이 크고 둥그렇게 되었습니다

다음 글을 읽고, 문제를 풀어 보세요.

숲을 아끼고 지켜야 합니다. ㉠숲은 사람뿐만 아니라 동식물과 지구에도 큰 도움을 주기 때문입니다. 숲에 있는 나무에서는 집이나 가구를 만들 때 사용할 목재, 종이를 만들 때 필요한 원료 등 다양한 자원을 얻을 수 있습니다. ㉡그리고 숲은 공기를 맑게 만듭니다. 숲의 나무는 공기 중의 이산화탄소를 마시고, 생명체에 꼭 필요한 산소를 내뿜습니다. ㉢그뿐만 아니라 공기 중의 매연, 미세 먼지 같은 오염 물질을 걸러내어 공기를 깨끗하게 만듭니다. 또한 숲은 자연재해를 막아 줍니다. 숲을 이루는 나무의 뿌리는 흙을 단단히 붙잡고 있습니다. ㉣나무의 뿌리는 곧은뿌리, 수염뿌리, 물뿌리 등 그 종류가 다양합니다. ㉤그래서 산사태 때 흙이 무너져 내리는 것을 막아 줍니다.

---

4 윗글의 글쓴이가 주장하는 내용으로 알맞은 것을 골라 보세요. ------------------------- [   ]

① 숲의 자원을 활용할 방안을 마련해야 한다.

② 우리에게 많은 도움을 주는 숲을 보호해야 한다.

③ 홍수나 산사태에 대비하여 댐을 만들어야 한다.

④ 공기를 오염시키는 매연을 줄이도록 노력해야 한다.

⑤ 숲에서 나무를 벨 때는 반드시 관련 기관의 허가를 받아야 한다.

5 윗글에서 주장을 뒷받침하는 근거를 표로 정리하였습니다. 빈칸에 알맞은 말을 써넣어 표를 완성해 보세요.

근거1	숲은 우리에게 다양한 ☐☐ 을 제공한다.
근거2	숲은 ☐☐ 를 내뿜고 공기 중의 ☐☐☐☐ 을 걸러내어 공기를 맑게 만든다.
근거3	숲의 나무뿌리들이 ☐ 을 단단히 붙잡아 ☐☐☐☐ 를 막아 준다.

6 윗글의 ㉠~㉤ 중 [보기]에서 설명하는 '사족'에 해당하는 것의 기호를 써 보세요.

[보기]

'사족'은 '글의 중심 내용과 무관해서 빼도 상관없는 문장'이라는 뜻도 있습니다. 중심 내용과 관련 없는 문장을 쓰는 것을 두고 '사족을 달다.'라고 표현하기도 합니다.

→ ☐

1 단계

다음 낱말에 알맞은 뜻을 선으로 이어 보세요.

[1] 제사 •   • ㉠ 일정한 약속 아래에서 승부를 다툼

[2] 내기 •   • ㉡ 신이나 죽은 사람의 영혼에 음식을 바쳐 정성을 나타내는 행동

[3] 기별 •   • ㉢ 다른 곳에 있는 사람에게 소식을 전함 또는 그 소식

2 단계

밑줄 친 부분과 바꿔 쓸 수 있는 말을 골라 번호를 써 보세요.

[1] 나는 집에서 주로 설거지를 **도맡고** 있다. ⸻⸻⸻⸻ [　　]
　　　　　　　① 책임지고
　　　　　　　② 회피하고

[2] 그의 이야기를 들은 그녀의 눈이 **휘둥그레졌다.** ⸻⸻⸻ [　　]
　　　　　　　① 크고 둥그레졌다.
　　　　　　　② 작게 찡그리다.

[3] 나는 아무런 말도 하지 않고 친구를 **다독여 주었다.** ⸻⸻ [　　]
　　　　　　　① 차갑게 꾸짖었다.
　　　　　　　② 따뜻하게 달래 주었다.

3 단계

[보기]를 보고 밑줄 친 낱말이 옳게 쓰인 문장에 ○표를 해 보세요.

> [보 기]   **입씨름하다**: 말로써 서로 다투다.

[1] 그는 점원의 **입씨름하는** 소리에 넘어가 그 신발을 샀다. ⸻⸻ [　　]

[2] 나와 친구들은 도서관에서 공부하고 온 것처럼 **입씨름했다.** ⸻⸻ [　　]

[3] 더 이상 너와 **입씨름하고** 싶지 않으니, 이제 네 맘대로 해라. ⸻⸻ [　　]

34회 죽 쑤어 개 준다*

죽을 만들기 위해서는 많은 시간과 수고를 들여야 합니다. 그렇게 고생스럽게 만든 죽을 주어야 할 사람이 아닌 개한테 주면 무척 허탈할 것입니다. '죽 쑤어 개 준다'는 이처럼 '애써 한 일을 남에게 **빼앗기거나**, 엉뚱한 사람에게 이로운 일을 하게 되었을 때' 쓰는 말입니다.

공부한 날 [ ]월 [ ]일 시작 시간 [ ]시 [ ]분

　19세기 초, 영국에서 자동차가 도로를 달리기 시작한 이후 자동차를 이용하는 사람들은 나날이 늘어가고 있었습니다. 그러자 마차로 돈을 벌던 사람들은 위기를 느꼈습니다. 사람들이 자동차 때문에 마차를 이용하지 않게 되면 자신들의 일자리가 사라지게 될 것이기 때문이었습니다. 그들은 함께 모여 마차를 보호하기 위해 자동차를 **규제**①해야 한다고 목소리를 높였습니다. 결국 마차 산업에 **종사**②하던 사람들의 집요한 요구로 영국은 '붉은 깃발법'이라는 법을 **제정**③해야 했습니다.

붉은 깃발법
1. 모든 자동차는 **시내**④에서는 **시속**⑤ 3.2km, **시외**⑥에서는 시속 6.4km 이하로 **운행**⑦해야 한다.
2. 그리고 붉은 깃발을 든 **기수**⑧가 앞장서서 그 자동차의 운행을 이끌어야 한다.
3. 이 법을 어기면 10파운드의 벌금을 내야 한다.
　(당시 1파운드는 현재 100파운드 정도의 가치였습니다. 이 벌금을 현재 우리나라 돈으로 계산하면 1,500,000원 정도가 됩니다.)

　당시 자동차는 시속 30km 이상으로 달릴 수 있었습니다. 하지만 '붉은 깃발법' 때문에 사람이 걷는 속도보다도 느리게 운행해야 했습니다. 당연히 마차보다도 자동차가 느리게 되었습니다. 사람들은 다시 마차를 타기 시작했습니다.

　'붉은 깃발법'으로 마차 산업에 종사하던 사람들은 **안도**⑨했지만, 이번에는 자동차 산업에 종사하던 사람들이 크게 화를 냈습니다.

　"아니, 시내에서 시속 3.2km 이하의 속도로 운행해야 한다고? 그럼 아무리 **빠른** 자동차를 만들어도 소용이 없잖아!"

　"그뿐만이 아니야. 아무리 좋은 자동차를 만들어도 마차를 앞지를 수 없으니 다들 마차만 타잖아. 자동차를 아무도 타지 않는 이 나라에서 자동차를 만들어 무얼 하겠어?"

⬆ 1896년 당시 자동차가 운행하는 모습. 자동차 앞에 걸어가고 있는 사람이 붉은 깃발을 든 기수입니다. (사진소장처: 영국 국립 자동차 박물관)

　자동차 산업에 종사하던 사람들은 영국을 떠나 독일과 프랑스 등의 나라로 향했습니다. 당시 최고의 자동차 기술을 가지고 있었던 영국의 기술자들이 오자 독일과 프랑스의 자동차 기술도 덩달아 발전하기 시작했습니다. 그러나 영국의 자동차 산업은 '붉은 깃발법' 시절에서 조금도 발달하지 못했습니다.

　"자동차를 처음으로 팔기 시작한 것도 영국이고, 자동차 기술이 가장 뛰어났던 곳도 영국인데 어쩌다 이렇게 됐지?"

　"그 기술을 가진 사람들이 붉은 깃발법 때문에 모두 프랑스와 독일로 갔잖아. 덕분에 두 나라는 눈부시게 발전하고 있으니, 그야말로 **죽 쑤어 개 준다**⑩*는 말이 딱 들어맞는 셈이지."

　사람들의 비웃음을 사게 된 영국은 부랴부랴 '붉은 깃발법'을 **폐지**⑪했지만, 이미 늦은 뒤였습니다.

1 다음 중 '붉은 깃발법'에 대한 설명으로 옳지 <u>않은</u> 것을 골라 보세요. ------------------------- [　　]

① 영국에서 제정된 법이다.

② 마차 산업을 보호하기 위해 자동차를 규제하는 법이다.

③ '붉은 깃발법'에 따르면 자동차는 시내에서 시속 3.2km 이하로 다녀야 한다.

④ '붉은 깃발법'에 따르면 모든 자동차는 붉은 깃발을 앞에 꽂고 운행해야 한다.

⑤ '붉은 깃발법'으로 인해 영국의 자동차 산업은 발전하지 못하게 되었다.

2 다음은 이 글의 내용을 요약한 것입니다. 알맞은 낱말을 이 글에서 찾아 빈칸을 채워 보세요.

1	영국에서 자동차를 이용하는 사람들이 늘자, ☐☐ 로 돈을 버는 사람들이 위기를 느낌
2	영국에서 '☐☐☐☐☐' 이 제정됨
3	영국의 ☐☐☐ 기술자들이 독일, 프랑스 등의 나라로 떠남
4	독일과 프랑스의 자동차 기술이 발전하게 된 반면, ☐☐ 의 기술은 제자리에 머무름

3 다음 중 '붉은 깃발법'을 찬성하는 사람이 한 말에 ○표를 해 보세요.

"자동차가 시내에서 사람보다 빨리 달리면 사람이 위험할 수 있으니 속도를 제한해야 해." ---------------------- [　　]

"아무리 빠른 자동차를 만들어도 법 때문에 마차보다 느리게 다녀야 한다면 영국에서 자동차를 만들 까닭이 없지." ---------------------- [　　]

"붉은 깃발법 때문에 영국의 자동차 기술은 더 이상 발전하지 못하게 되고 말 거야." ---------------------- [　　]

어려운 낱말 풀이
① **규제** 규칙을 세워 제한함 規법 규 制법 제 ② **종사** 어떤 일을 일삼아서 함 從좇을 종 事일 사 ③ **제정** 법을 만들어 정함 制법 제 定정할 정 ④ **시내** 도시의 안 市저자 시 內안 내 ⑤ **시속** 1시간을 단위로 하여 잰 속도를 1시간 동안의 진행 거리로 나타내는 개념(예를 들어 1시간에 100km를 진행했다면, 시속 100km 혹은 100km/h라고 나타냄) 時때 시 速빠를 속 ⑥ **시외** 도시의 밖 市저자 시 外밖 외 ⑦ **운행** 정하여진 길을 따라 차량 따위를 운전하여 다님 運옮길 운 行갈 행 ⑧ **기수** 깃발을 든 사람 旗깃발 기 手손수 ⑨ **안도** 어떤 일이 잘 진행되어 마음을 놓음 安편안 안 堵담 도 ⑩ **쑤어** (곡식의 알이나 가루를) 물에 끓여 익혀 ⑪ **폐지** 실시해 오던 법을 없애거나 그만둠 廢폐할 폐 止멈출 지

해설편 017쪽

4 이 글에서 나온 '죽 쑤어 개 준다'라는 말을 글의 내용에 알맞게 풀이한 것을 골라 보세요.

·· [   ]

① 독일과 프랑스의 다툼 덕에 영국이 엉뚱한 이익을 얻었다.
② 독일과 프랑스도 영국을 본받아 자동차 기술을 발달시켰다.
③ 영국은 아무것도 하지 않으면서 자동차 기술이 발달하기를 기다렸다.
④ 영국이 발전시킨 자동차 기술력을 '붉은 깃발법'으로 인해 독일과 프랑스에게 넘겨주었다.
⑤ 마차 산업에 종사하던 사람들과 자동차 산업에 종사하는 사람들이 서로 이해하게 되었다.

5 다음 중 '붉은 깃발법'에서 제한하고 있는 속도를 <u>어긴</u> 사람에 ○표를 해 보세요.

시내에서 시속 5km로 자동차를 운전한 사람	시외에서 시속 6km로 자동차를 운전한 사람	시내에서 시속 3km로 마차를 몬 사람	시외에서 시속 5km로 마차를 몬 사람
[ ]	[ ]	[ ]	[ ]

6 다음 방송 내용 중 '죽 쑤어 개 준다'와 비슷한 뜻을 지닌 부분을 골라 보세요. ················ [   ]

재미있는 영상 시간입니다.
주인 몰래 유리병 속 과자에 ①<u>눈독을 들이는</u> 고양이가 있습니다. 병 속에서 과자 하나를
②<u>조심스럽게 꺼내는 데 성공</u>! 이제 ③<u>혼자서 맛있게 먹기만 하면</u>
<u>되는데</u>……. 고양이가 그만 실수로 과자를 놓쳤네요. 이 모습을
숨어서 보던 강아지가 갑자기 나타나 떨어진 과자를 먹어 치우고는
사라집니다. 고양이는 그야말로 ④<u>고생은 고생대로 다하고</u>,
결과적으론 ⑤<u>남 좋은 일만 하게 되었습니다</u>.
지금까지 재미있는 영상 시간이었습니다.

1단계

[보기] 속 빈칸에 들어갈 낱말이 <u>아닌</u> 것을 골라 보세요. ‥‥‥‥‥‥‥‥‥‥ [   ]

[보 기]
- 어린이날은 1975년에 공휴일로 [   ] 되었다.
- 정보통신업에 [   ] 하는 사람들이 늘어나고 있다.
- 초등학생을 보호하기 위해 학교 주변의 유해 시설을 [   ] 하고 있다.
- 오늘 여수행 열차는 [   ] 하지 않습니다.

① 규제   ② 안도   ③ 운행   ④ 제정   ⑤ 종사

2단계

밑줄 친 표현과 바꿔 쓸 수 있는 말을 골라 보세요.

[1] 사람들의 **집요한** 요구로 영국은 새로운 법을 제정했습니다. ‥‥‥‥‥‥ [   ]
      ① 고집스럽고 끈질긴
      ② 성의 없이 겉으로만 하는

[2] 최고의 기술자들이 오자 산업도 **덩달아** 발전했습니다. ‥‥‥‥‥‥‥‥ [   ]
      ① 앞서서 남을 이끌며
      ② 남이 하는 대로 따라서

3단계

다음 빈칸에 공통으로 들어갈 낱말을 써 보세요.

- 죽을 [   ][   ] : 곡식의 알을 물에 오래 익혀 죽을 끓이다.
- 풀을 [   ][   ] : 쌀이나 밀 등의 전분으로 끈끈한 풀을 만들다.
- 메주를 [   ][   ] : 콩을 찧고 덩어리로 만들어 메주를 띄우다.

→ [   ][   ]

시간
끝난 시간 [   ]시 [   ]분
1회분 푸는 데 걸린 시간 [   ]분

채점
독해 6문제 중 [   ]개
어법·어휘 4문제 중 [   ]개

35회 속이 검다*

겉으로는 웃고 있지만 속으로는 나쁜 생각을 하고 있는 사람에게 '속이 검다'라고 표현합니다. 이 표현은 '겉으로는 순해 보이나 속으로는 엉큼한 데가 있다'는 뜻입니다.

공부한 날 [ ] 월 [ ] 일 시작 시간 [ ] 시 [ ] 분

(가) ㉠까마귀 우는 ① 골에 **백로야** ② 가지 마라.

　　성난 까마귀 흰빛을 **시샘할세라.** ③

　　청강 ④에 기껏 씻은 몸을 더럽힐까 하노라.

　　　　　　－ 영천 이씨(정몽주의 어머니), 「까마귀 싸우는 골에」

↑ 까마귀

(나) ㉡까마귀 검다 하고 백로야 웃지 마라.

　　겉이 검은들 속조차 검을쏘냐.

　　겉 희고 속 **검은*** 것은 너뿐인가 하노라.

　　　　　　－ 이직, 「까마귀 검다 하고」

↑ 백로

관련 교과: 중학 국어 1-1(금성출판사) '1. 비유와 상징을 찾아서'

1 (가), (나) 시의 말하는 이는 까마귀와 백로를 각각 어떻게 생각하고 있는지 선으로 이어 보세요.

(가)	까마귀 ·	· 긍정적
	백로 ·	
(나)	까마귀 ·	· 부정적
	백로 ·	

2 (가)의 말하는 이가 밑줄 친 ⑤과 같이 말한 까닭을 짐작하여 빈칸을 채워 보세요.

성난 ☐☐☐ 이(가) 백로의 ☐ 빛을 시샘할 것 같아 걱정되었습니다.

그렇게 되면 ☐☐ 에 기껏 씻은 몸이 더러워지기 때문입니다.

---

3 (나)의 말하는 이가 밑줄 친 ⓒ과 같이 말한 까닭을 짐작하여 빈칸을 채워 보세요.

까마귀가 ☐ 은(는) 검지만 ☐ 은(는) 검지 않다고 생각했기 때문입니다.

오히려 백로가 ☐ 은(는) 희지만 ☐ 이(가) 검다고 생각했습니다.

---

4 [보기]를 참고하여 (가)와 (나)처럼 중심 글감은 같지만, 그 글감이 상징하는 의미가 다른 까닭으로 알맞지 <u>않은</u> 것을 골라 보세요. ──────────── [　　　]

> [보 기]
>
> 　문학에서 상징은 **구체적**⑤인 사물을 통해 **추상적**⑥인 개념을 나타내는 방법 중 하나이다. 예를 들어 널리 쓰이는 상징 중 하나인 '비둘기=평화'를 들 수 있다. 눈에 보이지 않는 추상적인 개념인 '평화'를 구체적인 사물인 '비둘기'로 표현한 것이다.
> 　하지만 상징은 꼭 하나로만 고정되어 있지는 않다. 작품을 쓴 작가, 작품의 주제, 작품이 쓰인 까닭, 그리고 시대적 상황에 따라 달라지기도 한다.

① 작품의 작가가 다르기 때문에
② 작품의 주제가 다르기 때문에
③ 작품이 쓰인 까닭이 다르기 때문에
④ 작품이 쓰인 시대적 상황이 다르기 때문에
⑤ 상징은 꼭 하나로만 고정되어 있기 때문에

🧻 **어려운 낱말 풀이** ① **골** 골짜기 ② **백로** 왜가릿과의 새 가운데 몸빛이 흰색인 새를 통틀어 이르는 말 白흰 백 鷺해오라기 로 ③ **시샘할세라** 질투할까 봐 걱정된다 ④ **청강** 맑은 물이 흐르는 강 淸맑을 청 江강 강 ⑤ **구체적** 사물이 직접 경험하거나 보고 느낄 수 있도록 일정한 모양과 성질을 갖추고 있는 것 具갖출 구 體몸 체 的과녁 적 ⑥ **추상적** 어떤 사물이 직접 경험하거나 보고 느낄 수 있는 일정한 모양과 성질을 갖추고 있지 않고, 눈에 보이지 않는 것 抽뺄 추 象코끼리 상 的과녁 적

해설편 018쪽

5 다음은 '속이 검다'라는 표현에 대해 탐구한 내용입니다. 빈칸에 알맞은 낱말을 채워 보세요.

탐구 주제	'속이 검다'는 무슨 뜻일까?
살펴보기	보통 '겉으로는 착한 척 하지만 알고 보면 나쁜 마음을 품고 있는 사람'에게 쓰는군.
이해하기	☐ (으)로 보이는 마음은 흰색처럼 깨끗해 보여 좋아 보이지만, ☐ (으)로 생각하는 마음은 검게 탄 것처럼 나쁠 수 있다는 말이군.
결론	'사람을 보이는 그대로 판단하면 안 된다'라는 교훈을 가지고 있는 표현이야.

6 [보기]에서 '속이 검다'와 뜻이 비슷한 표현과 그렇지 않은 표현을 알맞게 나누어 기호를 써 보세요.

[보기]

㉠	㉡	㉢	㉣
양두구육(羊頭狗肉) 양의 머리를 걸어 놓고 개고기를 판다는 뜻으로, 겉보기만 그럴듯하고 속은 변변하지 않음.	언행일치(言行一致) 말과 행동이 하나로 들어맞음. 또는 말한 대로 실행함.	표리부동(表裏不同) 겉으로 드러나는 언행과 속으로 가지는 생각이 다름.	구밀복검(口蜜腹劍) 입에는 꿀이 있고 배 속에는 칼이 있다는 뜻으로, 말로는 친한 듯하나 속으로는 해칠 생각이 있음.

뜻이 비슷한 표현	뜻이 반대인 표현

1 단계 밑줄 친 낱말과 뜻이 비슷한 낱말을 골라 번호를 써 보세요.

[1] 성난 까마귀 흰빛을 **시샘**할세라. ──────────────────── [   ]

① 질의   ② 질투

[2] 청강에 **기껏** 씻은 몸을 더럽힐까 하노라. ──────────── [   ]

① 겨우   ② 듬뿍

2 단계 [보기]를 참고하여 '골'의 의미가 다른 하나를 골라 ○표를 해 보세요.

> [보기]   골: 산과 산 사이에 움푹 패어 들어간 곳인 '골짜기'의 줄임말

[1] 그 이야기는 깊은 산골에서 일어난 일이지. ──────────── [   ]

[2] 아무리 그래도 그렇게 소리를 지르면서 골을 내면 어떡하니? ────── [   ]

[3] 그곳은 골이 깊고 경치가 빼어나기로 유명한 곳이야. ────── [   ]

3 단계 [보기]를 참고하여 문제의 주어진 낱말을 소리 나는 대로 적어 보세요.

> [보기]
>
> 받침으로 쓰이는 'ㄷ'은 '이'와 만나면 '지'로 발음해야 합니다. 또한 'ㅌ'은 '이'와 만나면 '치'로 발음해야 합니다.
>
> 예시) 해돋이 – [해도지], 같이 – [가치]

[1] 굳이 – [   ]

[2] 솥이 – [   ]

[3] 여닫이 – [   ]

벌이다(진행) / 버리다(배출)

등굣길에 대윤이를 만난 차은이는 어젯밤 뉴스에서 본 화재 이야기를 꺼냈습니다.

차은: 어제 뉴스 봤니? 작은 불씨가 그렇게 큰 불로 번지다니 너무 무서웠어.

대윤: 작은 불씨를 보고도 무시했다가 결국

일을 크게 { ① 버리 / ② 벌이 } 고 말았던 거야.

차은: 그러게 말이야. 큰일은 작은 일을 무시하다가
일어나는 게 대부분인데.

'벌이다'와 '버리다'는 비슷한 말처럼 보이지만 그 뜻은 전혀 다릅니다. '벌이다'는 '일을 계획하여 시작하거나 펼쳐 놓다'라는 뜻이고, '버리다'는 '필요가 없는 물건을 내던지다'라는 뜻입니다. 다시 말해 '벌이다'는 어떤 일을 시작하여 진행한다는 말이고, '버리다'는 가지고 있던 물건이 필요 없어져 내놓는다는 말입니다. 예를 들어 벌이다는 '잔치를 벌이다', '사업을 벌이다' 등으로 쓸 수 있고, 버리다는 '시계를 버리다', '휴지를 버리다' 등으로 쓸 수 있습니다.

{ **벌이다:** 일을 계획하여 시작하거나 펼쳐 놓다. '잔치를 벌이다', '사업을 벌이다' 등.
버리다: 필요가 없는 물건을 내던지다. '시계를 버리다', '휴지를 버리다' 등. }

✎ **바르게 고쳐 보세요.**   정답: 018쪽

대윤: 작은 불씨를 보고도 무시했다가 결국 일을 크게 버리고 말았던 거야.

→ 대윤: 작은 불씨를 보고도 무시했다가 결국 일을 크게 [ ][ ] 고 말았던 거야.

8주차

회차	영역	학습내용	학습계획일	맞은 문제수
36회	고사성어	**기우(杞憂)** 학교가 무너지면 어떡하지? 갑자기 지구가 폭발해 버리면 어떡하지? 가끔 이러한 가능성 낮은 일에 대한 걱정이 드는 순간이 있습니다. 이러한 걱정을 '**기우(杞憂)**'라고 합니다. 기우는 '**쓸데없는 걱정이나 안 해도 될 근심을 이르는 말**'입니다.	월 일	독 해 6문제 중 ☐ 개 어법·어휘 5문제 중 ☐ 개
37회	속담	**호박이 넝쿨째로 굴러떨어지다** 갑자기 기쁜 일이 생기면 오히려 그러한 기쁨에 당황하는 경우가 있습니다. 그럴 때 쓰는 표현이 '**호박이 넝쿨째로 굴러떨어지다**'입니다. 이 표현은 '**뜻밖에 좋은 물건을 얻거나 좋은 일이 생김**'을 이르는 말입니다.	월 일	독 해 6문제 중 ☐ 개 어법·어휘 8문제 중 ☐ 개
38회	관용어	**마음에 두다** 누구나 가슴 속에 품고 잊지 않는 것이 있습니다. '**마음에 두다**'는 이처럼 '**무언가를 잊지 않고 가슴에 새겨 두다**'라는 뜻입니다.	월 일	독 해 6문제 중 ☐ 개 어법·어휘 6문제 중 ☐ 개
39회	사자성어	**설상가상(雪上加霜)** '**설상가상(雪上加霜)**'은 '**눈 위에 서리가 덮인다**'는 뜻으로, '**난처한 일이나 불행한 일이 잇따라 일어남**'을 이르는 말입니다.	월 일	독 해 6문제 중 ☐ 개 어법·어휘 4문제 중 ☐ 개
40회	속담	**소 뒷걸음치다 쥐 잡는다** 의도하지 않았는데 어쩌다 큰 성과를 올리게 될 때가 있습니다. '**소 뒷걸음치다 쥐 잡는다**'는 이처럼 소가 무심코 뒷걸음질을 치다 쥐를 잡듯 '**의도하지 않았지만 어쩌다 성과를 올리게 되었을 때**' 쓰는 말입니다.	월 일	독 해 5문제 중 ☐ 개 어법·어휘 5문제 중 ☐ 개

36회

기우(杞 憂)*
나라이름 기 걱정 우

학교가 무너지면 어떡하지? 갑자기 지구가 폭발해 버리면 어떡하지? 가끔 이러한 가능성 낮은 일에 대한 걱정이 드는 순간이 있습니다. 이러한 걱정을 '기우(杞憂)'라고 합니다. 기우는 '쓸데없는 걱정이나 안 해도 될 근심'을 이르는 말입니다.

공부한 날 ☐ 월 ☐ 일   시작 시간 ☐ 시 ☐ 분

옛날 기(杞)라는 이름의 나라가 있었습니다. 그곳에는 걱정이 하늘을 찌르는 한 남자가 살고 있었습니다. 그 남자는 매일 **뒷짐**^①을 지고 마당을 걸었습니다. 그리고 하늘을 올려다보고, 땅을 내려다보며 생각했습니다.

'하늘이 무너지면 어떡하지? 땅이 뒤집히면 몸을 어디에 두어야 하지?'

그는 이러한 걱정 때문에 자는 것도, 먹는 것도 잊은 채 하루하루를 보냈습니다. 그에 대한 소문은 마을에서 아주 유명해졌습니다.

"저 사람이 하늘이 무너질까 걱정하느라 잠도 제대로 못 잔다지?"

마을 사람들은 그를 보면서 수군거렸습니다. 그러자 한 친구가 그를 딱하게 여기며 찾아왔습니다.

"그런 걱정은 그만하시게. 하늘은 절대 무너지지 않아."

친구의 말에 그는 의심의 **눈초리**^②로 친구를 쳐다보았습니다. 그러고는 콧방귀를 뀌며 하늘을 올려다보았습니다. 친구는 여유롭게 웃으며 말을 이었습니다.

"자, **호흡**^③을 해 보시게. 이 세상은 온통 공기로 꽉 차 있지. 그래서 하늘이 닿는 끝까지 빈틈없이 차 있어. 그러니까 하늘은 절대 무너질 일이 없다네."

남자는 친구의 말을 듣고 숨을 크게 들이마셨습니다. 그리곤 고개를 끄덕이며 물었습니다.

"그럼 땅이 뒤집히면 어떡하나? 어디에 발을 대고 살아야 할지 걱정일세."

걱정스러운 표정을 하고 있는 남자를 바라보며 친구는 어깨를 다독였습니다.

"땅은 흙이 뭉쳐서 만들어진 것이지. 아주 단단하게 뭉쳐진 이 땅이 무슨 수로 뒤집히겠나?"

남자는 친구의 **명쾌한**^④ 답변에 **한시름**^⑤ 놓은 듯 웃었습니다. 그제야 밝은 얼굴로 돌아온 남자는 밥도 잘 챙겨 먹고, 잠도 잘 잘 수 있게 되었습니다. 이야기를 전해 들은 사람들은 이러한 쓸데없는 걱정을 '기(杞)나라 사람의 걱정'이라는 뜻을 담아 '기우*'라고 부르게 되었습니다.

– 유래

어려운 낱말 풀이

① **뒷짐** 두 손을 등 뒤로 젖혀 마주 잡은 것

② **눈초리** 어떤 대상을 바라볼 때 눈에 나타나는 표정

③ **호흡** 숨을 쉼. 또는 그 숨 **呼**부를 호 **吸**숨들이쉴 흡

④ **명쾌한** 말이나 글 따위의 내용이 명백하여 시원한 **明**밝을 명 **快**시원할 쾌

⑤ **한시름** 마음에 걸려 풀리지 않고 항상 남아 있는 큰 근심과 걱정

1 이 이야기의 내용으로 알맞지 <u>않은</u> 것을 골라 보세요. --- [   ]

① 남자는 쓸데없는 걱정을 자주 했다.
② 친구는 땅이 뒤집힐 일은 없다고 말했다.
③ 남자는 친구의 말을 의심 없이 받아들였다.
④ 친구는 세상이 온통 공기로 가득 차 있다고 주장했다.
⑤ 친구는 남자가 하는 걱정이 말도 안 되는 것이라고 생각했다.

2 다음은 사람들이 쓸데없는 걱정을 '기우'라고 부르게 된 까닭입니다. 빈칸을 채워 완성해 보세요.

남자는 [ ][ ]이(가) 무너지거나 [ ]이(가) 뒤집힐까 봐 걱정을 하였

습니다. 이러한 남자의 걱정은 쓸데 [ ][ ] 것이기 때문에 사람들은

이러한 걱정을 [ ][ ](이)라고 말했습니다.

3 [보기]에서 설명하는 상황에 ○표를 해 보세요.

> [보기]   지나친 기우에 사로잡혀서 아무런 일도 하지 않는 것은 어리석은 일입니다.

빨래를 마당에 넗어 두면 땅이 갈라지면서 옷가지가 떨어질 것 같아 빨래를 넗어 두지 못하겠다.	내일이 가창 시험인데 음정이 틀릴까 봐 걱정되어 열심히 연습 중이다.	오늘은 시험이 있지만 태풍이 와서 학교가 휴교를 했기 때문에 시험을 보지 못했다.
[ ]	[ ]	[ ]

4 다음 중 '기우'를 적절하게 활용하지 못한 문장을 골라 보세요. -- [   ]

① 늘 **기우**를 가지고 살았더니 마음이 한결 편안해졌어.

② 어른들의 **기우**와 달리 지희는 새로운 생활에 잘 적응했다.

③ 비 때문에 야구가 취소될까 하는 **기우**와 달리 날이 맑았다.

④ 여행을 떠날 때는 겁이 났지만 돌이켜보니 모두 **기우**였다는 걸 알았어.

⑤ 네가 일을 꼼꼼하게 해 준 덕분에 우리 걱정이 **기우**였다는 걸 알았어.

[5~6] 다음 글을 읽고, 문제를 풀어 보세요.

걱정은 나한테 맡기고 푹 자!
과테말라의 '걱정 인형(Worry Doll)' 이야기

걱정이 많으면 침대에 누워도 뒤척이며 쉽게 잠을 이룰 수 없습니다. 오히려 나쁜 생각은 하면 할수록 커지듯이, 같은 걱정을 계속하다 보면 불안감이 커져 터무니없는 걱정까지 하게 됩니다. 그래서인지 옛 마야 문명의 발상지인 중부 아메리카의 과테말라에서는 '걱정 인형'이라는 전통이 전해 내려옵니다.

걱정 인형은 ㉠손가락만한 작은 크기에 실을 둘둘 감은 사람 모양의 인형인데, ㉡겉보기에는 초라하고 작아 보이지만 특별한 힘을 지니고 있습니다. 바로 자기 전 자신의 걱정을 털어놓은 뒤 잠들면 그 걱정을 인형이 가지고 간다는 것입니다. 과테말라의 부모님들은 ㉢밤새 컴컴한 방에서 괴물이 튀어나올까 봐 겁을 먹은 아이들에게 걱정 인형을 주었습니다. 그리고 아이가 걱정을 말한 뒤 잠이 들면 부모님은 베개 밑에 넣어 둔 걱정 인형을 몰래 치워 버렸습니다. 다음 날 아이가 인형이 사라진 것을 알고 놀라워하면, ㉣부모님들은 이렇게 말하곤 했습니다.

"네 걱정은 인형이 모두 가지고 가 버렸단다. 그러니 걱정할 필요 없어!"

귀여운 전설처럼 들리지만, 실제로 인형에게 걱정거리를 털어놓는 것만으로도 두려움을 털어낼 수 있다고 합니다. ㉤걱정이 없어진다는 믿음이 정말 걱정을 없애 주는 것입니다.

---

5 ㉠~㉤ 중 '기우'와 가장 잘 어울리는 것을 골라 보세요. -- [   ]

① ㉠   ② ㉡   ③ ㉢   ④ ㉣   ⑤ ㉤

6 윗글을 바르게 이해한 친구에 ○표를 해 보세요.

> **종우:** 걱정 인형은 아이들이 걱정으로 잠을 이루지 못할까 봐 염려한 부모님들의 사랑과 배려가 담긴 인형이야.

> **현성:** 걱정 인형에는 실제로 신비한 힘이 깃들어 있어서 걱정거리를 털어놓으면 모두 해결해 주는 거야.

[   ]   [   ]

1
단계

낱말의 뜻을 바르게 설명한 것을 찾아 선으로 이어 보세요.

[1] 뒷짐 •

[2] 호흡 •

[3] 한시름 •

• ㉠ 숨을 쉼. 또는 그 숨

• ㉡ 두 손을 등 뒤로 젖혀 마주 잡은 것

• ㉢ 마음에 걸려 풀리지 않고 항상 남아 있는 큰 근심과 걱정

2
단계

다음 중 문장의 밑줄 친 부분이 [보기]의 뜻으로 쓰이지 **않은** 것에 ○표를 해 보세요.

[보 기]   군: '쓸데없는'이라는 뜻을 더하는 말

[1] 동생과 나는 밥을 먹은 후 **군**것질을 했다. ────────── [　　]

[2] 어머니가 시킨 일에 **군**소리 없이 따르기로 했다. ────────── [　　]

[3] 유현이는 맛있는 사과를 보자 입안에 **군**침이 돌았다. ────────── [　　]

[4] 중국집에서 짬뽕을 시키면 **군**만두를 서비스로 주었다. ────────── [　　]

3
단계

밑줄 친 글자의 뜻을 생각하며 빈칸에 들어갈 말을 써 보세요.

• **미**완성(未完成): 완성하지 못함

• **미**해결(未解決): 해결하지 [　] [　]

• **미**납(未納): 아직 내지 못함

• **미**달(未達): 일정 수준에 도달하지 못함

→ [　] [　]

시간

끝난 시간 [　]시 [　]분

1회분 푸는 데 걸린 시간 [　]분

채점

독해 6문제 중　[　]개

어법·어휘 5문제 중　[　]개

37회 호박이 넝쿨째로 굴러떨어지다*

갑자기 기쁜 일이 생기면 오히려 그러한 기쁨에 당황하는 경우가 있습니다. 그럴 때 쓰는 표현이 '호박이 넝쿨째로 굴러떨어지다'입니다. 이 표현은 '뜻밖에 좋은 물건을 얻거나 좋은 일이 생김'을 이르는 말입니다.

공부한 날 ☐ 월 ☐ 일 시작 시간 ☐ 시 ☐ 분

(가) 어느 가난한 집에 세 딸이 아버지와 함께 살고 있었습니다. 세 딸은 각자 사랑하는 남자가 있었지만 **지참금**①이 없어 결혼을 할 수 없었습니다. 지참금이란 신부가 결혼할 때 가지고 가는 돈이나 물건입니다. 지금은 지참금이 없더라도 서로 사랑하면 결혼할 수 있지만 이 당시 문화에서는 결혼을 하려면 반드시 지참금이 있어야만 했습니다. 소중한 딸들이 사랑하는 사람이 있음에도 결혼하지 못하는 상황에 아버지는 매우 슬펐습니다.

↑ '성 니콜라오'를 상상으로 복원한 모습

(나) 이 안타까운 소문은 곳곳에 전해지게 되었고 마음씨 착한 부자인 '성 니콜라오'라는 사람에게도 전해지게 되었습니다. 성 니콜라오는 그들을 돕고 싶었지만 대놓고 돈을 주면서 **생색**②을 내고 싶지 않았기에 그들을 몰래 돕기로 결심했습니다. 그리고 모두가 잠든 밤, 성 니콜라오는 첫째 딸이 지참금으로 가져갈 수 있을 만큼의 황금을 담 너머로 슬쩍 놓고 갔습니다. 그 다음날에는 둘째 딸 몫의 황금을 놓고 갔습니다. ㉠순식간에 엄청난 황금이 생겨서 두 딸의 소원을 이뤄 줄 수 있게 된 아버지는 크게 놀랐습니다. 말 그대로 **호박이 넝쿨째로 굴러떨어진 것입니다.***

(다) 혹시 셋째 딸 몫의 황금도 가져다 놓을 수 있을 것 같다는 생각에 아버지는 누가 이런 도움을 주는지 반드시 알아내야겠다고 생각했습니다. 그래서 뜬눈으로 밤을 샜고 늦은 밤 몰래 셋째 딸 몫의 황금을 가져다 놓으려는 성 니콜라오를 발견했습니다. 아버지는 성 니콜라오에게 크게 감사 인사를 하고 싶었지만 성 니콜라오는 제발 비밀로 해 달라고 부탁하고 그 가족의 행복을 빌며 떠났습니다.

(라) 하지만 성 니콜라오의 이러한 **선행**③은 알게 모르게 점점 알려지게 되었습니다. 그 후 프랑스에서는 성 니콜라오의 선행을 본받아 수녀님들이 12월에 가난한 아이들에게 선물을 주는 문화가 생겼습니다.

(마) 그러다가 네덜란드에도 이러한 소문이 퍼지게 되었고 이때 네덜란드 사람들이 성 니콜라오를 '신터클라스(Sint-Nicolaas→ Sinter Claes→ Sinterklaas)'라고 부르게 되면서 오늘날 '산타클로스'의 **시초**④가 되었습니다. 비록 성 니콜라오는 이제 세상에 없지만 '산타클로스'라는 이름을 남겼고, 그 이름은 지금 전 세계 어린이들에게 꿈과 희망을 주고 있습니다.

– 다른 나라 역사 이야기

어려운 낱말 풀이

① **지참금** 신부가 시집을 갈 때 가지고 가는 돈 持가질 지 參참여할 참 金쇠 금
② **생색** 다른 사람 앞에 나서서 자신이 한 일에 대해 치켜세우는 일 生날 생 色빛 색
③ **선행** 착한 일 善착할 선 行갈 행
④ **시초** 맨 처음 始처음 시 初처음 초

1 이 글의 중심 글감을 찾아 제목을 완성해 보세요.

→ ⬜⬜⬜⬜⬜ 의 유래

2 이 글의 특징으로 알맞은 것을 골라 보세요. ──────────── [　　　]

① 두 대상의 공통점과 차이점을 정리하고 있다.
② 어떤 대상을 종류별로 정리하여 소개하고 있다.
③ 어떤 문제에 대한 원인을 조사한 후 그 해결책을 말하고 있다.
④ 한 인물이 태어나서부터 죽을 때까지의 이야기를 모두 정리하고 있다.
⑤ 한 인물이 세상에 어떠한 영향을 주었는지에 대한 일화를 소개하고 있다.

3 (가)~(마)의 중심 내용을 정리한 것 중 옳지 <u>않은</u> 것을 골라 보세요. ──────────── [　　　]

① (가): 지참금이 없어 결혼을 하지 못하는 어느 가족의 안타까운 사연
② (나): '성 니콜라오'의 도움으로 지참금이 생긴 첫째 딸과 둘째 딸
③ (다): 끝내 '성 니콜라오'를 발견하지 못한 아버지
④ (라): 12월 프랑스 수녀님들의 문화에 영향을 끼친 '성 니콜라오'
⑤ (마): 지금까지도 전 세계 어린이들에게 꿈과 희망을 주는 '성 니콜라오'

4 밑줄 친 ㉠의 까닭으로 알맞은 것을 골라 보세요. ──────────── [　　　]

① 더 상황이 악화되었기 때문에
② 뜻밖에 좋은 일이 생겼기 때문에
③ 이미 예상하고 있던 일이었기 때문에
④ 누구에게 도움을 청해야 할지 고민되었기 때문에
⑤ 상황에 대한 옳고 그름을 판단할 수 없었기 때문에

어린이 뿌리일보

오늘의 어린이 뉴스 제목 LIST

☐ 오늘의 날씨 – 낮에는 맑고 밤에는 바람 불어 선선해 ⋯ ㉠

☐ 전국 병원에서 독감 예방접종 시작 ⋯ ㉡

☐ 이게 웬 횡재야? 산에서 캐 온 도라지가 알고 보니 산삼! ⋯ ㉢

☐ 멋지게 산불을 진압한 소방관들과의 인터뷰 ⋯ ㉣

☐ 표정도 따라하고 감정도 공유, 개는 주인을 닮아간다 ⋯ ㉤

오늘의 본받을 인물

10년간 꾸준히 100억 원 기부한 ㉢A씨!
그동안 왜 기부 사실을 숨겼냐는 기자의
질문에,

"성경 말씀에 오른손이 한 일을 왼손이
모르게 하라는 말이 있잖아요. 제가
좋아하는 일이니까 했을 뿐, 사람들에게
요란하게 알리면서 기부하고 싶진
않았어요."

---

5 ㉠~㉤ 중 '호박이 넝쿨째로 굴러 떨어지다'와 어울리는 상황을 골라 기호를 써 보세요.

[   ]

6 '성 니콜라오'와 ㉢'A씨'의 공통점으로 알맞은 것을 골라 보세요. ┈┈┈┈┈┈┈┈┈┈┈┈┈┈┈ [   ]

① 고난을 딛고 성공한 사람이다.
② 어떤 일이든지 의심을 가진다.
③ 자신을 드러내는 것을 좋아한다.
④ 자신의 과거를 뉘우치고 새로운 삶을 살고 있다.
⑤ 좋은 일을 할 때 남들에게 알리지 않고 조용히 하고 싶어 했다.

1단계 밑줄 친 낱말의 알맞은 뜻을 골라 번호를 써 보세요.

[1] 그는 마지못해 먹을 것을 나누어주면서 **생색**을 냈다. ----------------------------- [　　　]

　　① 자신이 한 일에 대해 치켜세움

　　② 자신이 한 일에 대해 겸손한 모습을 보임

[2] 우리 선생님을 **본받아서** 나도 훌륭한 선생님이 될 거야. ----------------------------- [　　　]

　　① 그 뜻을 무시하다.

　　② 본보기로 따라하다.

2단계 다음 문장이 자연스럽도록 빈칸에 알맞은 낱말을 [보기]에서 찾아 써 보세요.

[보 기]　　　　　시초　　　선행　　　희망

[1] ☐☐ 을(를) 가지고 살자. 그러면 언젠가 좋은 날이 올 거야.

[2] 그를 ☐☐ (으)로 하여 많은 사람들이 기부를 하기 시작했다.

[3] 평소 ☐☐ 을(를) 실천했던 혜진이는 선생님의 칭찬을 받았어.

3단계 다음 밑줄 친 부분과 뜻이 비슷한 낱말을 써 보세요.

[1] 이번에야말로 **기필코** 저 인형을 갖고 말겠어.

　　→ ☐☐☐

[2] 형은 길을 가다가 울고 있는 동생을 **찾았습니다.**

　　→ ☐☐☐☐☐☐ .

[3] 지민이는 고민 끝에 수학 경시대회에 나가기로 **마음을 정했습니다.**

　　→ ☐☐☐☐☐☐ .

시간　끝난 시간 ☐시 ☐분

　　1회분 푸는 데 걸린 시간 ☐분

채점　독해 6문제 중 ☐개

　　어법·어휘 8문제 중 ☐개

8주 37회 해설편 019쪽

마음에 두다*

누구나 가슴속에 품고 잊지 않는 것이 있습니다. '마음에 두다'는 이처럼 '무언가를 잊지 않고 가슴에 새겨 두다'라는 뜻입니다.

공부한 날 [ ]월 [ ]일 시작 시간 [ ]시 [ ]분

(가) **별똥**

정지용

별똥 떨어진 곳

마음에 두었다*

다음날 가보려

벼르다① 벼르다

인젠 다 자랐소

(나) 별똥별의 **본래**② 이름은 '유성'입니다. 유성은 밤하늘에서 반짝거리며 떨어집니다. 이런 모습이 보이는 까닭은 다음과 같습니다. 유성이 보이는 까닭은 넓은 태양계를 떠돌던 먼지, 암석 등의 유성체가 지구 근처를 떠돌다가 지구의 **중력**③으로 지구 안으로 들어오면서 **대기**④와 **마찰**⑤이 생겨 불타기 때문입니다. 사람들은 불타며 떨어지는 유성을 보면서 별똥별이 밤하늘에서 반짝거린다고 생각을 합니다.

↑ 운석

유성은 그 크기에 따라 빛의 밝기와 유성으로 보이는 시간이 달라집니다. 유성의 크기가 크면 클수록 더 밝게 빛납니다. 그리고 크기가 클수록 더 오래 타기 때문에 유성의 모습을 오래 관찰할 수 있습니다. 하지만 대부분의 유성은 크기가 크지 않기 때문에 금방 타 버리곤 합니다. 그렇기 때문에 우리가 맨눈으로 별똥별을 오래 보기 어렵습니다.

대부분의 유성은 크기가 작아 땅에 닿기 전에 사라지지만, 큰 유성체가 **지표면**⑥까지 와서 떨어지기도 합니다. 유성체가 대기를 뚫고 지표면까지 **낙하한**⑦ 것을 '운석'이라고 합니다. 현재 지구 곳곳에서 많은 운석의 흔적을 발견할 수 있습니다.

🎞 어려운 낱말 풀이 : ① **벼르다** 마음을 단단히 먹고 기회를 노리다 ② **본래** 본디, 원래 本근본 본 來올 래 ③ **중력** 지구 위의 물체가 지구로부터 받는 힘 重무거울 중 力힘 력 ④ **대기** 천체의 표면을 둘러싸고 있는 기체 大클 대 氣기운 기 ⑤ **마찰** 두 물체가 서로 닿아 비벼짐 摩문지를 마 擦문지를 찰 ⑥ **지표면** 지구의 표면 地땅 지 表겉 표 面낯 면 ⑦ **낙하한** 높은 곳에서 낮은 곳으로 떨어진 落떨어질 낙 下아래 하 -

1 (가)의 시에서 글쓴이가 본 것의 본래 이름을 (나)에서 찾아 써 보세요.

➡ ☐☐

2 (가)의 시에서 말하는 이가 '마음에 둔 것'과 그것을 '마음에 둔 까닭'은 각각 무엇인지 골라 보세요.
-- [   ]

마음에 둔 것	마음에 둔 까닭
① 별똥이 떨어진 곳	별똥이 떨어진 곳에 가보기 위해
② 별똥이 떨어진 곳	별똥이 떨어진 곳에 난 불을 끄기 위해
③ 별똥이 날아온 곳	별똥이 떨어진 곳에 가보기 위해
④ 별똥이 날아온 곳	별똥이 떨어진 곳에 난 불을 *끄기* 위해
⑤ 별똥이 만들어진 곳	별똥이 떨어진 곳에 난 불을 *끄기* 위해

8주 38회 해설편 019쪽

3 (가)의 시를 쓴 사람의 생각을 짐작하여 빈칸에 들어갈 낱말을 [보기]에서 골라 써 보세요.

[보기]   별똥   마음속   다음날   기회   어른

내가 어렸을 때 있었던 일이다.

어느 날 밤이었다. 하늘에서 ☐☐ 이(가) 떨어지는 모습을 보았다. 다음 날에 별똥이

떨어진 곳에 가기로 다짐했다. 하지만 ☐☐☐ 이(가) 되자 무슨 일이 있어 가지 못했다.

그다음 날도 무슨 일이 있어 가지 못했다. 나는 별똥이 떨어진 곳에 꼭 가기 위해

☐☐ (으)로 준비를 단단히 하고 ☐☐ 을(를) 엿보았지만 결국 가지

못했다. 그렇게 시간이 흘러 나는 결국 ☐☐ 이(가) 되었다.

4 유성이 우리의 눈에 보일 때까지의 과정을 순서에 맞게 번호를 써 보세요.

먼지, 암석 등이 태양계를 떠돌고 있음	불타면서 지구로 떨어지는 모습이 밤하늘에서 반짝거리는 모습으로 보임
[ ]	[ ]

먼지, 암석 등이 중력 때문에 지구 안으로 들어옴	먼지, 암석 등이 대기와의 마찰 때문에 불타기 시작함
[ ]	[ ]

5 유성을 맨눈으로 오래 관찰하기 어려운 까닭을 골라 보세요. ------------------------------------- [   ]

① 대부분의 유성은 지표면까지 와서 떨어지기 때문에
② 대부분의 유성은 크기가 크지 않아 금방 타버리기 때문에
③ 대부분의 유성은 너무 빨라서 눈으로 보기 어렵기 때문에
④ 대부분의 유성은 대기와 마찰하지 않아 불에 타지 않기 때문에
⑤ 대부분의 유성은 지구 근처를 떠돌다가 다시 우주로 날아가기 때문에

6 [보기]의 빈칸에 공통으로 들어갈 말을 (가)에서 찾아 써 보세요.

[보기]

• '성실'은 내 □□ 에 두고 있는 나의 좌우명이다.

• 삼촌은 지금 □□ 에 두고 있는 사람과 결혼을 할 거래.

• 너 때문에 경기에서 진 것이 아니니까 경기 결과를 □□ 에 담아 두지 마.

→ □□

1단계 밑줄 친 부분과 같은 뜻으로 바꿔 쓸 수 있는 말을 골라 번호를 써 보세요.

[1] **본래** 이곳에는 아무도 살지 않았어. ────────────── [   ]
① 금세
② 원래

[2] 우리 농구팀은 이번에야말로 우승을 **벼르고** 있어. ────────── [   ]
① 만들고
② 노리고

2단계 다음 낱말에 알맞은 뜻을 선으로 이어 보세요.

[1] 대기 •   • ㉠ 지구의 표면
[2] 마찰 •   • ㉡ 두 물체가 서로 닿아 비벼짐
[3] 지표면 •   • ㉢ 천체의 표면을 둘러싸고 있는 기체

3단계 다음 뉴턴의 말을 듣고 빈칸에 들어갈 낱말을 써 보세요.

나는 나무에서 사과가 아래쪽으로 떨어지는 것을 보고 [   ][   ]을(를) 생각해냈어. 이것은 지구와 물체가 서로를 잡아당기는 힘이야.

시간 끝난 시간 [   ]시 [   ]분
1회분 푸는 데 걸린 시간 [   ]분

채점 독해 6문제 중 [   ]개
어법·어휘 6문제 중 [   ]개

39회
설상가상(雪 上 加 霜)*
눈 설   위 상   더할 가   서리 상

'설상가상(雪上加霜)'은 '눈 위에 서리가 덮인다'는 뜻으로, '난처한 일이나 불행한 일이 잇따라 일어남'을 이르는 말입니다.

공부한 날 [　] 월 [　] 일   시작 시간 [　] 시 [　] 분

내 유년기의 기억의 첫 장을 꽉 채우다시피 한 기다림은 그리 오래 가지 않았다. 할아버지는 어느 날 **뒷간**①에서 넘어지신 채 못 일어나고 ⓐ고래고래 소리를 질러 사람을 불렀다. 뒷간은 **사랑채**②에서 세 벌이나 되는 **댓돌**③을 내려와 꽤 넓은 바깥마당을 가로질러 마당을 에워싼 뽕나무 밑을 지나 실개천을 넘어 텃밭머리에 있었다. 누군가 지나가던 사람이 **연통**④을 해서 식구들이 온통 **황황히**⑤ 달려 나가 할아버지를 간신히 사랑채에다 뉘었다.

동풍⑥이라고 했고, 동풍은 못 낫는 병이라고 했다. 특히 뒷간에서 걸린 동풍에는 약이 없다는 걸 아무도 의심하지 않는 듯했다.

할아버지는 그 시절의 선비가 흔히 그랬듯이 한방에 대한 **소양**⑦이 상식 이상이어서 자식들 **약방문**⑧도 손수 내고, ⓑ약초를 수집해 **환약**⑨ 같은 걸 만들어서 약장에 보관하고 있다가 동네에 급한 환자가 생기면 내주곤 하셨건만 ⓒ자신의 병에 대해선 일찌거니 단념하고 화만 냈다. 할머니는 ⓓ사랑에서 똥요강을 가지고 나올 때마다 할아버지의 **역마살**⑩을 비롯해 술 좋아하고 친구 좋아한 것까지 온갖 비행을 중얼중얼 나열해 가며 꼴좋다는 식으로 비아냥거렸다. 집안에 먹구름이 끼고, 특히 나는 **죽지**⑪ 떨어진 새처럼 초라해졌다. 아버지를 **여읜**⑫ 것은 세 살 때라 아무것도 생각나지 않지만 할아버지가 동풍으로 무력해지신 걸 보는 것은 나에게 두 번째의 아버지 상실이었다.

㉠**설상가상***으로 같은 해 엄마가 ⓔ서울로 오빠 뒷바라지를 하러 떠났다.

– 박완서, 「그 많던 싱아는 누가 다 먹었을까?」 중

어려운 낱말 풀이

① 뒷간 화장실을 부르던 옛말   ② 사랑채 손님을 대접하는 방 숨집 사 廊사랑채 랑 -   ③ 댓돌 집의 앞뒤에 오르내릴 수 있게 놓은 돌층계   ④ 연통 연락 連잇닿을 연 通통할 통   ⑤ 황황히 갈팡질팡 어쩔 줄은 모르게 급하게 皇갈 황 皇갈 황 -   ⑥ 동풍 병으로 몸의 전체 또는 일부분에 일어나는 경련 動움직일 동 風바람 풍   ⑦ 소양 평소 닦아 놓은 학문이나 지식 素흴 소 養기를 양   ⑧ 약방문 약을 짓기 위하여 약 이름과 약의 분량을 적은 종이 藥약 약 房방 방 文글 문   ⑨ 환약 약재를 가루로 만들어 반죽하여 작고 둥글게 빚은 약 丸알 환 藥약 약   ⑩ 역마살 분주하게 이리저리 떠돌아다니게 된 운명 驛역 역 馬말 마 煞족살 살   ⑪ 죽지 새의 날개가 몸에 붙은 부분   ⑫ 여읜 부모나 사랑하는 사람이 죽어서 이별한

1 이 글에서 알 수 있는 '나'의 가족 구성원으로 알맞은 것에 ○표를 해 보세요.

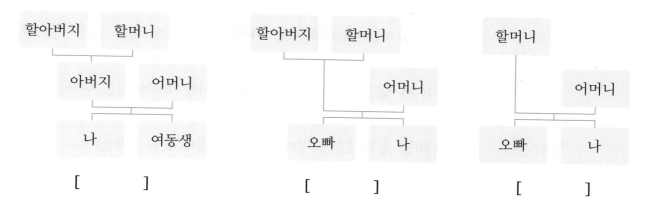

2 밑줄 친 ⓐ~ⓔ 중 할아버지에 대한 설명으로 알맞은 것에 ○표, 틀린 것에 ×표를 해 보세요.

[1] ⓐ고래고래 소리를 질러 사람을 불렀다. ──────────────────── [   ]

[2] ⓑ약초를 수집해 환약 같은 걸 만들어서 ──────────────────── [   ]

[3] ⓒ자신의 병에 대해선 일찌거니 단념하고 화만 냈다. ─────────── [   ]

[4] ⓓ사랑에서 똥요강을 가지고 나올 때마다 ─────────────────── [   ]

[5] ⓔ서울로 오빠 뒷바라지를 하러 떠났다. ────────────────────── [   ]

8주 39회 해설편 020쪽

3 동풍에 걸려 쓰러진 할아버지를 보고 '나'와 '할머니'는 각각 어떤 생각이 들었는지 빈칸에 들어갈 말을 본문에서 찾아 써 보세요.

나	할머니
자신이 [ ][ ] 떨어진 새처럼 [ ][ ] 해졌다고 생각했다.	[ ] 좋다는 식으로 [ ][ ][ ] 거렸다.

할아버지

4 '나'가 밑줄 친 ㉠과 같이 말한 까닭을 짐작하여 빈칸에 들어갈 말을 써 보세요.

☐☐☐☐ 이(가) 쓰러지는 바람에 집안에 좋지 않은 일이 생겼는데,

☐☐☐ 마저 같은 해 큰아들 뒷바라지를 하러 집을 떠나야 하는 일이

생기면서 ☐ 에게는 좋지 않은 일이 연달아 일어났기 때문에

5 다음 중 '㉠설상가상'과 바꿔 쓸 수 있는 표현을 골라 보세요. ---------------------------- [　　]

① 엎친 데 덮친 것처럼
② 불난 집에 부채질하는 것처럼
③ 아니 땐 굴뚝에 연기 나는 것처럼
④ 가는 말이 고와야 오는 말이 고운 것처럼
⑤ 물에 빠진 사람을 구하니 봇짐 내놓으라는 것처럼

6 '설상가상'을 올바르게 활용한 문장에 ○표를 해 보세요.

오늘 내용은 지난번에 발표한 것과 **설상가상**하다.	---------- [　　]
두 친구 사이에는 **설상가상**으로 우정이 싹트고 있었다.	---------- [　　]
시간도 없는데 **설상가상**으로 길까지 막혔다.	---------- [　　]

1단계

다음은 본문에 나온 문장들입니다. 빈칸에 들어갈 낱말의 뜻을 보고, 빈칸을 채워 보세요.

[1] 한의학에 대한 ☐☐ 이 상식 이상이어서
   → 평소 닦아놓은 학문이나 지식

[2] 할아버지는 어느 날 ☐☐ 에 가서 넘어지신 채 못 일어나고
   → 화장실을 다르게 부르는 말

2단계

다음 문장에 쓰인 밑줄 친 낱말과 뜻풀이를 알맞게 이어 보세요.

[1] 독수리의 **비행**은 아름답다. •

[2] 최근 **비행** 청소년들의 범죄가 큰 문제가 되고 있습니다. •

• ㉠ **비행** 飛날 비 行갈 행
   공중으로 날아가거나 날아다님

• ㉡ **비행** 非아닐 비 行갈 행
   그릇되거나 잘못된 행위

3단계

[보기]의 빈칸에 공통으로 들어갈 낱말을 써 보세요.

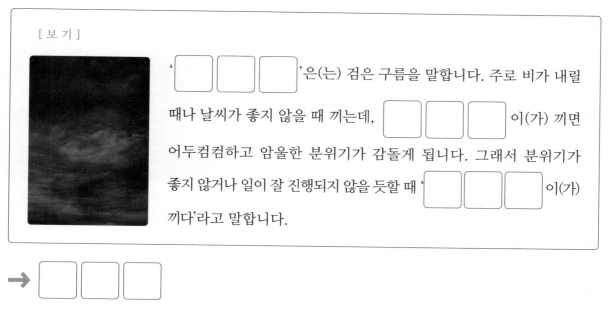

[보 기]

'☐☐☐'은(는) 검은 구름을 말합니다. 주로 비가 내릴 때나 날씨가 좋지 않을 때 끼는데, ☐☐☐ 이(가) 끼면 어두컴컴하고 암울한 분위기가 감돌게 됩니다. 그래서 분위기가 좋지 않거나 일이 잘 진행되지 않을 듯할 때 '☐☐☐이(가) 끼다'라고 말합니다.

→ ☐☐☐

시간
끝난 시간 ☐시 ☐분
1회분 푸는 데 걸린 시간 ☐분

채점
독해 6문제 중 ☐개
어법·어휘 4문제 중 ☐개

8주 39회 해설편 020쪽

40회 소 뒷걸음치다 쥐 잡는다*

의도하지 않았는데 어쩌다 큰 성과를 올리게 될 때가 있습니다. '소 뒷걸음치다 쥐 잡는다'는 이처럼 소가 무심코 뒷걸음질을 치다 쥐를 잡듯 '의도하지 않았지만 어쩌다 성과를 올리게 되었을 때' 쓰는 말입니다.

공부한 날 [ ]월 [ ]일 시작 시간 [ ]시 [ ]분

　　20세기, 과학자들은 우주가 어떻게 생겨났느냐를 두고 치열한 싸움을 벌이고 있었습니다. 우주가 **태초**[①]의 대폭발로부터 생겨났다는 주장, 즉 '빅뱅(Big Bang) 이론'과 그 이론을 부정하는 과학자들의 주장이 서로 다투고 있었던 것입니다. 두 파로 나뉜 과학자들은 서로 자신의 이론을 증명하기 위한 결정적인 증거를 찾아 열심히 연구를 하고 있었습니다.

　　한편, 1964년의 벨 연구소에서는 아노 펜지어스(1933~)와 로버트 윌슨(1936~)이 어느 문제를 두고 고민을 거듭하고 있었습니다. 우주의 인공위성으로부터 신호를 받기 위해 연구소에서 거대한 **안테나**[②]를 만들었는데, 그 안테나가 받는 신호에 자꾸 정체불명의 **잡음**[③]이 끼는 것이었습니다. 처음에 펜지어스와 윌슨은 안테나가 더러워진 줄 알고 안테나를 깨끗이 닦았습니다. 그러나 잡음은 사라지지 않았고, 그 다음에는 안테나가 망가졌나 싶어 안테나를 수리했습니다. 그럼에도 잡음이 사라지지 않자 둘은 안테나 근처에 사는 비둘기를 쫓아내기까지 했습니다. 하지만 무슨 짓을 해도 안테나의 잡음은 사라지지 않았습니다.

　　"도대체 이 잡음은 뭐야? 원인을 알 수 없으니 답답하기만 하고……."

　　"안 되겠어, 아무래도 전문가들에게 물어봐야지. 과학자들한테 도움을 청하자."

　　그렇게 펜지어스와 윌슨은 아무런 생각 없이 과학자들에게 연락을 넣었습니다. 그런데 둘의 연락을 받고 정체불명의 잡음을 조사하던 과학자들은 깜짝 놀라고 말았습니다. 펜지어스와 윌슨의 골칫거리였던 잡음의 정체가 '우주배경복사'라고 불리는, 과학자들이 그토록 찾고 싶어 했던 빅뱅 이론의 결정적 증거라는 사실을 알게 되었기 때문이었습니다.

　　'우주배경복사'란 태초에 우주가 한 점이었을 때 모여 있던 어마어마한 열에너지의 흔적으로, 그 열이 우주가 **팽창**[④]하며 함께 퍼져 나가 차가워진 것입니다. 마치 압력 밥솥의 뚜껑을 열면 안에 갇혀 있던 수증기가 한꺼번에 퍼져 나가는 것과 비슷한 원리라 할 수 있습니다. '우주배경복사'는 빅뱅 이론의 과학자들이 그 존재를 오랫동안 찾고 있었던 강력한 증거물이었는데, 펜지어스와 윌슨이 얼떨떨하게도 그 위대한 발견을 하게 된 것이었습니다.

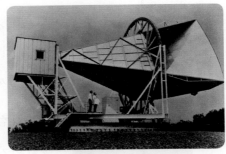
↑ 벨 연구소의 안테나와 우주배경복사를 발견한 아노 펜지어스, 로버트 윌슨

　　소 뒷걸음치다 쥐 잡은 셈*이었지만, 펜지어스와 윌슨은 우주배경복사를 발견한 공로를 인정받아 1978년 노벨 물리학상을 수상했습니다. 또한 **과학계**[⑤]는 오랜 논쟁을 끝마치고 우주가 하나의 점으로부터 시작되었다는 것을 인정하게 되었습니다. 비록 우연으로 인한 것이었으나, 펜지어스와 윌슨은 그렇게 과학의 새로운 시대를 연 인물로 역사에 이름을 남기게 되었습니다.

어려운 낱말 풀이　① **태초** 세상이 처음 시작된 때 太클 태 初처음 초　② **안테나** 전파 신호를 보내거나 받기 위해 만들어진 기계　③ **잡음** 신호나 라디오 따위에 섞이는 불필요한 소리 雜섞일 잡 音소리 음　④ **팽창** 부풀어서 크기가 커짐 膨부풀 팽 脹배부를 창　⑤ **과학계** 과학에 관련된 일을 하는 사람들의 집단 科과목 과 學배울 학 界지경 계

1 이 글을 읽고 '우주배경복사'가 중요한 까닭을 골라 보세요. ────────────────── [   ]

① 안테나에 잡음을 일으켜서
② 빅뱅 이론의 결정적 증거라서
③ 미지의 존재가 우주에서 보내는 신호라서
④ 열에너지를 무한정 공급받을 수 있는 원천이라서
⑤ 공룡 멸종의 전말을 밝힐 수 있는 중요한 단서라서

2 다음은 20세기에 과학자들이 우주가 어떻게 생겨났느냐를 두고 다툰 과정을 정리한 것입니다. 빈칸에 들어갈 말을 본문에서 찾아 써 보세요.

☐☐ 이론을 주장하는 과학자들과 그 이론을 ☐☐ 하는 과학자들이 다툼

↓

펜지어스와 윌슨이 ☐☐☐☐☐ 을(를) 발견함

↓

과학계는 오랜 논쟁을 끝내고 우주가 하나의 ☐ (으)로부터 시작되었음을 인정함

8주 40회

해설편 020쪽

3 이 글에서 나온 '소 뒷걸음치다 쥐 잡는다'에서 '소', '뒷걸음치다', '쥐 잡는다'는 각각 무엇을 뜻하는지 본문에서 찾아 써 보세요.

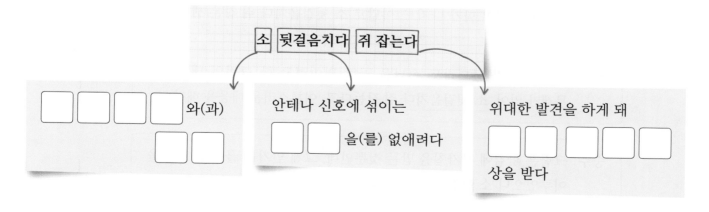

소 뒷걸음치다 쥐 잡는다

☐☐☐☐ 와(과)
☐☐

안테나 신호에 섞이는
☐☐ 을(를) 없애려다

위대한 발견을 하게 돼
☐☐☐☐☐
상을 받다

1853년, 뉴욕에 있는 한 식당에서 조지 크럼(1824~1914)이라는 요리사가 일하고 있었습니다. 어느 날 크럼은 까다로운 손님을 만나게 되었습니다. 그 손님은 감자튀김을 주문했는데, 크럼이 감자튀김을 튀길 때마다 감자튀김이 너무 두껍다며 불평하는 것이었습니다. 몇 번이고 퇴짜를 맞은 크럼은 화가 머리끝까지 났습니다.

'감자튀김이 너무 두껍다고? 좋아, 바라는 대로 해주마!'

크럼은 감자를 아주 얇게 썰어 냈습니다. 그리고 그것을 그대로 튀겨 낸 뒤, 소금을 팍팍 쳐서 손님에게 내보냈습니다. 그런데 손님은 그 감자튀김이라 부르기도 민망한 것을 먹고도 불평을 말하기는커녕, 무척 만족스러운 미소를 지으며 떠나갔습니다. 바삭한 식감에 소금의 짭조름한 맛이 잘 어울리는 '감자칩'은 그렇게 탄생했습니다.

홧김에 만든 것이지만, 감자칩은 큰 인기를 끌어 크럼에게 많은 돈을 벌게 해 주었습니다. 그리고 지금에 이르러선 전 세계 어디에서나 사랑받는 간식이 되어 우리의 입을 즐겁게 해 주고 있습니다.

4 윗글을 읽고 정리한 '맛있는 감자칩 만드는 법'을 블로그에 올리려고 합니다. 빈칸을 알맞게 채워 보세요.

🥔 **맛있는 감자칩 만드는 법** 🥔

① ☐☐ 을(를) 아주 ☐ 게 썬다. 이때 껍질을 벗기는 칼을 써도 좋다.

② 1에서 만든 것을 물에 30분 정도 담가둔 후 물기를 잘 닦아내 잠시 말린다.

③ 2에서 만든 것을 끓는 기름에 넣고 30초 정도 튀겨 낸 뒤 꺼낸다.

④ 기름을 털어내고 ☐☐ 을(를) 뿌려 짭조름한 맛을 더하면 완성!

5 '소 뒷걸음치다 쥐 잡는다'를 활용하여 자신의 생각을 알맞게 말한 친구에 ○표를 해 보세요.

> 윤성: 손님도 참 까다로워. 감자튀김을 가지고 몇 번이고 퇴짜를 놓다니. 당연히 크럼이 화가 나지. 그야말로 **소 뒷걸음치다 쥐 잡은 셈**이야. ---- [   ]

> 신록: 아무리 화가 났더라도 손님을 골탕 먹이려고 한 크럼의 태도에도 문제가 있어. **소 뒷걸음치다 쥐 잡는다**고, 어른스러운 대응을 해야 해. ---- [   ]

> 승주: 크럼은 홧김에 감자칩을 만든 것뿐인데, 그게 인기를 끌어 큰 성공을 이루었으니 **소 뒷걸음치다 쥐 잡은 격**이군. ---- [   ]

1단계

다음 낱말들을 서로 뜻이 반대인 것끼리 이어 보세요.

[1]
수축
크기나 규모 따위가 작아짐

•

• ㉠
상승
낮은 데서 위로 올라감

[2]
감소
숫자 따위가 줄어들거나 덜어짐

•

• ㉡
팽창
부풀어서 부피가 커짐

[3]
하락
값이나 등급, 수치 따위가 떨어짐

•

• ㉢
증가
양이나 수치가 늚

2단계

다음 밑줄 친 글자의 뜻을 참고하여 빈칸에 들어갈 말을 써 보세요.

- 과학**계**(科學**界**): 과학에 관련된 일을 하는 사람들의 집단
- 언론**계**(言論**界**): 언론에 관련된 일을 하는 사람들의 집단
- 교육**계**(教育**界**): ☐☐ 에 관련된 일을 하는 사람들의 집단

→ ☐☐

3단계

[보기]를 읽고 '퇴짜'를 이루는 한자로 올바른 것에 ◯표를 해 보세요.

[보 기] '퇴짜'는 조선시대 세금 제도로부터 유래했습니다. 당시에는 전국에서 왕궁으로 세금으로 바치는 물건들을 올려 보냈는데, 세금으로 받기에 품질이 낮은 물건은 왕궁에서 '물러나다'라는 뜻의 한자를 찍어 다시 돌려보냈습니다. 그래서 '퇴짜를 놓다'는 '물건이나 의견 따위를 받아들이지 않고 물리치다'라는 뜻을 가지게 되었습니다.

[1]

退		字	
뜻	음	뜻	음
물러날	퇴	글자	자

[   ]

[2]

退		子	
뜻	음	뜻	음
물러날	퇴	아들	자

[   ]

소와 관련된 표현

소는 오랜 옛날부터 인간들과 함께한 동물입니다. 특히 농사를 짓는 곳에서 소는 매우 귀한
취급을 받았습니다. 함께 밭을 갈고, 무거운 짐을 나르기도 했기 때문입니다. 소는 힘든 일을
할 때 느릿느릿 움직이지만, 묵묵하고 성실하며 고집스러운 성격을 가지고 있습니다. 이러한
소의 모습을 가까이에서 지켜봤기 때문인지, 우리말 표현에는 소의 특징을 잘 드러낸 표현들이
자주 등장합니다.

소고집

소는 매우 순하지만 한번 마음이 가면 절대로 꺾지 않는 강한 고집을 가지고 있습니다. 그래서 '소처럼 몹시
센 고집이 있는 사람'을 가리켜 소고집이라고 표현합니다. 비슷한 말로는 황소고집, 그리고 자신의 의견을
내세우기 위해 심한 억지를 부리는 사람을 가리키는 옹고집이라는 말도 있습니다.

예 어머니는 **소고집**인 아들의 생각을 꺾지 못하고 결국 허락하고 말았다.
   └→ 아주 고집이 센 사람

소뿔도 단김에 빼라

'무슨 일이든 하려고 마음먹었을 때 망설이지 말고 바로 시작하라'는 뜻입니다. 지금으로서는 잔인한 일이지만,
옛날 사람들은 소를 잘 다루기 위해 날카로운 뿔을 뽑아 버렸습니다. 하지만 그냥 뿔을 뽑으면 사람도 소도
모두 힘들고 괴롭기 때문에 어린 송아지가 뿔이 날 때 열을 가한 뒤 한 번에 뽑았다고 합니다. 이때 열이 식으면
뿔을 뽑기 어려우므로 단숨에 뽑아야 했습니다. 이처럼 이 속담은 미루지 말고 눈앞에 기회가 왔을 때 바로
잡아야 한다는 교훈을 담고 있습니다.

예 **쇠뿔도 단김에 빼랬다고**, 내일로 미루지 말고 지금 당장 방 청소를 시작하자!
   └→ 마음먹은 김에 바로 시작하랬다고

소 닭 보듯

소와 닭은 오랜 시간 동안 농가에서 함께 살아왔습니다. 하지만 소는 여물을 씹고 닭은 곡식이나 벌레를 주워
먹기 때문에 서로 아무런 관심이 없습니다. 이렇게 '상대가 하는 일에 관심이 없을 때'를 가리켜 소 닭 보듯이
한다고 말합니다.

예 아무 이유 없이 시비를 거는 사람들은 **소 닭 보듯이** 생각하고 무시해.
   └→ 무관심하게

이 책에 쓰인 작품

회차	제목	지은이	저작권 관리 기관	쪽수
16회	실수	나희덕	한국문학예술저작권협회	68쪽
25회	무소유	법정 스님	한국문학예술저작권협회	106쪽
39회	그 많던 싱아는 누가 다 먹었을까	박완서	한국문학예술저작권협회	168쪽

이 책에 쓰인 사진 출처

회차	제목	출처	쪽수
02회	소강절	https://ko.wikipedia.org/wiki/	6쪽
20회	드니 디드로	https://ko.wikipedia.org/wiki/%EB%93%9C%EB%8B%88_%EB%94%94%EB%93%9C%EB%A1%9C	84쪽
30회	백범 김구	https://ko.wikipedia.org/wiki/%EA%B9%80%EA%B5%AC	124쪽
40회	펜지어스와 윌슨	https://www.flickr.com/photos/itupictures/16042021803 (ITU pictures)	172쪽

마더텅 학습 교재 이벤트에 참여해 주세요. 참여해 주신 모든 분께 선물을 드립니다.

이벤트 1 1분 간단 교재 사용 후기 이벤트

마더텅은 고객님의 소중한 의견을 반영하여 보다 좋은 책을 만들고자 합니다.
교재 구매 후, <교재 사용 후기 이벤트>에 참여해 주신 모든 분께는 감사의 마음을 담아
네이버페이 포인트 1천 원 을 보내 드립니다. 지금 바로 QR 코드를 스캔해 소중한 의견을 보내 주세요!

이벤트 2 마더텅 교재로 공부하는 인증샷 이벤트

인스타그램에 <마더텅 교재로 공부하는 인증샷>을 올려 주시면 참여해 주신 모든 분께 감사의 마음을 담아
네이버페이 포인트 2천 원 을 보내 드립니다. 지금 바로 QR 코드를 스캔해 작성한 게시물의 URL을 입력해 주세요!

필수 태그 #마더텅 #뿌리깊은초등국어 #공스타그램

이벤트 3 독해력 나무 기르기 이벤트

SNS 또는 커뮤니티에 완성한 <독해력 나무 기르기> 사진을 올려 주시면 참여해 주신 모든 분께 감사의 마음을 담아
네이버페이 포인트 1천 원 및 B 북포인트 2천 점 을 보내 드립니다.
지금 바로 QR 코드를 스캔해 작성한 게시물의 URL을 입력해 주세요!

SNS/커뮤니티 페이스북, 인스타그램, 블로그, 네이버/다음 카페 등
필수 태그 #마더텅 #뿌리깊은초등국어

B 북포인트란? 마더텅 인터넷 서점 http://book.toptutor.co.kr에서 교재 구매 시 현금처럼 사용할 수 있는 포인트입니다.

뿌리깊은 국어 독해 시리즈

뿌리깊은 초등국어 독해력	뿌리깊은 초등국어 독해력 어휘편	뿌리깊은 초등국어 독해력 한자	뿌리깊은 초등국어 독해력 한국사
하루 15분으로 국어 독해력의 기틀을 다지는 초등국어 독해 기본 교재	국어 독해로 초등국어에서 반드시 익혀야 할 속담·관용어·한자성어를 공부하는 어휘력 교재	하루 10분으로 한자 급수 시험을 준비하고 초등국어 독해력에 필요한 어휘력의 기초를 세우는 교재	하루 15분의 국어 독해 공부로 초등 한국사의 기틀을 다지는 새로운 방식의 한국사 교재
• 각 단계 40회 구성 • 매회 어법·어휘편 수록 • 독해에 도움 되는 읽을거리 8회 • 배경지식 더하기·유형별 분석표 • 지문듣기 음성 서비스 제공 (시작~3단계)	• 각 단계 40회 구성 • 매회 어법·어휘편 수록 • 초등 어휘력에 도움 되는 주말부록 8회 • 지문듣기 음성 서비스 제공 (1~3단계)	• 각 단계 50회 구성 • 수록된 한자를 활용한 교과 단어 • 한자 획순 따라 쓰기 수록 • 한자 복습에 도움이 되는 다양한 주간활동	• 각 단계 40회 구성 • 매회 어법·어휘편 수록 • 한국사능력검정시험 대비 정리 노트 8회 • 지문듣기 음성 서비스 제공 • 한국사 연표와 암기 카드

시작단계 · 예비초등

독해력 시작단계
- 한글 읽기를 할 수 있는 어린이를 위한 국어 독해 교재
- 예비 초등학생이 읽기에 알맞은 동요, 동시, 동화 및 짧은 지식 글 수록

1단계 · 초등 1·2학년

독해력 1단계
- 처음 초등국어 독해 공부를 시작하는 학생을 위한 재밌고 다양한 지문 수록

어휘편 1단계
- 어휘의 뜻과 쓰임을 쉽게 공부할 수 있는 이솝 우화와 전래 동화 수록
- 맞춤법 공부를 위한 받아쓰기 수록

한자 1단계
- 한자능력검정시험 (한국어문회) 8급 한자 50개

한국사 1단계 (선사 시대~삼국 시대)
- 한국사를 쉽고 재미있게 이해할 수 있는 다양한 유형의 지문 수록
- 당시 시대를 보여 주는 문학 작품 수록

2단계 · 초등 1·2학년

독해력 2단계
- 교과 과정과 연계한 다양한 유형의 지문 수록
- 교과서 수록 작품 중심으로 선정한 지문 수록

어휘편 2단계
- 어휘의 쓰임과 예문을 효과적으로 공부할 수 있는 다양한 이야기 수록
- 맞춤법 공부를 위한 받아쓰기 수록

한자 2단계
- 한자능력검정시험 (한국어문회) 7급 2 한자 50개

한국사 2단계 (남북국 시대)
- 한국사능력시험 문제 유형 수록
- 초등 교과 어휘를 공부할 수 있는 어법·어휘편 수록

3단계 · 초등 3·4학년

독해력 3단계
- 초대장부터 안내문까지 다양한 유형의 지문 수록
- 교과서 중심으로 엄선한 시와 소설 수록

어휘편 3단계
- 어휘의 뜻과 쓰임을 다양하게 알아볼 수 있는 여러 가지 종류의 글 수록
- 어휘와 역사를 한 번에 공부할 수 있는 지문 수록

한자 3단계
- 한자능력검정시험 (한국어문회) 7급 한자 50개

한국사 3단계 (고려 시대)
- 신문 기사, TV드라마 줄거리, 광고 등 한국사 내용을 바탕으로 한 다양한 유형의 지문 수록

4단계 · 초등 3·4학년

독해력 4단계
- 교과 과정과 연계한 다양한 유형의 지문 수록
- 독해에 도움 되는 한자어 수록

어휘편 4단계
- 공부하고자 하는 어휘가 쓰인 실제 문학 작품 수록
- 이야기부터 설명문까지 다양한 종류의 글 수록

한자 4단계
- 한자능력검정시험 (한국어문회) 6급 한자를 세 권 분량으로 나눈 첫 번째 단계 50개 한자 수록

한국사 4단계 (조선 전기)(~임진왜란)
- 교과서 내용뿐 아니라 조선 전기의 한국사를 이해하는 데 알아 두면 좋은 다양한 역사 이야기 수록

5단계 · 초등 5·6학년

독해력 5단계
- 깊이와 시사성을 갖춘 지문 추가 수록
- 초등학생이 읽을 만한 인문 고전 작품 수록

어휘편 5단계
- 어휘의 다양한 쓰임새를 공부할 수 있는 다양한 소재의 글 수록
- 교과 과정과 연계된 내용 수록

한자 5단계
- 한자능력검정시험 (한국어문회) 6급 한자를 세 권 분량으로 나눈 두 번째 단계 50개 한자 수록

한국사 5단계 (조선 후기)(~강화도 조약)
- 한국사능력시험 문제 유형 수록
- 당시 시대를 보여 주는 문학 작품 수록

6단계 · 초등 5·6학년

독해력 6단계
- 조금 더 심화된 내용의 지문 수록
- 수능에 출제된 작품 수록

어휘편 6단계
- 공부하고자 하는 어휘가 실제로 쓰인 문학 작품 수록
- 소설에서 시조까지 다양한 장르의 글 수록

한자 6단계
- 한자능력검정시험 (한국어문회) 6급 한자를 세 권 분량으로 나눈 세 번째 단계 50개 한자 수록

한국사 6단계 (대한 제국~대한민국)
- 한국사를 쉽고 재미있게 이해할 수 있는 다양한 유형의 지문 수록
- 초등 교과 어휘를 공부할 수 있는 어법·어휘편 수록

중학 · 예비중학~예비고1

1단계 (예비 중학~중1)

2단계 (중2~중3)

3단계 (중3~예비 고1)

뿌리깊은 중학국어 독해력
- 각 단계 30회 구성
- 독서 + 문학 + 어휘 학습을 한 권으로 완성
- 최신 경향을 반영한 수능 신유형 문제 수록
- 교과서 안팎의 다양한 글감 수록
- 수능 문학 갈래를 총망라한 다양한 작품 수록

※ 단계별로 권장 학년이 있지만 학생에 따라 느끼는 난이도는 다를 수 있습니다. 학생의 독해 실력에 맞는 단계를 공부하는 것이 좋습니다.

※ <뿌리깊은 초등국어 한자>는 해당 학년을 참고하시기보다는 학생의 실력에 맞는 단계를 선택해 주세요. ※ <뿌리깊은 초등국어 독해력 한국사>의 단계는 독해력 난이도가 아닌 시대 순서를 바탕으로 구성되었습니다.

1주차

01회 본문 002쪽

1 ①
2 거인들의 왕, 프레이야
  토르, 로키
3 예은에 O표
4 ②
5 첫 번째 칸에 O표

어법·어휘편

[1단계]
'참정권'에 O표

[2단계]
[1] ①   [2] ①

[3단계]
[1] 위대한
[2] 규모가 큰(큰에만 해도 정답)

---

1. 이 이야기의 중심 내용은 토르가 여자로 변장하여 치르는 이상한 결혼식입니다.

2. 거인들의 왕은 프레이야에게 구혼하지만 거절당합니다. 또 거인들의 왕은 토르의 몰니르를 훔칩니다. 토르와 로키는 서로 협력 관계에 있는 인물입니다.

3. 토르는 몰니르를 찾기 위해 싫었지만 어쩔 수 없이 여자로 변장하여 결혼식에 참석했습니다.

4. 양반들은 영조가 양반에게도 세금을 걷으려 하자 가난한 양반의 피해를 이유로 반대했습니다. 하지만 영조가 땅을 가진 자에게 세금을 더 거두겠다고 하니 더 이상 반대할 이유를 찾지 못해 말을 못했습니다.

5. '부득이'는 어떤 일을 어쩔 수 없이 한다는 뜻으로 '울며 겨자 먹기'와 비슷한 상황에서 쓸 수 있는 말입니다.

어법·어휘편 해설

[1단계] '신랑', '결혼식', '신부', '예물', '면사'는 모두 결혼과 관련된 낱말입니다. '참정권'은 국민이 국가의 정치활동에 참여할 수 있는 권리를 말합니다.

[2단계] '눈초리'는 '눈빛, 어떤 것을 볼 때의 눈 모양'이란 뜻이고, '밤낮'은 '언제나 늘'이라는 뜻으로 쓰이는 말입니다.

[3단계] [보기]에서 '대'는 많다는 뜻이고, [1]에서 '대'는 위대하다는 뜻입니다. [2]에서 '대'는 크다는 뜻입니다.

02회 본문 006쪽

1 ⑤
2 관리, 누명, 갈피
3 세 번째 칸에 O표
4 두 번째 칸에 O표
5 ⑤

어법·어휘편

[1단계]
[1] ⓒ 와르르
[2] ㉠ 활활
[3] ⓛ 소스라치게

[2단계]
점

[3단계]
[1] 어리둥절   [2] 무척   [3] 닥쳤다

---

1. 자손의 아내는 소강절의 유언을 그대로 따라 상자를 높은 관리에게 가져다주고 누명에 빠진 남편을 구할 수 있었습니다.

2. 소강절의 유언에는 상자를 들고 관리에게 가야 하는 까닭에 대한 설명이 없었기 때문에, 남편의 누명과 아무런 관계가 없어 보이는 일을 하려니 당황스럽고 갈피를 잡기 어려웠을 것입니다.

3. '밑도 끝도 없다'는 이유나 의도를 알 수 없는 갑작스러운 상황을 뜻하므로 '오랜만에 만난 친구가 밑도 끝도 없이 화를 냈다'가 바른 표현입니다.

4. 이이의 제자들은 스승님이 걸레에 기름을 적셔 정자를 닦으라고 한 이유를 말해주지 않았기 때문에 영문도 모르고 매일 정자를 닦았습니다.

5. '지체되어'는 어떤 일이 계획보다 늦어진 상황을 나타내는 말입니다.

어법·어휘편 해설

[1단계] '와르르'는 '쏟아지다'와, '활활'은 '타올랐다'와, '소스라치게'는 '놀랐다'와 서로 호응하는 말입니다.

[2단계] '점'은 앞날의 운수를 미리 판단하는 일, 사람의 살갗에 생겨난 얼룩, 성적의 단위 등의 뜻으로 쓰이는 말입니다.

[3단계] '어리둥절'은 뜻밖의 일 때문에 정신을 차릴 수 없을 정도로 얼떨떨한 상태를 뜻하고, '무척'은 보통 정도를 넘은 상태를 나타냅니다. '닥쳤다'는 가까이 다가왔다는 뜻입니다.

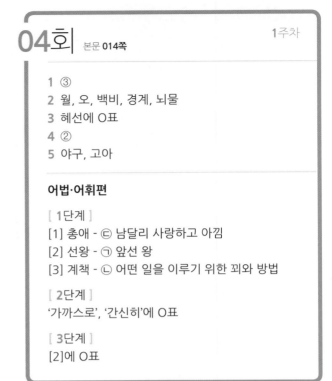

1 ④
2 복수, 재물, 정예병, 굴욕
3 와신 - 부차, 장작
　상담 - 구천, 쓸개
4 ④
5 세 번째 칸에 O표

어법·어휘편

[1단계]
[1] 쳐들어가다 - ⓒ 침략하다
[2] 섬기다 - ⑤ 받들다
[3] 탈출하다 - ⓒ 도망가다

[2단계]
[1] 자처　　　[2] 구걸　　　[3] 뇌물

[3단계]
[1] 재물　　　[2] 제물

1 ③
2 월, 오, 백비, 경계, 뇌물
3 혜선에 O표
4 ②
5 야구, 고아

어법·어휘편

[1단계]
[1] 총애 - ⓒ 남달리 사랑하고 아낌
[2] 선왕 - ⑤ 앞선 왕
[3] 계책 - ⓒ 어떤 일을 이루기 위한 꾀와 방법

[2단계]
'가까스로', '간신히'에 O표

[3단계]
[2]에 O표

1. 몇몇 신하들은 부차에게 구천을 죽여야 한다고 했지만, 구천에게 뇌물을 받은 백비가 구천을 풀어 주라고 하여 부차는 구천을 풀어 주었습니다.

2. 구천은 어떻게든 살아남아 복수를 하려고 스스로를 낮추고 재물을 바쳐 부차의 마음을 풀려고 했고, 부차는 구천의 정예병을 상대하여 피해를 보느니 구천을 풀어 주고 굴욕을 주는 편이 낫다고 생각했습니다.

3. 부차는 아버지의 원한을 잊지 않기 위해 장작더미 위에서 잠을 잤고(와신), 구천은 부차에게 당한 굴욕을 잊지 않으려고 곰의 쓸개를 맛보며 복수의 때를 기다렸습니다(상담).

4. 초나라는 강대한 국가였지만, 복수를 하기 위해 쳐들어간 오자서의 전략에 번번이 패했습니다.

5. '와신상담'과 '절치부심'은 모두 원한을 갚기 위해 복수의 때를 기다릴 때 쓰는 말입니다.

어법·어휘편 해설

[1단계] '쳐들어가다'와 '침략하다', '섬기다'와 '받들다', '탈출하다'와 '도망가다'는 서로 뜻이 비슷한 낱말입니다.

[2단계] '자처'는 자신을 어떤 사람으로 여겨 그렇게 행동함을 뜻하고, '구걸'은 남에게 돈이나 물건 등을 달라고 비는 일을 나타냅니다. '뇌물'은 다른 사람에게 부정한 의도로 돈이나 물건을 건네는 일을 뜻합니다.

[3단계] 도적들이 빼앗아가는 물건은 '재물'이고, 신에게 제사를 지내며 바친 소는 '제물'입니다.

1. 구천은 부차가 더욱 오만해져 나라를 위태롭게 하도록 부추기려고 부차에게 재물을 보냈고, 백비에게 뇌물을 바쳤습니다. 부차는 충신인 오자서에게 자결을 명했지만, 후에 뉘우치며 목숨을 끊었습니다.

2. 구천은 월나라의 왕이고, 부차는 오나라의 왕으로 아버지의 복수를 끝마쳤다고 생각했습니다. 부차는 월나라를 경계하라는 오자서를 멀리하고 월나라에게 뇌물을 받은 백비를 총애했습니다.

3. 부차가 아버지의 복수를 끝마쳤다고 생각하여 오만에 빠지자 오자서는 부차에게 아버지가 월나라에게 당한 과거를 잊지 말라는 뜻에서 한 말입니다.

4. 조지 허먼 루스는 고아나 다름없이 자라면서 불량한 어린 시절을 보냈고, '성모 마리아 직업학교'에 들어가며 야구를 시작했습니다.

5. 조지 허먼 루스는 최고의 야구 선수(개구리)가 된 뒤에, 어릴 적 불량했던 시절(올챙이)을 생각 못하고 자만에 빠진 적이 있습니다.

어법·어휘편 해설

[1단계] '총애'는 무엇을 남달리 사랑하고 아낀다는 뜻이고, '선왕'은 앞선 왕이란 뜻입니다. '계책'은 어떤 일을 이루기 위한 꾀와 방법을 나타내는 말입니다.

[2단계] '겨우겨우', '가까스로', '간신히'는 모두 어떤 일을 매우 힘들게 해냈다는 뜻으로 쓰이는 말입니다.

[3단계] '힘을 기르다'에서 '기르다'는 육체나 정신 따위를 단련하여 더 강하게 한다는 뜻입니다.

05회 본문 018쪽

1 X, O, X, O
2 ④
3 은혁에 O표
4 ④
5 첫 번째 칸에 O표
6 ④

어법·어휘편

[1단계]
[1] ①   [2] ②

[2단계]
[1] 멈추다 - ⓛ 지속하다, [2] 뜨다 - ⓒ 감다,
[3] 얼다 - ㉠ 녹다

[3단계]
③

06회 본문 024쪽

1 ②
2 첫 번째 칸에 O표
3 준범에 O표
4 땅, 해
5 [1]에 O표
6 두 번째 칸에 O표

어법·어휘편

[1단계]
[1] 재촉   [2] 갈증   [3] 여생

[2단계]
[1] ①   [2] ①

[3단계]
[3]에 O표

---

1. 거인은 7년 동안 기나긴 여행을 다녀왔고, 소년을 나무 위에 올려주자 소년은 팔을 뻗어 거인을 안아 주었습니다.

2. 거인은 자신의 정원에 누구도 못 들어오게 한 것을 진심으로 반성하고, 정원을 아이들의 놀이터로 만들려고 했습니다.

3. 거인은 자신의 정원에 아이들이 못 들어오게 하자 정원이 늘 겨울처럼 삭막해져서 자신의 행동을 반성하고 아이들이 마음껏 놀 수 있게 정원의 담을 무너뜨렸습니다. 아이들과 함께 봄이 돌아왔으니 거인도 행복해할 것입니다.

4. '눈에 밟히다'는 '잊히지 않고 계속 생각남'을 뜻하는 관용 표현입니다.

5. 쇼핑을 갔다가 마음에 드는 옷을 못 사고 왔을 때 그 옷이 계속 생각이 나서 '눈에 밟힌다'라는 표현을 사용할 수 있습니다. 시험 성적이 부쩍 좋아졌을 때에는 '눈에 띄게' 좋아졌다고 표현합니다.

6. '입을 닦다'는 이익을 혼자 차지하기 위해 모른 체한다는 뜻이고, '이를 악물다'는 곤란한 상황을 헤쳐 나가기 위해 큰 결심을 한다는 뜻입니다. '귀에 못이 박히다'는 같은 말을 여러 번 들었을 때 쓰는 말이고, '손에 익다'는 일이 손에 익숙해졌을 때 쓰는 말입니다.

어법·어휘편 해설

[1단계] '금지'는 어떤 행위를 하지 못하게 한다는 뜻이고, '반성'은 자신의 말이나 행동에 대해 잘못이 없는지 돌이켜 본다는 뜻으로 쓰입니다.

[2단계] '멈추다'의 반대말은 '지속하다', '뜨다'의 반대말은 '감다', '얼다'의 반대말은 '녹다'입니다.

[3단계] '발길이 끊기다'는 발걸음, 즉 '찾아오는 사람이 없어지다'라는 뜻으로 쓰이는 관용 표현입니다.

---

1. 글에서 이장과 언덕 위의 사람들은 파홈에게 빨리 돌아오라며 재촉했으므로 이장과 언덕 위의 사람들이 파홈이 돌아오지 않길 바란 것은 아닙니다.

2. 파홈은 처음에 5킬로미터를 갔다가 다시 5킬로미터를 더 간 뒤 왼쪽으로 방향을 틀어 많이 걸었습니다. 그리고 왼쪽으로 방향을 틀어 2킬로미터 정도 걷고 언덕을 향해 곧바로 걸어갔습니다.

3. 파홈은 너무 많은 땅을 가지려는 욕심을 부리다가 결국 아무것도 얻지 못하고 죽게 되었습니다. 그러므로 준범이 가장 올바르게 생각을 말했습니다.

4. 파홈은 해가 지기 전에 출발점으로 돌아와야 그만큼의 땅을 얻을 수 있었는데, 욕심이 과해서 너무 멀리 가 버려서 땅을 얻지 못할 것 같다고 생각했습니다.

5. '과유불급'은 지나친 것은 부족한 것만 못하다는 뜻으로 쓰이는 사자성어입니다.

6. '과유불급'과 뜻이 반대인 사자성어는 '다다익선'입니다. '다다익선'은 많으면 많을수록 좋다는 뜻입니다.

어법·어휘편 해설

[1단계] '재촉'은 어떤 일을 빨리 하도록 조른다는 뜻이고, '갈증'은 목이 마른 상태를 나타내는 말입니다. '여생'은 남은 생을 뜻하는 말입니다.

[2단계] '-자마자'는 어떤 일이 이루어지자 곧 다음 일이 일어난다는 뜻이므로 '나오자마자'는 '나오기가 무섭게'와 뜻이 같습니다. '개미처럼 작게'는 어떤 사물이 개미와 같이 '아주 작다'라는 뜻으로 쓰이는 관용 표현입니다.

[3단계] [1]은 '둥글게 말다', [2]는 '작동하게 하다'라는 뜻으로 쓰였습니다.

1 ③
2 X, O, X, O, O
3 ③
4 소귀 - 말귀를 알아듣지 못하는 사람
　경 읽기 - 아무리 가르쳐도
5 원재에 O표

어법·어휘편

[1단계]
[1] 체면　　　[2] 대접　　　[3] 아첨

[2단계]
[1] ②　　　　[2] ①

[3단계]
[1] 쓸모 있는　[2] 뉘우치고　[3] 여러가지

---

1. 북곽 선생은 호랑이의 꾸중에 무서워 코를 땅에 박고 머리를 조아리며 새벽이 될 때까지 땅에 엎드려 있었습니다.

2. 인간이 '아첨'하거나 '과일과 술을 먹는 것'에 대해 호랑이가 언급하고 있기는 하지만, '겉과 속이 다른' 이유와는 거리가 멉니다.

3. 북곽 선생은 호랑이 앞에서는 코를 땅에 박고 엎드려 있었지만, 호랑이가 가고 난 뒤에는 반성은커녕 다시 거짓말을 꾸며 말했습니다.

4. '소귀에 경 읽기'는 아무리 가르쳐도(경 읽기) 말귀를 알아듣지 못하는 사람(소귀)을 비유한 속담입니다.

5. 학급회의 시간마다 분리수거를 하자고 해도 들은 체 만 체하며 지켜지지 않는다면 '소귀에 경 읽기' 격으로 아무리 알려주어도 효과가 없는 경우입니다.

어법·어휘편 해설

[1단계] '체면'은 남을 대하는 도리를 뜻하고, '대접'은 사람을 예우를 갖추어 잘 대한다는 뜻입니다. '아첨'은 남의 마음에 들려고 비위를 맞추는 것을 뜻합니다.

[2단계] '욕'은 '비난'과 바꾸어 쓸 수 있고, '간지러운'은 '어색하고 거북한' 말이라는 뜻입니다.

[3단계] '유용하다'는 '쓸모 있다', '반성하다'는 '뉘우치다', '온갖'은 '여러 가지'와 뜻이 서로 비슷한 말입니다.

---

1 ③
2 [1] 원나라, 매사냥　　[2] 한반도, 사냥
3 ①
4 ②
5 ④
6 [1] 눈에 불을 켜고 - ⓒ 몹시 욕심을 내거나 관심을 기울이다
　[2] 눈에 밟혀서 - ⓛ 잊히지 않고 자꾸 머리에 떠오르다
　[3] 눈에 익은 - ㉠ 오래 보아 익숙하다

어법·어휘편

[1단계]
[1] 수렵　　　[2] 호령　　　[3] 간섭

[2단계]
[1] ①　　　　[2] ①

[3단계]
[2]에 O표

---

1. 원나라 사람들은 매사냥을 즐겼고, 한반도의 매는 영리하고 사냥 능력이 뛰어나기로 유명했습니다. 원나라는 고려를 침략하기 위해 세운 나라는 아니고, 현재 매는 천연기념물로 지정되어 보호받고 있습니다.

2. 원나라에서 고려의 매를 욕심낸 까닭은 원나라 사람들이 매사냥을 즐겼는데, 한반도의 매가 특히 영리하고 사냥 능력이 뛰어났기 때문입니다.

3. 문맥상 '이어지고'가 어떤 일이 계속된다는 뜻으로 쓰였습니다.

4. '눈독을 들이다'는 욕심내어 눈여겨본다는 뜻이므로, 지우개를 갖고 싶어 지켜보는 상황이 가장 어울립니다.

5. 고양이가 고기를 먹고 싶어 주변을 어슬렁거리는 상황이 '눈독을 들이다'와 어울립니다.

6. '눈에 불을 켜다'는 '몹시 욕심을 내거나 관심을 기울이다', '눈에 밟히다'는 '잊히지 않고 자꾸 머리에 떠오르다', '눈에 익다'는 '오래 보아 익숙하다'라는 뜻입니다.

어법·어휘편 해설

[1단계] '수렵'은 산이나 들의 짐승을 잡는다는 뜻이고, '호령'은 큰 소리로 꾸짖는다는 뜻입니다. '간섭'은 남의 일에 참견한다는 뜻으로 쓰입니다.

[2단계] '눈여겨보다'는 관심이 있어 주의 깊게 잘 살펴본다는 뜻이고, '거뜬히'는 다루기 가볍고 손쉬울 때 사용합니다. 애를 써서 힘들게 할 때는 '가까스로'라는 표현을 씁니다.

[3단계] '시치미를 떼다'라는 말은 매의 시치미를 떼고도 '하지 않은 체'하거나, 매의 주인이 누구인지 알고도 '모르는 체'하는 모습을 꼬집는 데서 나온 말입니다.

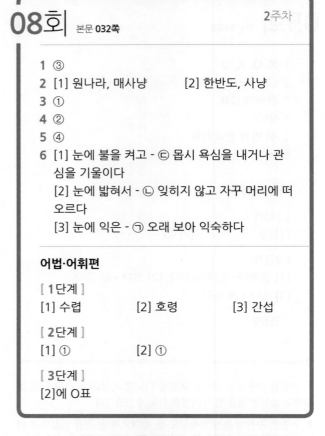

1 ①
2 ②
3 ③
4 ④
5 ⑤
6 ⑤

어법·어휘편

[1단계]
[1] 설득　　　　[2] 지속　　　　[3] 학식

[2단계]
[1] ①　　　　[2] ①

[3단계]
'예민하다'에 O표

---

1. 마씨 오형제 중 마량은 눈썹이 희다고 했습니다.

2. 이적은 유비에게 형주를 오래 지키기 위해 뛰어난 인재를 찾는 것이 우선이라고 말하며 마량을 추천했습니다.

3. 마량과 대화를 나누어 본 유비는 그가 학식이 뛰어나고 믿음직한 사람임을 바로 알았습니다. (다) 뒤에는 이미 마량이 장군으로 등장하므로, (다)에 들어가는 것이 적절합니다.

4. 마량은 출중한 '글'솜씨로 이웃 나라의 임금인 손권을 감동시켰고, 오랑캐들을 말로 설득하여 신하로 삼았다고 했습니다.

5. 마량은 손권에게 자신을 믿고 우리나라와 좋은 관계를 지속해 나가야 한다고 글을 썼습니다.

6. '백미'는 여럿 중에 가장 뛰어난 것을 뜻합니다. ⑤의 상황에 어울리는 표현은 '기우'입니다.

어법·어휘편 해설

[1단계] '설득'은 '여러 가지로 설명하여 납득시킴', '지속'은 '어떤 일이나 상태가 오래 지속됨', '학식'은 '학문으로 얻은 지식'이라는 뜻입니다.

[2단계] '빼어난'은 어떤 일에 '뛰어나다'라는 뜻입니다. '지속하다'는 어떤 일이나 무엇을 계속 '유지하다'라는 뜻입니다.

[3단계] '어질다'는 너그럽고 덕행이 높다는 뜻으로 쓰이는 말입니다. 그러므로 '예민하다'는 '어질다'와 어울리지 않는 말입니다.

1 노비, 재산, 손해
2 ④
3 세 번째 칸에 O표
4 조광조, 모함
5 모난 돌 - 유달리 뛰어나거나 꼿꼿한 사람
　정 맞는다 - 미움 받기 쉽다
6 동하에 O표

어법·어휘편

[1단계]
[1] 신임 - ⓒ 믿고 일을 맡김. 또는 그 믿음
[2] 모함 - ㉠ 나쁜 꾀로 남을 어려운 처지에 빠트림
[3] 개혁 - ㉢ 제도나 기구 따위를 새롭게 뜯어고침

[2단계]
둥글다, 모나다

[3단계]
대나무

---

1. 조광조의 개혁대로라면 일부 신하들은 백성을 노비로 삼아 얻은 재산을 잃고 손해를 보기 때문에 신하들은 조광조를 싫어했습니다.

2. 조광조는 모함을 받아 죽게 되었지만, 그를 따르던 선비들이 그의 뜻을 이어갔으므로 ④는 잘못된 내용입니다.

3. 조광조는 가난한 백성들이 땅을 팔고 노비가 되어 더욱 힘들게 살아가는 것을 바로잡기 위해 사회를 개혁하고 싶었습니다. 첫 번째는 갑오개혁, 두 번째는 최승로의 시무28조의 내용입니다.

4. '모난 돌이 정 맞는다'는 유달리 뛰어난 사람이나 꼿꼿한 사람은 미움을 받기 쉽다는 뜻으로, 사회를 개혁하고자 한 조광조는 다른 신하들에게 모함을 받아 사약을 받았습니다.

5. '모난 돌이 정 맞는다'에서 '모난 돌'은 유달리 뛰어나거나 꼿꼿한 사람을 비유한 표현이고, '정 맞는다'는 '미움 받기 쉽다'라는 상황을 비유한 표현입니다.

6. 유달리 뛰어난 이순신 장군이 미움을 받아 감옥에 갇혔다고 말한 '동하'가 가장 올바른 상황에서 활용하고 있습니다.

어법·어휘편 해설

[1단계] '신임'은 믿고 일을 맡긴다는 뜻입니다. '모함'은 나쁜 꾀로 남을 어려운 처지에 빠트린다는 뜻입니다. '개혁'은 제도나 기구를 새롭게 뜯어고친다는 뜻입니다.

[2단계] '둥글다'는 원이나 공 모양을 나타내거나 성격이 원만한 사람을 뜻합니다. '모나다'는 사물의 모양에서 튀어나온 부분이 있음을 나타내거나 성격이 까칠한 사람을 뜻합니다.

[3단계] '대나무'은 곧게 자라고 단단하여 옛날부터 선비들의 사랑을 받아 온 나무입니다.

2주차 주말부록 정답
본문 044쪽

① 달라 / 달라

11회 본문 046쪽

1 판도라 2 [1] × [2] ○ [3] ○ [4] ×
3 ② 4 ③ 5 ③ 6 ⑤

어법·어휘편

[1단계]
[1] 속셈 - ㉠ 마음에 품은 계획이나 생각
[2] 곤경 - ㉢ 어려운 형편이나 처지
[3] 금기 - ㉡ 해서는 안 되는 일

[2단계]
[1] 죄책감 [2] 호기심

[3단계]
④

1. 헤파이스토스가 진흙으로 만들었고, 제우스에게 호기심과 상자 하나를 받았으며, 선물로 받은 상자를 연 인물은 '판도라'입니다.

2. [1] 인간들에게 불을 가져다준 이는 제우스가 아니라 프로메테우스입니다. [2] 신들에게 많은 선물을 받은 이는 판도라이며, [3] 판도라는 헤르메스로부터 훌륭한 말솜씨를, 아테네로부터 뛰어난 손재주를 받았습니다. [4] 제우스가 상자를 절대 열지 말라고 경고했으나 판도라는 이를 어기고 상자를 열었습니다.

3. '곤경'은 '어려운 형편이나 처지'를 뜻하는 말로, 바꾸어 쓸 수 있는 낱말로는 '어려움' 또는 '곤란'이 있습니다. '존경'은 '어떤 인물의 인격, 사상 따위를 받들어 공경함'이라는 뜻으로 '곤경'과 바꾸어 쓰기에 적절하지 않습니다.

4. '속셈'은 '마음에 품은 계획이나 생각'이라는 뜻의 낱말입니다. 제우스가 인간들에게 화가 나 있다는 것을 알고 있던 프로메테우스는 자신의 동생에게 판도라를 보낸 것에 인간을 어려움에 빠뜨리려는 계획이 있을 것이라고 짐작해서 동생에게 이를 경고했습니다. 따라서 프로메테우스가 말한 '속셈'으로 적절한 것은 ③번입니다.

5. ① 안면 인식 기술은 여러 사람의 얼굴에서 공통점을 찾아내는 기술이 아니라 컴퓨터가 사람의 얼굴을 인식하면 그 사람이 누구인지 알 수 있게 해 주는 기술입니다. ② 글의 내용에 따르면 안면 인식 기술은 중국에서 CCTV에 사용하고 있습니다. ④ 물건 계산을 편리하게 하기 위해 안면 인식 기술을 활용할 수 있다는 내용이 글에 있습니다. ⑤ 안면 인식 기술로 인해 개인 정보 파악이 손쉬워질 것이라는 우려를 나타내는 사람들도 있다는 내용은 기사의 마지막에 있습니다. 적절한 것은 ③번입니다.

6. 신문 기사에서는 CCTV에 안면 인식 기술을 적용하면 '돌이킬 수 없을 만큼의 큰 문제가 생길 것'이라는 의미에서 '판도라의 상자를 여는 것'이라는 표현이 사용되었습니다.

어법·어휘편 해설

[2단계] [1] 친구에게 한 실수 때문에 '저지른 잘못에 대해 책임을 느끼는 마음'이 들었다는 뜻이므로 '죄책감'이 적절합니다. [2] 자연 현상에 대한 '새롭고 신기한 것을 알고 싶어 하는 마음'이 많다는 뜻이므로 '호기심'이 적절합니다.

[3단계] '-장이'는 어떤 기술을 가진 사람을 뜻할 때, 그 기술의 뒤에 붙여 쓰는 말이고, '-쟁이'는 어떤 특성을 가진 사람을 지칭할 때, 그 특성 뒤에 붙여 쓰는 말입니다. 따라서 ①, ②번에는 '-장이'를, ③, ⑤번에는 '-쟁이'를 써야 합니다.

12회 본문 050쪽

1 X, X, X, O
2 ㉢, ㉠, ㉡, ㉣, ㉤
3 청초파
4 창현에 O표
5 풀, 은혜
6 ④

어법·어휘편

[1단계]
[1] 혼미 - ㉡ 의식이 흐림. 또는 그런 상태
[2] 행실 - ㉠ 실제로 드러나는 행동
[3] 고전 - ㉢ 죽을 힘을 다하여 싸우는 힘든 싸움

[2단계]
[1] 그 음료수를 … - ㉡ 안에 있는 액체를 밖으로 …
[2] 어머니의 말씀을 … - ㉠ 명령, 의견 따위를 그대로 …

[3단계]
[2]에 O표

1. 위과는 아버지가 평소에 했던 말을 따랐고, 장군이 되어 나간 첫 전투에서 고전하며 싸웠습니다. 또 위과의 꿈에 등장한 노인은 조희의 아버지였습니다.

2. 위과는 아버지가 큰 병에 걸려 앓아눕자(㉢) 조희를 좋은 사람과 결혼할 수 있게 도와주었습니다(㉠). 그 뒤 위과는 전쟁 중에 꿈에 나타난 노인의(㉡) 도움을 받아 승리를 거두었고(㉤), 노인으로부터 감사 인사를 들었습니다(㉣).

3. 위과의 꿈속에 나타난 노인은 '청초파'라고 말하며 위과에게 그곳에서 전투를 하라는 뜻을 전하였습니다.

4. 위과가 조희를 좋은 사람과 결혼할 수 있게 도와주자 그녀의 아버지로부터 도움을 받아 전쟁에서 승리할 수 있었습니다.

5. '결초보은'의 한자 뜻을 풀이하면 '풀을 맺어 은혜에 보답하다'입니다.

6. '수현'은 선생님의 은혜에 보답해야겠다는 마음을 말했으므로 결초보은과 관련이 있습니다.

어법·어휘편 해설

[1단계] '혼미'는 의식이 흐린 상태를 뜻하고, '행실'은 실제로 드러나는 행동을 뜻합니다. '고전'은 죽을힘을 다해 싸우는 힘든 싸움을 뜻합니다.

[2단계] '따라서'는 상황에 따라 '안에 있는 액체를 밖으로 흐르게 하다' 또는 '명령이나 의견을 그대로 실행하다'의 뜻으로 쓰입니다.

[3단계] [보기]의 '거두다'는 [2]와 같이 성과를 얻어내거나 어떤 일을 이룬다는 뜻으로 쓰였습니다.

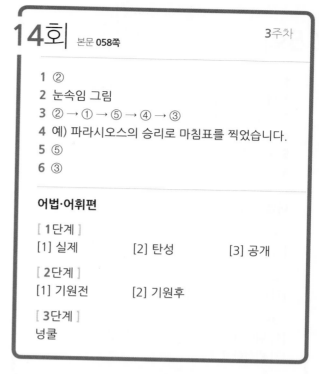

13회 본문 054쪽

1 ⑤
2 지수에 O표
3 서동, 노래, 아이들
4 발 없는 말, 천 리
5 ①

어법·어휘편

[1단계]
'그러므로', '따라서'에 O표

[2단계]
[1] ①   [2] ①

[3단계]
마음

1. 서동은 백제에 살았는데 신라의 선화 공주에 대한 소문을 듣고 '신라'로 가서 아이들에게 마를 나눠주며 마음을 샀습니다.

2. 서동은 처음에는 금의 가치를 알고 있지 못했고, 선화공주는 서동과 사랑에 빠져 결혼하였습니다.

3. 서동은 노래를 만들어 아이들에게 가르쳐 주어 일부러 널리 퍼지도록 했습니다. 그러므로 '발 없는 말'은 서동이 만든 노래를, '천 리 간다'는 노래가 아이들의 입을 타고 순식간에 온 나라에 퍼진 일을 뜻합니다.

4. SNS를 통해 정보의 전달이 무척 빨라지고 범위가 넓어진 상황에 어울리는 속담은 '발 없는 말이 천 리 간다'입니다.

5. SNS는 다른 사람들과의 소통을 목적으로 하고, SNS의 영향력은 이전과 비교할 수 없을 만큼 커졌습니다. 또 SNS는 순기능뿐만 아니라 나쁜 영향도 있으므로, SNS의 정보는 신뢰할 수 있는지 검토한 뒤 받아들여야 합니다.

어법·어휘편 해설

[1단계] '그래서'와 같이 까닭과 결과를 이어주는 말에는 '따라서'와 '그러므로'가 있습니다.

[2단계] '산더미처럼'은 물건이 아주 많이 쌓여있음을 나타내는 말이고, '신뢰하다'는 믿을 수 있다는 뜻으로 쓰입니다.

[3단계] '마음'이 들어간 관용 표현에는 '마음이 넓다', '마음을 사다', '마음을 얻다' 등이 있습니다.

14회 본문 058쪽

1 ②
2 눈속임 그림
3 ② → ① → ⑤ → ④ → ③
4 예) 파라시오스의 승리로 마침표를 찍었습니다.
5 ⑤
6 ③

어법·어휘편

[1단계]
[1] 실제   [2] 탄성   [3] 공개

[2단계]
[1] 기원전   [2] 기원후

[3단계]
넝쿨

1. 파라시오스는 제욱시스와의 그림 대결에서 제욱시스의 제안을 기꺼이 받아들였습니다.

2. 제욱시스와 파라시오스는 누가 더 눈속임 그림을 잘 그리는지를 가려내기 위해 그림 대결을 펼쳤습니다.

3. 제욱시스는 자신보다 그림을 더 잘 그린다는 파라시오스의 소문을 듣고(②) 그림 대결을 신청했고, 파라시오스는 이를 받아들였습니다.(①) 이 소문을 들은 사람들은 대결이 펼쳐지는 날 대결 장소로 몰려들었습니다.(⑤) 제욱시스의 포도 그림을 보고 새들이 날아와 포도를 쪼아 먹으려 했습니다. 제욱시스는 파라시오스가 그린 그림의 막을 걷으려 했지만(④), 막 자체가 파라시오스의 그림임을 깨닫고 자신의 패배를 인정했습니다. (③)

4. '마침표를 찍다'라는 말은 어떤 일의 끝이 나거나 끝을 낸다는 의미를 가집니다. 제욱시스와 파라시오스의 대결은 파라시오스가 승리하면서 끝이 났으므로 '파라시오스의 승리로 마침표를 찍었습니다.'와 같은 내용이 들어가면 정답입니다.

5. 글의 세 번째 문단 마지막 줄을 보면, 훈민정음은 1443년에 만들어졌으며, 1446년에 반포되었습니다. 글의 마지막 문장을 보면 뮤지컬의 제목을 용비어천가의 제2장에서 따 왔다고 말하고 있으므로 ⑤번이 정답입니다.

6. '마침표를 찍다'라는 표현은 글의 문장 끝에 마침표를 찍듯이 어떤 일이 끝이 나거나 끝을 냈을 때 쓰는 표현이므로 답은 ③번입니다.

어법·어휘편 해설

[1단계] [1] 지어낸 이야기가 아니라 있었던 이야기를 바탕으로 만들어졌다는 뜻이므로 '실제'가 적절합니다. [2] 웅장한 폭포의 모습을 보고 사람들이 몹시 감탄했다는 뜻이므로 '탄성'이 적절합니다. [3] 심사위원들 앞에서 새로운 발명품을 보여 주었다는 뜻이므로 '공개'가 적절합니다.

[2단계] [1] 'B.C'는 '예수가 태어나기 전(Before Christ)'을 의미하므로 '기원전'이 적절합니다. [2] '서기'는 '기원후'의 다른 말이므로 '기원후'가 적절합니다.

[3단계] 열매인 호박이 여기저기 감기기도 하는 호박 줄기와 함께 통째로 굴러왔다는 뜻이므로 '뻗어나가 다른 물건에 감기기도 하고 땅바닥에 퍼지기도 하는 식물의 줄기'를 뜻하는 '넝쿨'이 적절합니다.

15회 | 본문 062쪽
3주차

1 ⑤
2 아홉, 소, 털, 한
3 두 번째 칸에 O표
4 ①
5 구우일모
6 ④

어법·어휘편

[1단계]
[1] 사면　　　　[2] 간언　　　　[3] 토벌

[2단계]
[1] ②　　　　[2] ①

[3단계]
[1] 뛰어난　　　　[2] 중요하지 않은
[3] 반성하고

16회 | 본문 068쪽
4주차

1 여행, 성격
2 ④
3 두 번째 칸에 O표
4 비구니, 빗
5 [1] ㉡　　　　　[2] ㉠
6 첫 번째 칸에 O표

어법·어휘편

[1단계]
[1] ①　　　　[2] ②

[2단계]
[3]에 O표

[3단계]
②

---

1. 사마천은 하찮은 자신이 도망쳐 벌을 피하는 것은 의미가 없으므로, 벌을 견디고 살아남아서 자신에게 의미 있는 일인 역사책을 완성하고 싶었습니다.

2. '구우일모'는 아홉 마리 소 중에서 털 한 가닥이 빠진 것이란 뜻으로 티도 나지 않는 아주 하찮고 사소한 것을 가리킬 때 쓰는 말입니다.

3. '구우일모'는 아주 하찮고 사소한 것을 가리키므로, 수많은 그림 중 자신의 그림은 평범한 하나에 불과하다는 뜻으로 사용할 수 있습니다.

4. 새의 발에는 피가 거의 나지 않습니다. 그래서 '조족지혈(새 발의 피)'은 아주 적은 양이나 하찮은 것을 나타낼 때 쓰는 말입니다. 따라서 '구우일모'와 바꾸어 쓸 수 있습니다.

5. 재범이는 자신이 쓴 동시가 다른 아이들 것과 비교해서 뛰어나지 않아 초라해질 것을 염려하고 있습니다. 수많은 시 중에 하나를 가리키므로 '구우일모'가 적절합니다.

6. 재범이는 자기가 하려는 일에 자신감이 부족하므로 선생님은 재범이가 용기를 낼 수 있게 조언을 해주어야 합니다. ④는 용기에 대한 조언이 아닙니다.

어법·어휘편 해설

[1단계] '사면'은 죄를 용서하고 벌을 면제한다는 뜻이고, '간언'은 어른이나 임금에게 잘못된 일을 고치도록 하는 말입니다. 또 '토벌'은 힘으로 쳐서 없앤다는 뜻으로 쓰입니다.

[2단계] '한낱'은 '기껏해야 하나의'라는 뜻입니다. '차라리'는 '그럴 바에는 오히려'라는 뜻으로 쓰입니다.

[3단계] '위대한'은 어떤 일에 특별히 뛰어남을 뜻하고, '하찮은'은 별로 중요하지 않은 것을 뜻합니다. '뉘우치고'는 잘못을 반성한다는 뜻입니다.

---

1. 글에서 말하는 이는 여행을 할 때 빗이나 화장품을 찬찬히 챙겨 가지고 다니는 성격이 아니라고 했습니다.

2. 스님은 머리를 기르지 않아 빗을 사용하지 않는데, 말하는 이가 빗을 빌려달라고 하자 당황스러운 마음이 들었을 것입니다.

3. 이 글은 글쓴이가 경험한 일을 바탕으로 하여 자신의 생각과 느낌이 잘 드러나게 쓴 수필입니다.

4. 머리를 기르지 않는 비구니들만 사는 암자에서 빗을 찾았으니 우물가에서 숭늉 찾은 격으로, 앞뒤 상황에 맞지 않게 엉뚱한 것을 찾았습니다.

5. [1]은 엉뚱한 곳에 가서 친구 집을 찾은 상황이고, [2]는 공부하는 순서를 모르고 성급하게 주먹구구로 덤비는 상황에서 쓰인 말입니다.

6. '연목구어'는 나무 위에 올라가 물고기를 잡으려 한다는 뜻으로 엉뚱한 방법으로 엉뚱한 것을 이루려 하는 상황에서 쓰는 말입니다.

어법·어휘편 해설

[1단계] '본의 아니게'는 자신이 의도하지 않게 어떤 일이 일어났을 때 쓰는 말입니다. '일가견이 있다'는 어떤 일에 대해 전문적인 안목이나 견해가 있다는 뜻으로 쓰입니다.

[2단계] '푸른빛'과 같이 빛깔이나 색채가 있을 때는 '푸른빛을 띠다'가 바른 표현입니다.

[3단계] '파르라니'는 '파란빛이 돌도록' 하다는 뜻으로 쓰이는 말입니다. 머리를 완전히 깎으면 머리 표면이 파란빛이 돌아 흔히 '파르라니 깎은 머리'라고 표현합니다.

17회 | 본문 072쪽

1 O, X, O, X
2 물, 해골, 마음
3 ⑤
4 ⑤
5 ③

어법·어휘편

[1단계]
[1]에 O표

[2단계]
ⓒ 어떤 감정이나 마음을 품다.

[3단계]
①

---

1. 원효 스님은 의상 스님과 함께 중국으로 떠났고, 동굴에서 해골에 담긴 물을 마시고 깨달은 것이 있어 중국으로 떠나지 않고 신라로 돌아왔습니다.

2. 원효 스님은 잠결에 목이 말라 손에 잡히는 대로 물을 시원하게 마셨는데, 알고 보니 그 물이 썩은 해골 속에 담긴 것이라는 사실을 알고, 이 세상 모든 일이 마음먹기에 달렸다는 깨달음을 얻었습니다.

3. '간담이 서늘하다'는 어떤 일에 몹시 놀라서 섬뜩하다는 뜻으로 쓰이는 관용 표현입니다.

4. 장복선은 어려운 사람을 돕기 위해 나라의 돈을 무단으로 사용해서 사형을 받게 되었는데, 장복선에게 도움을 받은 사람들의 간청과 후원으로 풀려날 수 있었습니다.

5. '간담이 서늘하다'와 '등골이 오싹하다'는 모두 어떤 일에 몹시 놀라 섬뜩하거나 무서운 상황에서 사용할 수 있는 말입니다. '눈꺼풀이 무겁다'는 무척 졸리거나 피곤해 눈이 감기려고 할 때, '귀가 가렵다'는 누군가 자신에 대한 말을 하는 듯한 기분이 들 때, '가슴이 부풀다'는 어떤 기대나 희망으로 들뜰 때, '눈이 반짝이다'는 무언가에 큰 흥미를 보일 때 쓸 수 있습니다.

어법·어휘편 해설

[1단계] '섬뜩하다'는 소름이 끼치도록 무섭고 서늘한 느낌이 든다는 뜻으로, '오싹하다'와 느낌이 비슷합니다.

[2단계] '먹다'는 여러 가지 뜻으로 쓰이는 다의어입니다. '마음을 먹다'는 '어떤 감정이나 마음을 품다'는 뜻으로 쓰인 말입니다.

[3단계] '처벌'은 벌을 줌, '내역'은 물품이나 금액에 대한 내용, '무단'은 허락이나 사유가 없음, '간청'은 간절히 청함을 뜻하는 말입니다.

18회 | 본문 076쪽

1 ①
2 두 번째 그림에 O표
3 그림, 절, 안락사
4 용, 눈동자
5 ④
6 희진에 O표

어법·어휘편

[1단계]
[1] 단련 - ㉠ 몸과 마음을 굳세게 닦음
[2] 법당 - ㉢ 불상을 모시고 설법도 하는 절의 성당
[3] 감탄 - ㉡ 마음속 깊이 느끼어 감동을 받음

[2단계]
[1] 화가의 작품 중 … - ㉠ 매우 훌륭한 작품
[2] 그 친구의 … - ㉡ 우스꽝스럽거나 유별나서 …

[3단계]
'아이 - 어린이'에 O표

---

1. 장승요가 법당 벽에 매를 그리자 더 이상 비둘기가 법당 안으로 들어오지 않았습니다.

2. 장승요는 자신이 그린 용이 하늘로 날아갈까 봐 눈동자를 그리지 않았습니다.

3. 장승요는 그림을 무척 잘 그렸는데 마음을 다스리기 위해 절에서 살았습니다. 그러다가 안락사라는 절에 용 그림을 그려주었습니다.

4. '화룡점정'을 한자 그대로 풀이하면 '용을 그릴 때 마지막으로 눈동자를 그린다'라는 뜻입니다.

5. 장승요가 용을 다 그리고 마지막에 눈에 점을 찍은 것처럼 화룡점정은 일의 '마무리'를 완벽하게 끝낸다는 뜻입니다.

6. '대미'는 어떤 일을 할 때에 끝을 잘 맺어 마무리한다는 뜻으로 '화룡점정'과 비슷한 상황에서 쓸 수 있습니다.

어법·어휘편 해설

[1단계] '단련'은 몸과 마음을 굳세게 닦는다는 뜻이고, '법당'은 절에서 불상을 모신 장소를 뜻합니다. '감탄'은 마음속 깊이 느껴 감동을 받는다는 뜻입니다.

[2단계] '걸작'은 매우 훌륭한 작품이라는 뜻으로도 쓰이고, 유별나게 엉뚱한 말이나 행동 또는 그런 사람을 뜻하기도 합니다.

[3단계] '술렁거리다 - 떠들썩하다'는 뜻이 비슷한 낱말끼리 묶은 것입니다. '아이 - 어린이' 역시 뜻이 비슷하게 묶여진 낱말입니다.

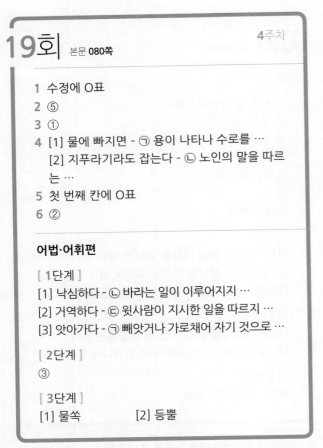

19회

본문 080쪽

4주차

1 수정에 O표
2 ⑤
3 ①
4 [1] 물에 빠지면 - ㉠ 용이 나타나 수로를 …
  [2] 지푸라기라도 잡는다 - ㉡ 노인의 말을 따르
  는 …
5 첫 번째 칸에 O표
6 ②

어법·어휘편

[1단계]
[1] 낙심하다 - ㉡ 바라는 일이 이루어지지 …
[2] 거역하다 - ㉢ 윗사람이 지시한 일을 따르지 …
[3] 앗아가다 - ㉠ 빼앗거나 가로채어 자기 것으로 …

[2단계]
③

[3단계]
[1] 물쏙   [2] 등뿔

---

1. 이야기에서 처음에 수로 부인에게 꽃을 꺾어다 준 노인과 나중에 용에게 노래를 부르자고 한 노인은 다른 사람입니다.

2. ㉺은 거북을 그물로 잡아 구워 먹겠다는 뜻입니다.

3. '길'은 여러 가지 뜻으로 쓰이는 다의어이며 '어떤 일을 하기 위한 수단이나 방안'이란 뜻도 있습니다.

4. '물에 빠지면'은 다급한 일이 생긴 상황을 나타내므로 '용이 나타나 수로를 물속으로 데려간 일'을 뜻합니다. '지푸라기라도 잡는다'는 위급한 상황에서 무엇이라도 해 본다는 뜻이므로 '노인의 말을 따르기가 내키지 않았음에도 시도해 보는 일'을 나타냅니다.

5. 시험 보는 걸 잊고 있다가 다급하게 책을 읽은 상황은 위급한 상황에 무엇이라도 시도해보는 경우이므로 '물에 빠지면 지푸라기라도 잡는다'와 어울립니다.

6. 두 속담 모두 위급한 상황에 처한 사람은 작은 희망이라도 닥치는 대로 붙잡게 된다는 뜻으로 쓰입니다.

어법·어휘편 해설

[1단계] '낙심하다'는 바라는 것이 이루어지지 않아 마음이 상한다는 뜻이고, '거역하다'는 윗사람이 지시한 일을 따르지 않는다는 뜻입니다. '앗아가다'는 빼앗거나 가로채어 자기 것으로 가져간다는 뜻입니다.

[2단계] '탐탁하다', '달갑다', '내키다', '마음에 들다'는 모두 만족한다는 뜻을 담고 있습니다.

[3단계] 된소리되기 현상으로 인해 '물속'은 [물쏙], '등불'은 [등뿔]로 발음합니다.

20회

본문 084쪽

4주차

1 어울리, 물건
2 O, O, X
3 ⑤
4 ④
5 ⑤
6 두 번째 칸에 O표

어법·어휘편

[1단계]
[1] 아늑   [2] 후회   [3] 정의

[2단계]
[1] 불편   [2] 불가능   [3] 불규칙

[3단계]
[1] 스럽   [2] 스럽

---

1. '디드로 효과'는 하나의 물건을 갖게 되면 그것과 어울리는 물건들을 계속 사게 되는 현상을 말합니다.

2. 드니 디드로는 친구로부터 가운을 선물 받고 자신이 고풍스럽다는 생각을 하면서 그에 어울리게 서재의 책상과 의자를 비롯한 가구들을 차례로 바꾸게 되었습니다.

3. '현상'은 '지구 온난화 현상', '오로라 현상' 등 사물이나 어떤 작용이 드러나는 바깥 모양새를 뜻하는 말입니다.

4. '성에 차다', '흡족하다', '만족하다', '마음에 들다'는 모두 모자람 없이 충분하여 만족한다는 뜻으로 쓰이는 말입니다. '부족하다'는 다른 말과는 뜻이 반대인 경우입니다.

5. '직성이 풀리다'는 소망하는 것이 이루어져 만족한다는 뜻입니다. ⑤의 상황은 수행평가를 망친 경우이므로 이 말에 어울리지 않습니다.

6. '성에 차다'는 만족해하는 상황에 어울리는 말입니다. 첫 번째 보기의 경우, '운동을 좋아하는 찬이는 수영만으로는 성에 차지 않아 축구, 야구, 테니스까지 두루 배우기 시작했다.'로 표현해야 합니다.

어법·어휘편 해설

[1단계] '아늑'은 조용하고 편안한 느낌을 뜻하고, '후회'는 이전의 잘못을 뉘우치다는 뜻입니다. '정의'는 어떤 단어나 사물의 뜻을 명확하게 밝힌다는 뜻입니다.

[2단계] '편하다'의 반대말은 '불편하다'이고, '가능하다'의 반대말은 '불가능하다'입니다. '규칙적이다'의 반대말은 '불규칙적이다'입니다.

[3단계] '촌스럽다'는 세련된 맛이 없이 엉성하고 어색한 데가 있다는 뜻이고, '자랑스럽다'는 남에게 뽐낼 만한 데가 있다는 뜻입니다.

4주차 주말부록 **정답**

본문 088쪽

② 빛 / 빛

21회 본문 090쪽

1 [1] ○ [2] × [3] × [4] ○
2 ① → ③ → ② → ④ → ⑤
3 ③   4 [2]에 ○표
5 풀, 오두막, 세, 참을성
6 '열 번 찍어 안 넘어가는 나무 없다'에 ○표

어법·어휘편

[1단계]
[1] ①   [2] ②

[2단계]
[1] 부흥   [2] 무례   [3] 반문

[3단계]
[1] - ©   [2] - ㉠   [3] - ㉡

1. [2] 유비는 사마휘에게 복룡과 봉추에 대한 이야기를 들었지만 그들이 누구인지 알지 못합니다. [3] 유비가 처음 제갈량을 찾아갔을 때 집에는 심부름을 하는 아이 한 명이 있었습니다.

2. 유비는 복룡과 봉추에 대한 이야기를 듣고 그들이 누구인지 알아내려 합니다.(①) 이후 '복룡'이 '제갈량'임을 알게 되어 그를 찾아갔지만, 제갈량은 집에 없었습니다.(③) 유비가 폭설을 무릅쓰고 다시 찾아갔지만 제갈량은 집에 없었습니다.(②) 세 번째 찾아갔을 때 제갈량은 낮잠을 자고 있었지만, 유비는 그가 깨기를 기다렸습니다.(④) 잠에서 깬 제갈량은 유비를 돕기로 결심합니다.(⑤)

3. 제갈량은 자기 몸을 낮추며 세 번이나 초라한 초가집에 찾아와 준 유비의 정성에 감동합니다. 따라서 정답은 ③번 '진심 어린 정성을 보여 주시니'입니다.

4. '삼고초려'는 '인재를 얻기 위해 참을성 있게 노력하거나 마음을 쓴다'는 뜻입니다. 배우가 감독의 노력 끝에 작품에 출연하기로 결정했다는 내용의 [2]가 '삼고초려'를 바르게 활용한 문장입니다.

5. '삼고초려'는 '풀(草풀 초)'로 만든 '오두막(廬오두막 려)'을 '세(三셋 삼)' 번 '돌아본다(顧돌아볼 고)'는 뜻입니다. 이 말은 인재를 맞아들이기 위하여 참을성 있게 노력하거나 마음을 쓴다는 뜻입니다.

6. 삼고초려와 비슷한 뜻의 속담은 '이루기 힘든 일(제갈량을 만나 마음을 얻는 일)도 꾸준히 시도하면(여러 번 제갈량의 집을 찾아가 정성을 보임) 결국 이루어짐(제갈량이 유비와 함께 일하기로 결심함)'이라는 뜻을 가진 '열 번 찍어 안 넘어가는 나무 없다'입니다.

어법·어휘편 해설

[1단계] [1] '나무라기'는 '잘못을 꾸짖어 잘 알아듣게 말하기'라는 의미입니다. [2] '무릅쓰고'는 '힘들고 어려운 일이나 상황을 견디고'라는 의미입니다.

[2단계] [1] 농촌을 다시 활발하게 일으키기 위해 노력하겠다는 뜻이므로 '부흥'이 적절합니다. [2] 말이나 행동에 예의가 없어서 부모님의 표정이 안 좋아졌다는 뜻이므로 '무례'가 적절합니다. [3] 물음에 대답하지 않고 질문을 한 상대방에게 도리어 물어보자 당황한 듯 보였다는 뜻이므로 '반문'이 적절합니다.

[3단계] [1] '발길을 끊다'는 '왕래나 교제를 그만두다'라는 뜻입니다. [2] '발길이 무겁다'는 '가고 싶은 마음이 생기지 않다'라는 뜻입니다. [3] '발길이 멀어지다'는 '왕래가 뜸해지다'라는 뜻입니다.

22회 본문 094쪽

1 ⑤
2 서자, 아버지, 아버지, 형, 형
3 ③
4 소원, 그림
5 ①

어법·어휘편

[1단계]
①

[2단계]
[1] ①   [2] ①

[3단계]
[2] 品 물건 품   [3] 作 작품 작

1. 홍길동은 서자로 태어나 뛰어난 재주를 갖추었지만 집안에 자신을 해치려는 음모가 있어서 집을 떠나기로 마음먹었습니다.

2. 홍판서는 길동의 한을 짐작하여 비록 서자로 태어났으나 아버지를 아버지라 부르고 형을 형이라 부르는 것을 허락하였습니다.

3. '자취를 감추었다'는 어떤 사물이나 현상이 깨끗이 사라졌다는 뜻으로 쓰입니다.

4. 전우치는 죽기 전 마지막 소원이라며 그림을 그리게 해 달라고 했지만, 사실은 도술을 부려 그림 속으로 도망치기 위한 것이었습니다.

5. 본문에서 '자취를 감추다'는 전우치가 그림 속으로 숨은 상황을 나타내므로 '남들이 모르게 어딘가로 숨다'의 뜻으로 쓰인 경우입니다.

어법·어휘편 해설

[1단계] '정승'은 지위가 매우 높거나 훌륭한 사람을 뜻하는 말로 많이 쓰입니다.

[2단계] '과거'는 지나간 일이나 때를 나타내는 말이고, '천하의'는 권력을 잡거나 기승을 부리는 형세가 아주 대단하다는 뜻으로 쓰입니다.

[3단계] 명품(名品)은 이름난 훌륭한 '물건'을 뜻하는 말이고, 명작(名作)은 이름난 훌륭한 '작품'을 뜻하는 말입니다.

23회 본문 098쪽

1 ④
2 홍길동, 도적질, 가족, 형
3 예은에 O표
4 홍인형, 감사, 홍길동
5 첫 번째 칸에 O표
6 수애

어법·어휘편

[1단계]
[1] 심문 - ㉠ 자세히 따져 물음
[2] 자수 - ㉢ 스스로 붙잡힘
[3] 죄수 - ㉡ 죄를 지어 붙잡힌 사람

[2단계]
②

[3단계]
[2]에 O표

1. 홍인형은 길동이 자수하자 눈물을 흘리며 죄수가 타는 수레에 길동을 태워 보냈습니다.

2. 임금은 홍길동을 잡기 위해 형인 홍인형을 불러 도적질을 일삼는 홍길동을 잡으라고 명령했습니다. 그래서 홍인형은 홍길동의 도적질로 가족들에게 위험이 닥쳤으니 자수하라고 형으로서 달래는 글을 써서 각 고을에 붙였습니다.

3. 홍길동은 능력이 뛰어남에도 서자로 태어났기 때문에 벼슬에 올라 자신의 재능을 펼칠 수 없었습니다. 그래서 어쩔 수 없이 도적이 되어 백성들을 도와주었습니다.

4. 임금은 홍길동을 잡기 위해서는 준비가 필요하니 홍인형에게 감사라는 벼슬자리를 주었습니다. 이때 '거미'는 홍인형을, '줄'은 감사 벼슬을, '벌레'는 홍길동을 가리키는 말입니다.

5. '거미도 줄을 쳐야 벌레를 잡는다'는 어떤 일이든 필요한 준비가 있어야 결과를 얻는다는 속담으로 '하늘을 봐야 별을 따지'와 비슷한 뜻으로 쓰입니다.

6. '수애'는 노느라 공부를 하지 않아서 시험 문제를 잘 풀지 못했습니다. 거미도 줄을 쳐야 벌레를 잡듯이, 시험을 잘 치려면 열심히 공부해야 좋은 결과를 기대할 수 있습니다.

어법·어휘편 해설

[1단계] '심문'은 자세히 따져 묻는다는 뜻이고, '자수'는 스스로 자신의 잘못을 신고하여 잡힌다는 뜻입니다. '죄수'는 죄를 지어 붙잡힌 사람을 뜻합니다.

[2단계] '추호'는 아주 작고 사소한 것을 뜻하는데 이와 비슷한 표현으로 '털끝'이 있습니다. '그럴 생각은 털끝만큼도 없다'처럼 쓰입니다.

[3단계] [보기]의 '잡다'는 홍길동을 붙잡아 체포하지 못했다는 말이므로 '붙들어 손에 넣다'라는 뜻으로 쓰였습니다.

24회 본문 102쪽

1 ㉢, ㉠, ㉣, ㉤, ㉡
2 ③
3 첫 번째 칸에 O표
4 태평성대
5 검소, 자식, 신중, 백성

어법·어휘편

[1단계]
[1] 부패하다 - ㉡ 청렴하다
[2] 맞서다 - ㉠ 피하다
[3] 풍족하다 - ㉢ 부족하다

[2단계]
폐하, 전하

[3단계]
[1] 마음에 두다 - ㉡ 잊지 않고 마음에 새기다
[2] 마음이 풀리다 - ㉠ 화나 응어리 따위가 풀리다
[3] 마음이 굴뚝같다 - ㉢ 하고 싶은 마음이 간절하다

1. 홍길동은 홍 판서댁 서자로 태어나 능력이 우수하나 그 능력을 발휘하지 못했습니다. 그러다 집에서 자기를 해하려는 음모를 물리치고, 집을 나섭니다. 그 뒤 활빈당을 세워 나쁜 관리들의 재산을 빼앗았고, 그로 인해 가족들이 위험에 처하자 형인 홍인형에게 자수를 합니다. 그리고 임금님께 높은 벼슬을 받은 뒤에 조선을 떠나 율도국을 세워 태평성대를 이룹니다.

2. 홍길동은 삼천 명의 도적 무리를 거느리고 '남쪽'으로 갔다고 했습니다.

3. '태평성대'는 임금이 나라를 잘 다스려 걱정이 없고 편안한 시대를 말합니다.

4. '요순시대'와 '태평성대'는 모두 임금이 나라를 훌륭하게 다스려 백성들이 편안한 시대를 말합니다.

5. '요 임금'은 검소한 생활을 즐겼고, 왕이 될 만한 사람을 찾아 자식이 아닌 '순 임금'에게 왕위를 넘겼습니다. '순 임금'은 신중해서 벌을 줄 때에 누구에게도 억울함이 없도록 했고, 백성들과 늘 가깝게 지냈습니다.

어법·어휘편 해설

[1단계] '부패하다'와 '청렴하다', '맞서다'와 '피하다', '풍족하다'와 '부족하다'는 서로 뜻이 반대인 말입니다.

[2단계] 고려는 중국으로부터 독립된 나라임을 알리고자 왕을 '폐하'라 칭하였고, 조선은 명나라의 신하라는 의미로 왕을 한 단계 낮은 '전하'라고 불렀습니다.

[3단계] '마음에 두다'는 잊지 않고 마음에 새긴다는 뜻이고, '마음이 풀리다'는 화나 응어리가 풀린다는 뜻입니다. '마음이 굴뚝같다'는 무언가 하고 싶은 마음이 간절하다는 뜻으로 쓰이는 관용어입니다.

25회 본문 106쪽

1 O, O, X
2 ⑤
3 ②
4 지후에 O표
5 ②
6 ④

어법·어휘편

[1단계]
[1] ②   [2] ①

[2단계]
[1] 팔려 나간 … - ⓒ 몹시 사랑하거나 끌려서 …
[2] 그 사람이 … - ㉠ 사랑과 미움을 아울러 …

[3단계]
[1]에 O표

26회 본문 112쪽

1 ④
2 ⓒ, ⓒ, ⓔ, ㉠, ⓜ
3 ③
4 연수에 O표
5 두 번째 칸에 O표

어법·어휘편

[1단계]
④

[2단계]
[1] 흡수하는   [2] 틀림없는

[3단계]
획

---

1. 글쓴이는 처음에 절의 안쪽 땅이 팔려나가 분한 마음이 들었지만 '본래무일물'의 가치를 깨달은 뒤로 마음이 평안해 져서 절을 떠나지 않고 그대로 머물렀습니다.

2. 이 글은 결국 모든 것은 자신이 마음먹기에 달렸다는 교훈을 전하고 있습니다.

3. '개밥에 도토리'는 함께 어울리지 못하고 홀로 떨어져 따돌림을 받는 사람을 비유적으로 이르는 말입니다.

4. '개밥에 도토리'는 혼자 외톨이가 된 신세를 나타내므로, 체험학습에서 아는 친구가 없어서 혼자 다닌 지후의 상황에 어울리는 표현입니다.

5. 아멜리아가 비행을 배울 때에는 대부분 남자였기 때문에 무리에 어울리기 어려웠습니다. 이 상황은 '개밥에 도토리'와 어울립니다.

6. 아멜리아는 자신의 꿈을 포기하지 않고 노력하여 마침에 꿈도 이루고 많은 사람들에게 사랑을 받게 되었습니다.

어법·어휘편 해설

[1단계] '작정하다'는 '일을 어떻게 하기로 결정하다'라는 뜻이고, '미치다'는 '어떤 것이 이르거나 닿게 되다'라는 뜻입니다.

[2단계] '애착'은 몹시 사랑하거나 끌리는 마음을 말하고, '애증'은 사랑과 미움이라는 뜻입니다.

[3단계] '다하다'는 다양한 뜻으로 사용되는데 [보기]는 '더 이상 이어지지 않고 끝나다'의 뜻으로 사용된 것입니다. 이와 같은 뜻으로 쓰인 것은 [1]입니다.

---

1. '사건지평선망원경'은 세계 곳곳에 8개의 망원경을 세워서 연결한 것으로, 지구만한 크기의 거대한 가상 망원경입니다.

2. 그동안 블랙홀의 모양을 상상만 했지만(ⓒ) 블랙홀을 관찰하기 위해 망원경을 세우고(ⓒ) 과학자들이 연구한 끝에(ⓔ) 블랙홀을 실제 관찰하였는데(㉠), 한 교수는 이를 '과학계에 획을 긋는 업적'이라고 평가했습니다(ⓜ).

3. '획을 긋다'는 어떤 일이 특별하게 큰 영향을 미쳐 그 전과 후가 크게 차이가 날 정도로 역사적으로 큰 의미가 있고 중요한 일을 뜻하는 말입니다.

4. 기사의 내용은 블랙홀 관측에 성공했다는 내용입니다. 그러므로 블랙홀이 어떻게 만들어졌고 왜 빛이 휘어지는지에 대해서 알아냈다는 '연수'의 생각은 본문에서 다룬 내용이 아닙니다.

5. '획을 긋다'는 그 일이 원인이 되어 전과 후가 달라질 정도로 큰 영향을 주었을 경우에 사용합니다. 따라서 플라스틱 가구를 처음 만들어 가구계의 새로운 역사를 쓴 사건은 중요한 '획을 그은' 일입니다.

어법·어휘편 해설

[1단계] '관측'은 자연 현상을 관찰한다는 뜻이고, '포착'은 일의 정세를 알아차린다는 뜻입니다. '천체'는 우주 공간에 떠 있는 온갖 물체를 말하고, '가상'은 사실이 아닌 것을 사실인 것처럼 생각한다는 뜻입니다.

[2단계] '빨아들이다'와 '흡수하다'는 사물이 어떤 물질을 안으로 끌어들인다는 뜻으로 쓰는 말입니다. '확실하다'와 '틀림없다'는 실제 사실과 꼭 맞다는 뜻으로 쓰는 말입니다.

[3단계] '획'은 붓으로 그은 선이나 점, 빠르게 한 번 도는 모양, 시기를 구분하는 분기점 등의 뜻으로 쓰이는 말입니다.

27회 본문 116쪽

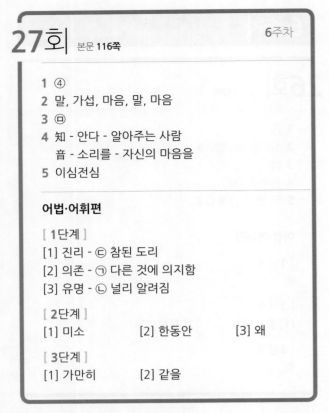

1 ④
2 말, 가섭, 마음, 말, 마음
3 ㉤
4 知 - 안다 - 알아주는 사람
　音 - 소리를 - 자신의 마음을
5 이심전심

어법·어휘편

[1단계]
[1] 진리 - ㉢ 참된 도리
[2] 의존 - ㉠ 다른 것에 의지함
[3] 유명 - ㉡ 널리 알려짐

[2단계]
[1] 미소　　　　[2] 한동안　　　　[3] 왜

[3단계]
[1] 가만히　　　　[2] 같을

1. '이심전심'은 굳이 말로 하지 않아도 상대방이 내 마음을 알아준다는 뜻으로 부처님이 제자들에게 진리를 전하는 방식 중 하나였습니다.

2. 부처님은 제자들을 산으로 불러 모아 아무 말도 없이 연꽃 한 송이를 비틀었습니다. 다른 제자들은 그 까닭을 몰랐으나 가섭은 부처님의 마음을 알고 미소를 지었습니다. 이처럼 '이심전심'은 굳이 말로 하지 않아도 상대의 마음을 알아주는 사람이라는 뜻입니다.

3. 민혜와 재호는 같은 생각을 했습니다. 이처럼 '이심전심'은 서로 생각하는 것이 같을 때에도 쓰이는 말입니다.

4. '지음'은 한자 뜻 그대로 풀이하면 '소리를 안다'입니다. 여기에서 '소리'란 백아가 머릿속으로 하고 있는 생각 또는 마음을 가리키므로, 이는 '자신의 마음을 알아주는 사람'이라는 뜻으로 풀이할 수 있습니다.

5. 굳이 말로 하지 않아도 서로 마음이 통하는 상황을 '이심전심'이라 할 수 있습니다.

어법·어휘편 해설

[1단계] '진리'는 참된 도리, '의존'은 다른 것에 의지함, '유명'은 널리 알려진다는 뜻입니다.

[2단계] '웃음'과 '미소', '잠시'와 '한동안', '어째서'와 '왜'는 뜻이 서로 비슷한 말입니다.

[3단계] '가마니'의 바른 표현은 '가만히'입니다. '갖을'의 바른 표현은 '같을'입니다.

28회 본문 120쪽

1 상피제
2 잘잘못, 아버지, 가까운
3 ③
4 두 번째 칸에 O표
5 첫 번째 칸에 O표
6 지후에 O표

어법·어휘편

[1단계]
[1] 예방　　　　[2] 재능　　　　[3] 지적

[2단계]
[1] ②　　　　[2] ①

[3단계]
[2]에 O표

1. 관리들이 인정에 휩쓸리지 않고 나랏일을 공정하게 할 수 있도록 가까운 친족들이 같은 곳에서 일하지 못하도록 한 제도를 '상피제'라고 합니다.

2. 숙종은 김창협에게 의정부의 잘잘못을 따지는 벼슬을 내렸는데, 김창협의 아버지가 영의정이었으므로 그 자리를 거절했습니다. 그 까닭은 자신과 가까운 사람에게 더 정이 가기 때문에 일을 공정하게 할 수 없다고 여겼기 때문입니다.

3. 이 글에 따르면 상피제가 없었을 때에는 인맥이 없어서 훌륭한 재능이 있어도 억울하게 벼슬길에 오르지 못한 인재들이 많았다고 합니다.

4. 고려시대 때 상피제는 이름만 있을 뿐 실제 잘 지켜지지 않았으므로 상피제는 '유명무실'한 제도였습니다.

5. 반장선거에서 선거공약이나 후보자의 능력을 따지지 않고 자신과 친한 친구를 뽑는 것은 '팔이 안으로 굽어' 올바르게 판단하지 못한 경우입니다.

6. 공정하게 관리를 뽑아야 한다는 뜻을 이해한 지후가 '상피제'를 바르게 이해하였습니다.

어법·어휘편 해설

[1단계] '예방'은 질병이나 재난 따위를 미리 대비한다는 뜻이고, '재능'은 재주와 능력을 뜻합니다. '지적'은 남의 잘못을 드러내어 꼭 집어 말함을 뜻합니다.

[2단계] '도리어'는 '예상이나 기대와는 반대되거나 다르게'라는 뜻으로 쓰이고, '비로소'는 '그전까지는 이루어지지 않다가 드디어'라는 뜻으로 쓰이는 말입니다.

[3단계] '내리다'는 여러 가지 뜻으로 쓰이는 다의어인데, [보기]는 상이나 벌 따위를 아랫사람에게 준다는 뜻으로 쓰였습니다. [2]의 '내리다' 역시 상을 내린다는 뜻으로 쓰였습니다.

29회 본문 124쪽

1 ④
2 ①
3 ⑩, ⑫, ㉠, ㉡, ㉢
4 절대 안 해 주실 줄, 해 주셨기
5 ㉡ 해는 늘 동쪽에서 뜨니까 …
6 첫 번째 칸에 O표

어법·어휘편

[1단계]

[1] ②   [2] ①

[2단계]

[1] 진열장에 있는 … - ㉡ 마음을 한쪽에 …
[2] 전장에서 적군을 … - ㉠ 사람이나 짐승 따위를
산 채로 잡다.

[3단계]

[3]에 O표

---

1. 김금원은 손님의 이야기를 듣고 금강산에 가기로 마음먹고 남장을 하여 약 1개월간의 여행을 마치고 집으로 돌아왔습니다.

2. '하지만'은 앞 내용과 다른 내용의 말을 할 때 쓰여 문장을 이어 주는 말입니다. '그렇게'는 앞에서 한 내용을 받아 그것을 가리킬 때 쓰는 이어주는 말입니다.

3. 김금원은 원주에서 떠나 호서지방을 시작으로 금강산, 설악산, 한양까지 약 1개월간 여행을 떠났습니다.

4. 김금원은 부모님께서 여행 허락을 절대 안 해 주실 줄 알았는데 예상과 달리 허락해 주셨기 때문에 깜짝 놀랐습니다. 이처럼 예상 밖의 일이 일어났을 때 '해가 서쪽에서 뜨다'란 표현을 씁니다.

5. '해가 서쪽에서 뜨다'는 해는 절대 서쪽에서 뜨는 일이 없듯이, 절대 일어날 수 없는 일이나 예상 밖의 일이 일어났을 때 쓰는 표현입니다.

6. '해가 서쪽에서 뜨다'는 예상 밖의 일이 일어날 때 쓰는 표현입니다. 매일 지각을 하는 소연이가 어느 날 아주 일찍 등교했다면 '해가 서쪽에서 뜰 일이다'라고 할 수 있습니다.

어법·어휘편 해설

[1단계] '집요하다'는 아주 끈질기다는 뜻으로 쓰이고, '여정'은 여행의 과정 또는 여행길을 나타내는 말입니다.

[2단계] '사로잡다'는 '마음이나 정신을 한곳으로 쏠리게 하다' 또는 '사람이나 대상을 산 채로 붙잡다'라는 표현으로 쓸 수 있는 다의어입니다.

[3단계] '마음먹다'는 어떤 일을 하기로 결정한다는 뜻으로 쓰이는 말입니다.

30회 본문 128쪽

1 ②
2 마상봉한식
3 동무
4 일취월장
5 첫 번째 칸에 O표
6 ⑤

어법·어휘편

[1단계]

[1] 우러러보다 - ㉠ 마음속으로 공경하여 떠받듦
[2] 거룩하다 - ㉢ 뜻이 매우 높고 위대함
[3] 반목 - ㉡ 서로 사이가 좋지 않고 미워함

[2단계]

[1] 둔재   [2] 우등   [3] 사랑

[3단계]

[2]에 O표

---

1. '나'는 열두 살에 이 선생님을 처음 만났고, 이 선생님은 석 달 동안 '나'의 집에 머물다가 그 뒤로 산골 어르신 댁으로 글방을 옮겼습니다. '나'는 배우는 속도가 빠르기는 했지만, '마상봉한식'은 뜻을 모르고 계속 읊어본 것이었습니다.

2. 개학하던 첫날 '나'는 선생님께 '마상봉한식' 다섯 자를 배워 뜻도 모르고 자꾸 읽었다고 했습니다.

3. '나'는 누구보다도 글공부를 열심히 하여 동무들을 가르쳐 주었습니다. 그리고 배운 것을 외우는 데에도 글동무들 중에서 최우등이었습니다.

4. 산골 어르신의 댁에서 글방을 차렸는데, 정작 산골 어르신의 아들보다 '나'의 공부가 일취월장하여 산골 어르신이 시기를 했습니다.

5. '일취월장'은 나날이 다달이 자라거나 발전한다는 뜻으로 실력이 빨리 좋아지는 상황에 쓰이는 말입니다.

6. '일취월장'은 어린 배우의 연기 실력이 나날이 발전했다는 뜻으로 쓰였습니다.

어법·어휘편 해설

[1단계] '우러러보다'는 마음속으로 공경하여 떠받든다는 뜻이고, '거룩하다'는 뜻이 매우 높고 위대하다는 뜻입니다. '반목'은 서로 사이가 좋지 않고 미워한다는 뜻입니다.

[2단계] '둔재'는 재빠르지 못하고 둔한 사람을 일컫는 말이고, '우등'은 성적이 뛰어남을 뜻하는 말입니다. '사랑'은 한옥에서 손님을 접대하던 방을 말합니다.

[3단계] '자시다'는 존댓말로 어른께 쓰는 말입니다. 동생에게 쓸 때에는 '먹다'로 써야 합니다.

31회 본문 134쪽

1 O, X, X
2 떼를 지어 ⋯ - 곡식을 ⋯ - 해충 ⋯,
  울음소리를 ⋯ - 흉한 징조 ⋯ - 사람들과 ⋯
3 유지에 O표
4 까마귀, 흉한
5 지호에 O표
6 세 번째 칸에 O표

어법·어휘편

[1단계]
[1] ②   [2] ①

[2단계]
[1] 효심   [2] 해충   [3] 근원

[3단계]
[2]에 O표

---

1. 조류학자 피이르는 까마귀의 배를 갈라 배 속에 곡식이 없다는 연구를 했고, 까마귀는 인간에게 흉한 일이 생기면 운다는 것은 우연히 일어난 일일뿐 사실이 아니라고 했습니다.

2. 까마귀가 떼를 지어 논밭으로 내려가는 것을 보고 사람들은 곡식을 훔쳐 먹는다고 생각하는데 그것은 해충을 잡아먹기 위한 것이고, 까마귀가 울음소리를 낼 때 흉한 징조라고 생각하는데 그것은 사람들과 아무 상관없는 행동입니다.

3. 「금수회의록」에서 까마귀는 '반포지효'에 대해 이야기하며 인간들의 불효를 꾸짖었습니다. 따라서 유지가 이야기를 바르게 이해했다고 할 수 있습니다.

4. 까마귀는 인간들과 아무 상관없이 울었는데, 그것을 두고 인간들에게 흉한 징조라고 억울하게 의심을 받았다고 했습니다.

5. 아무것도 하지 않았는데 그곳에 있었다는 이유로 억울하게 오해를 받은 지호가 '까마귀 날자 배 떨어진다'는 말과 어울리는 상황에 처해 있습니다.

6. 남자는 정자에서 잠시 쉬다 나와 오이 밭에서 신을 고쳐 신은 것뿐인데 억울하게 오이 도둑으로 의심을 받은 상황입니다.

어법·어휘편 해설

[1단계] '길하다'는 운이 좋다는 뜻으로 쓰는 말이고, '끼니'는 하루 세 번 일정한 시간에 먹는 밥을 뜻하는 말입니다.

[2단계] '효심'은 부모를 섬기는 마음으로 '효심이 지극하다'와 같이 쓰입니다. '해충'은 인간에게 해를 끼치는 곤충, '근원'은 사물이나 현상 등이 비롯되는 원인을 뜻하는 말입니다.

[3단계] [2]에 쓰인 '격'은 '자격'을 나타내는 말입니다.

32회 본문 138쪽

1 ⑤
2 전자기파
3 X, O, O, O
4 전자레인지, 퍼시 스펜서, 가격, 가정용
5 ④
6 첫 번째 칸에 O표

어법·어휘편

[1단계]
[1] 개발 - ⓒ 새로운 것을 고안해내어 만듦
[2] 부담 - ⓒ 어떤 일을 맡아 의무나 책임을 짐
[3] 적용 - ⓐ 알맞게 이용하거나 맞춤

[2단계]
②

[3단계]
①

---

1. 이 글은 우연히 발명되어 생활필수품이 된 전자레인지에 대해 설명한 글입니다.

2. 퍼시 스펜서는 레이더 장비를 개발하던 중 우연히 전자기파에 초콜릿이 녹는 것을 보고 전자기파를 이용해 요리가 가능한 기계를 개발했습니다.

3. 초기의 전자레인지는 크기가 크고 무거웠으며 가격도 비쌌기 때문에 대중화되기는 어려웠습니다.

4. 전자레인지는 퍼시 스펜서에 의해 우연히 개발되었는데, 초기에는 크기와 무게, 비싼 가격 때문에 대중화되지 못했습니다. 이후 가정용 전자레인지가 출시되면서 필수품이 되었습니다.

5. '날개가 돋친 듯하다'는 물건에 날개가 돋친 것처럼 빨리 팔린다는 뜻으로 쓰이는 관용 표현입니다.

6. '날개가 돋친 듯하다'는 물건이 빠르게 팔려나간다는 뜻이므로 '오늘 새로 출시된 케이크가 날개가 돋친 듯 팔렸다.'가 맞는 표현입니다.

어법·어휘편 해설

[1단계] '개발'은 새로운 것을 고안해내어 만든다는 뜻이고, '부담'은 어떤 일을 맡아 의무나 책임을 진다는 뜻입니다. '적용'은 알맞게 이용하거나 맞춘다는 뜻으로 쓰입니다.

[2단계] '금세'는 '얼마 되지 않은 짧은 시간 안에'라는 뜻으로 쓰이는 말입니다.

[3단계] '반문', '반추', '반성'의 '반'은 무엇을 되돌아보거나 다시 한다는 뜻을 담고 있으나, '반세기'의 '반'은 수나 양의 절반을 나타내는 말입니다.

33회 본문 142쪽

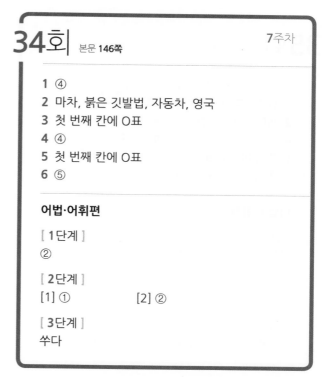

1 ① → ③ → ② → ⑤ → ④   2 ⑤
3 (왼쪽부터 순서대로) 뱀, 발, 음식   4 ②
5 (위쪽부터 순서대로) 자원, 산소, 오염 물질, 흙,
　자연재해
6 ㄹ

어법·어휘편

[1단계]
[1] 제사 - ㄴ 신이나 죽은 사람의 영혼에 음식을 …
[2] 내기 - ㄱ 일정한 약속 아래에서 승부를 다툼
[3] 기별 - ㄷ 다른 곳에 있는 사람에게 소식을 전함 …

[2단계]
[1] ①   [2] ①   [3] ②

[3단계]
[3]에 ○표

34회 본문 146쪽

1 ④
2 마차, 붉은 깃발법, 자동차, 영국
3 첫 번째 칸에 ○표
4 ④
5 첫 번째 칸에 ○표
6 ⑤

어법·어휘편

[1단계]
②

[2단계]
[1] ①   [2] ②

[3단계]
쑤다

---

1. 일꾼들은 제사를 도와주고 음식 한 그릇을 받았습니다. (①) 덩치가 큰 일꾼이 뱀 그리기 내기를 하자는 의견을 냈습니다. (③) 뱀 그리기 내기를 시작하자 일꾼들은 모두 땅에 뱀을 그렸습니다. (②) 가장 먼저 그림을 다 그린 덩치 큰 일꾼은 한 손에 그릇을 들고 주변을 둘러보다가 자신이 그린 뱀에 발을 그려 넣었습니다. (⑤) 이 행동으로 인해 덩치 큰 일꾼은 음식을 먹지 못하게 되었고, 뒤늦게 자신의 행동을 후회했습니다. (④)

2. ㄱ~ㄹ은 모두 덩치 큰 일꾼이 한 말입니다. ㅁ은 덩치 큰 일꾼에게서 음식을 빼앗은, 눈이 큰 일꾼이 한 말입니다. 따라서 정답은 ⑤번입니다.

3. '사족(蛇足)'은 '쓸데없는 일을 하다가 도리어 일을 망치는 상황'을 의미합니다. 이 이야기에서 덩치 큰 일꾼은 뱀에 발을 그려 넣었기 때문에 귀한 음식을 먹지 못했습니다. 따라서 쓸데없는 일은 '뱀'에 '발'을 그려 넣은 일이고, 망치게 된 일은 귀한 '음식'을 먹는 일입니다.

4. 윗글의 글쓴이는 우리에게 많은 도움을 주는 숲을 보호해야 한다고 주장하고 있습니다.

5. 윗글에서는 '숲이 우리에게 다양한 자원을 제공한다.', '산소를 내뿜고 공기 중의 오염 물질을 걸러내 공기를 맑게 만든다.', '숲의 나무뿌리들이 흙을 단단히 붙잡아 자연재해를 막아 준다.'라는 세 가지 근거를 들어 주장을 뒷받침하고 있습니다.

6. 나무뿌리의 종류를 알려 주는 문장은 숲을 지켜야 한다는 주장과 관련 없는 문장입니다. 따라서 정답은 ㄹ입니다.

어법·어휘편 해설

[1단계] [1] '제사'는 '신이나 죽은 사람의 영혼에 음식을 바쳐 정성을 나타내는 행동'이라는 뜻입니다. [2] '내기'는 '일정한 약속 아래에서 승부를 다툼'이라는 뜻입니다. [3] '기별'은 '다른 곳에 있는 사람에게 소식을 전함 또는 그 소식'을 말합니다.

[2단계] [1] '도맡다'는 '혼자서 책임을 지고 모든 것을 해내다.'라는 뜻입니다. [2] '휘둥그레지다'는 '놀라거나 두려워서 눈이 크고 둥그렇게 되다.'라는 뜻입니다. [3] '다독여 주다'는 '따뜻하게 달래 주다.'라는 뜻입니다.

[3단계] [3] '더 이상 말로 다투고 싶지 않으니, 이제 네 맘대로 해라.'라는 뜻이므로 '입씨름하다'라는 단어가 올바르게 쓰인 문장입니다.

---

1. '붉은 깃발법'에 따라 기수가 붉은 깃발을 들고 자동차의 운행을 이끌게 되었습니다. 깃발을 자동차 앞에 꽂는 것은 아니므로 ④번의 설명은 적절하지 않습니다.

2. 자동차를 이용하는 사람들이 늘자 '마차'로 돈을 버는 사람들은 일자리를 잃게 될까봐 자동차를 규제해야 한다고 하였습니다. 이로 인해 영국에 '붉은 깃발법'이 제정되면서, '자동차' 기술자들이 불만을 품고 다른 나라로 떠났습니다. 결국 '영국'의 자동차 기술은 발전하지 못하고 제자리걸음을 하게 되었습니다.

3. '붉은 깃발법'은 도로에서 자동차를 규제해야 한다는 내용을 담고 있습니다. 따라서 자동차가 위험하니 속도를 제한해야 한다는 것이 찬성하는 의견입니다.

4. '죽 쑤어 개 준다'는 자신이 애써 한 일이 엉뚱한 사람에게 이로운 일이 되었을 때 쓰는 말입니다. 영국은 최고의 기술로 자동차를 만들었지만, 붉은 깃발법으로 인해 결국 독일과 프랑스에 기술을 고스란히 넘겨주게 되었습니다.

5. '붉은 깃발법'에서는 자동차의 속도를 시내에서 시속 3.2km, 시외에서 6.4km로 제한하고 있습니다. 따라서 도시 안, 즉 시내에서는 시속 5km로 운행할 수 없었습니다. 마차의 속도에는 제한을 두지 않았습니다.

6. 병 속의 과자를 기껏 꺼내놓았지만 엉뚱하게 강아지가 먹었으므로, 고양이는 죽 쑤어 개 준 격으로 남 좋은 일만 한 셈입니다.

어법·어휘편 해설

[1단계] '제정'은 제도나 법률을 정함, '종사'는 어떤 업종에서 일함, '규제'는 일정한 한도를 넘지 못하게 막음, '운행'은 정해진 길을 따라 운전하여 다님을 뜻하는 말입니다.

[2단계] '집요하다'는 고집스럽고 끈질기다는 뜻으로, 겉으로만 성의 없이 하는 것은 '건성'에 가깝습니다. '덩달아'는 남이 하는 대로 따라한다는 뜻이며, 앞서서 이끄는 것은 '주도한다'라고 합니다.

[3단계] '쑤다'는 '죽을 쑤다, 풀을 쑤다, 메주를 쑤다'와 같이 몇 가지 특정 낱말과 어울려 쓰는 말입니다. 주로 오랜 시간을 들여 어떤 것을 만들 때 사용합니다.

35회 본문 150쪽

7주차

1 (가) 까마귀 - 부정적, 백로 - 긍정적
  (나) 까마귀 - 긍정적, 백로 - 부정적
2 까마귀, 흰, 청강   3 겉, 속, 겉, 속
4 ⑤   5 겉, 속
6 뜻이 비슷한 표현 - ㉠, ㉢, ㉣
  뜻이 반대인 표현 - ㉡

어법·어휘편

[1단계]
[1] ②   [2] ①

[2단계]
[2]에 O표

[3단계]
[1] 구지   [2] 소치   [3] 여다지

---

1. (가)에서는 까마귀를 부정적으로 보고 백로에게 까마귀 근처에 가지 말라고 했고, (나)에서는 백로를 부정적으로 보고 백로에게 까마귀를 비웃지 말라고 했습니다.

2. (가)에서는 성난 까마귀가 백로의 흰빛을 시샘하여 청강에 씻은 백로의 몸이 더러워질까 봐 걱정하고 있습니다.

3. (나)에서는 까마귀가 겉은 검지만 속은 검지 않다고 생각하고 오히려 백로가 겉은 희지만 속이 검다고 생각하여 경계하고 있습니다.

4. '상징'은 작가의 생각, 작품의 주제, 작품을 쓴 까닭, 당시의 시대적 상황 등에 따라 달라질 수 있습니다. [보기]의 설명과 더불어 (가)에서의 까마귀는 검은색 깃털 때문에 더러움을 상징하고 있지만 (나)에서는 비록 겉은 검지만 속은 그렇지 않은, 겉보다 속이 훌륭한 존재를 상징하고 있습니다. 이처럼 상징은 그 상징을 쓰는 작가, 그리고 그 작품의 주제 등에 따라 달라집니다. 상징은 꼭 하나로만 고정되어 있지 않기 때문에 정답은 ⑤번 입니다.

5. '속이 검다'는 겉으로 보이는 모습과 속 마음이 다를 수 있으므로 사람을 겉만 보고 판단하지 말라는 뜻으로 쓰입니다.

6. '양두구육', '표리부동', '구밀복검'은 모두 겉과 속이 다름을 나타내어 '속이 검다'와 비슷한 표현이고, '언행일치'는 말과 행동이 같다는 뜻이므로 '속이 검다'와 반대되는 표현입니다.

어법·어휘편 해설

[1단계] '시샘'은 무엇을 질투한다는 뜻이고, '기껏'은 '겨우'와 비슷한 뜻으로 쓰입니다.

[2단계] [2]의 '골'은 성이 나다 또는 화가 난다는 뜻으로 쓰인 말입니다.

[3단계] '굳이'는 읽을 때에 [구지]로 '솥이'는 [소치]로 '여닫이'는 [여다지]로 소리 납니다.

7주차 주말부록 정답   본문 154쪽

② 벌이 / 벌이

8주차

뿌리깊은 초등국어 독해력 어휘편 6단계

36회 본문 156쪽

8주차

1 ③
2 하늘, 땅, 없는, 기우
3 첫 번째 칸에 O표
4 ①
5 ③
6 종우에 O표

어법·어휘편

[1단계]
[1] 뒷짐 - ㉡ 두 손을 등 뒤로 젖혀 마주 잡은 것
[2] 호흡 - ㉠ 숨을 쉼. 또는 그 숨
[3] 한시름 - ㉢ 마음에 걸려 풀리지 않고 항상 …

[2단계]
[4]에 O표

[3단계]
못함

---

1. 친구가 하늘은 절대 무너지지 않으니 걱정 말라고 하자 남자는 의심의 눈초리로 친구를 쳐다보았습니다.

2. 친구는 하늘이 무너지거나 땅이 뒤집히는 일은 절대 일어날 수 없다고 생각하여 이런 걱정은 쓸데없는 것이기 때문에 '기우'라고 했습니다.

3. 빨래를 마당에 널면 땅이 갈라지면서 옷가지가 떨어지는 일은 일어나지 않을 일입니다. 이처럼 일어나지 않을 일을 쓸데없이 걱정하는 경우를 '기우'라고 합니다.

4. '기우'는 안 해도 될 근심을 가리키는 말인데, ①의 문장은 상황에 맞지 않는 표현입니다.

5. 밤새 컴컴한 방에서 괴물이 튀어나오는 일은 일어나지 않을 쓸데없는 걱정입니다. 그러므로 이런 경우를 '기우'라고 할 수 있습니다.

6. 걱정 인형은 실제 신비한 힘이 있는 것이 아니라, 아이들이 잠자기 전에 걱정 인형에게 걱정을 털어 놓으면 아이가 잠든 뒤에 부모님이 몰래 걱정 인형을 가져간다고 했습니다.

어법·어휘편 해설

[1단계] '뒷짐'은 두 손을 등 뒤로 젖혀 마주 잡는 것을 뜻하고, '호흡'은 숨을 쉼 또는 그 숨을 뜻합니다. '한시름'은 마음에 걸려 풀리지 않고 항상 남아 있는 금심과 걱정이라는 뜻입니다.

[2단계] '군것질', '군소리', '군침'의 '군'은 '쓸데없는'의 뜻을 담고 있는 말입니다. 하지만 '군만두'의 '군'은 열을 가하여 구웠다는 뜻을 담고 있습니다.

[3단계] '미완성', '미해결', '미납', '미달'에 쓰인 '미'는 무엇을 하지 못했다는 부정의 뜻을 담고 있습니다. 그러므로 '미해결'은 '해결하지 못함'을 뜻합니다.

37회 본문 160쪽

1 산타클로스
2 ⑤
3 ③
4 ②
5 ⓒ
6 ⑤

어법·어휘편

[1단계]
[1] ①   [2] ②

[2단계]
[1] 희망   [2] 시초   [3] 선행

[3단계]
[1] 반드시
[2] 발견했습니다
[3] 결심했습니다

---

1. 이 글은 '산타클로스'의 유래에 대해 설명한 글입니다.

2. 한 인물에 대해 세상에 널리 알려지지 않은 흥미로운 이야기를 '일화'라고 합니다. 이 글은 성 니콜라오의 일화를 소개한 글입니다.

3. 세 딸의 아버지는 자신에게 도움을 주는 사람이 누군지 알기 위해 밤새 기다리다가 마침내 성 니콜라오가 황금을 가져다 준 사실을 알게 되었습니다.

4. 세 딸의 아버지는 지참금이 없어 딸을 결혼시키지 못했는데, 뜻하지 않게 누군가가 황금을 갖다 주어 크게 놀랐습니다.

5. '호박이 넝쿨째 굴러떨어지다'는 뜻밖의 좋은 일이 생긴 상황을 나타냅니다. 산에서 캐 온 도라지가 알고 보니 산삼이라면 '호박이 넝쿨째 굴러떨어진 일'이 됩니다.

6. '성 니콜라오'와 'A씨'는 모두 자신이 남을 도운 사실을 알리고 싶어하지 않았습니다.

어법·어휘편 해설

[1단계] '생색'은 남에게 베푼 일에 대해 스스로 자랑을 한다는 뜻이고, '본받다'는 다른 사람의 말이나 행동을 본보기로 따라한다는 뜻입니다.

[2단계] '희망'은 앞일에 대하여 좋은 결과를 기대한다는 뜻이고, '시초'는 어떤 일의 맨 처음을 뜻합니다. '선행'은 착한 일이라는 뜻입니다.

[3단계] '기필코'는 반드시 어떤 일을 한다는 뜻이고, '찾다'는 무엇을 발견했다는 뜻입니다. '마음을 정하다'는 어떤 일을 하기로 결심했다는 뜻입니다.

38회 본문 164쪽

1 유성
2 ①
3 별똥, 다음날, 마음속, 기회, 어른
4 1, 4
  2, 3
5 ②
6 마음

어법·어휘편

[1단계]
[1] ②   [2] ②

[2단계]
[1] 대기 - ⓒ 천체의 표면을 둘러싸고 있는 기체
[2] 마찰 - ⓛ 두 물체가 서로 닿아 비벼짐
[3] 지표면 - ① 지구의 표면

[3단계]
중력

---

1. '유성'은 지구의 대기권 안으로 들어와 빛을 내며 떨어지는 작은 물체이며, 이를 일상적으로 '별똥별'이라고도 합니다.

2. 시에서 말하는 이는 다음 날 가보려고 별똥별이 떨어진 곳을 마음에 두었다고 했습니다.

3. 시인은 별똥이 떨어지는 모습을 보고 다음 날에 그곳에 가보려고 했지만, 정작 다음 날이 되자 가지 못했습니다. 그리고 별똥이 떨어진 곳에 꼭 가기 위해 마음속으로 준비를 하고 기회를 엿보았지만 결국 어른이 되도록 가보지 못했습니다.

4. 유성은 태양계를 떠돌던 먼지나 암석이 중력 때문에 지구 안으로 들어와 대기와의 마찰 때문에 불타면서 지구로 떨어지는 것입니다.

5. 대부분의 유성은 크기가 크지 않아 금방 타버리기 때문에 맨눈으로 오래 보기 어렵습니다.

6. '마음에 두다'는 '무엇인가를 잊지 않고 가슴에 오랫동안 새겨 두다'라는 뜻으로 쓰이는 관용어입니다.

어법·어휘편 해설

[1단계] '본래'와 '원래', '벼르다'와 '노리다'는 서로 뜻이 비슷한 낱말입니다.

[2단계] '대기'는 지구의 표면을 둘러싸고 있는 기체를 말하고, '마찰'은 두 물체가 서로 닿아 비벼지는 것을 뜻합니다. '지표면'은 지구의 표면을 나타냅니다.

[3단계] '중력'은 질량을 가진 모든 물체가 서로 잡아당기는 힘으로, 지구의 물체는 모두 지구 중력의 영향을 받아 아래쪽으로 떨어집니다.

1 두 번째 칸에 O표
2 O, O, O, X, X
3 나 - 죽지, 초라   할머니 - 꼴, 비아냥
4 할아버지, 어머니, 나
5 ①
6 세 번째 칸에 O표

어법·어휘편

[1단계]
[1] 소양   [2] 뒷간

[2단계]
[1] 독수리의… - ㉠ 공중으로 날아가거나 날아다님
[2] 최근 비행 … - ㉡ 그릇되거나 잘못된 행위

[3단계]
먹구름

1 ②
2 빅뱅, 부정, 우주배경복사, 점
3 펜지어스, 윌슨, 잡음, 노벨 물리학
4 감자, 얇, 소금
5 승주에 O표

어법·어휘편

[1단계]
[1] 수축 - ㉡ 팽창
[2] 감소 - ㉢ 증가
[3] 하락 - ㉠ 상승

[2단계]
교육

[3단계]
[1]에 O표

1. '나'에게는 할아버지와 할머니가 계시고, 세 살 때 아버지가 돌아가셨고 엄마가 서울로 오빠 뒷바라지를 하러 떠났다고 했습니다.

2. 할아버지는 동풍에 걸려 쓰러져 누워계시고, 한방에 대한 소양이 많으시지만 정작 자신의 병에 대해서는 단념했다고 했습니다. 오빠의 뒷바라지를 위해 서울로 떠난 것은 엄마입니다.

3. 할아버지가 병들어 눕자 나는 '나'를 죽지 떨어진 새처럼 초라해졌다고 생각을 했고, '할머니'는 꼴좋다는 식으로 비아냥거렸습니다.

4. '설상가상'은 안 좋은 일이 잇따라 일어남을 뜻하는 말입니다. '나'에게는 할아버지가 쓰러진 다음에 어머니마저 집을 떠나 좋지 않은 일이 연달아 일어났습니다.

5. '설상가상'과 뜻이 비슷한 관용 표현으로 '엎친 데 덮친 격'이란 말이 있습니다.

6. 안 좋은 일이 겹쳐서 일어난 상황을 찾아봅니다.

어법·어휘편 해설

[1단계] '소양'은 '평소 닦아놓은 학문이나 지식'을 뜻하는 낱말입니다. '뒷간'은 옛날 집터에서 가장 외진 곳에 있었던 '화장실'을 나타내는 말입니다.

[2단계] '비행'은 한자 뜻에 따라 각각 '공중으로 날아가거나 날아다님' 또는 '그릇되거나 잘못된 행위'의 뜻으로 쓰입니다.

[3단계] '먹구름'은 비나 눈이 내리기 전에 몹시 검게 끼는 구름을 나타내는 낱말입니다.

1. 펜지어스와 윌슨이 발견한 것은 '우주배경복사'로 이것은 우주가 생겨난 빅뱅 이론의 결정적인 증거가 되었습니다.

2. 우주 발생에 대해 빅뱅 이론을 주장하는 과학자들과 그 이론을 부정하는 과학자들이 다투었는데, 펜지어스와 윌슨이 '우주배경복사'를 발견한 뒤에 우주가 하나의 점으로부터 시작되었다는 점을 인정하게 되었습니다.

3. '소 뒷걸음치다 쥐 잡는다'는 의도하지 않게 어쩌다 성과를 올렸다는 뜻으로 이 글에서는 펜지어스와 윌슨이 안테나 신호에 섞이는 잡음을 없애려다 위대한 발견을 하여 노벨 물리학상을 받은 것을 비유적으로 표현했습니다.

4. 감자칩은 감자를 얇게 썰어 기름에 튀긴 다음 소금을 뿌려 만드는 간식입니다.

5. '소 뒷걸음치다 쥐 잡는다'는 의도하지 않았지만 어쩌다 성과를 올리게 되었을 때 쓰는 말로, 홧김에 만든 감자칩이 우연히 인기를 끈 경우에 사용할 수 있는 말입니다.

어법·어휘편 해설

[1단계] '수축'은 '팽창'과, '감소'는 '증가'와, '하락'은 '상승'과 서로 반대되는 뜻을 가진 낱말입니다.

[2단계] '-계'는 어떤 분야나 영역을 뜻하는 말로 '교육계'는 교육에 관련된 일을 하는 사람들의 집단을 뜻합니다.

[3단계] '퇴짜'는 품질이 낮은 물건에 '퇴'라는 글자를 찍어서 돌려보냈다는 것에서 유래한 말입니다.

스스로 붙임딱지 활용법

공부를 마치면 아래 보기를 참고해 알맞는 붙임딱지를 '학습결과 점검표'에 붙이세요. ※붙임딱지는 마지막 장에 있습니다.

다 풀고 나서 스스로 대단하다는 생각이 들었을 때	열심히 풀었지만 어려운 문제가 있었을 때	오늘 읽은 글이 재미있었을 때	스스로 공부를 시작하고 끝까지 마쳤을 때
• 정답 수 : 3개 이상 • 걸린 시간 : 10분 이하	• 정답 수 : 2개 이하 • 걸린 시간 : 20분 이상	• 내용이 어려웠지만 점수와 상관없이 학생이 재미있게 학습했다면	• 학생이 스스로 먼저 오늘 할 공부를 시작하고 끝까지 했다면

 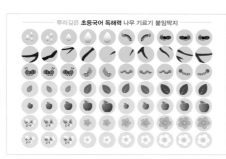

독해력 나무 기르기 붙임딱지 활용법

공부를 마치면 아래 설명을 참고해 알맞는 붙임딱지를 '독해력 나무 기르기'에 붙이세요. 나무를 완성해 가면서 끝까지 공부를 했다는 성취감을 느껴 보세요.
※독해력 나무 기르기는 뒤쪽에 있습니다.

❶ 그날 학습을 마쳤을 때, 학습을 한 회차 칸에 어울리는 붙임딱지를 자유롭게 붙이세요.
❷ 첫째~셋째 줄까지는 뿌리 부분(1~20일차)에 붙이는 붙임딱지입니다. 뿌리 모양 붙임딱지는 뿌리 끝의 모양에 맞춰서 붙여 보세요.
❸ 넷째~일곱째 줄까지는 나무 부분(21~40일차)에 붙이는 붙임딱지입니다.

2025 The 5th Mothertongue Scholarship for TOP Elementary School Students

2025 마더텅 제5기 초등학교 성적 우수 장학생 모집

2025년 저희 교재로 열심히 공부해 주신 분들께 장학금을 드립니다!

대상 30만 원 / 금상 10만 원 / 은상 3만 원

지원 자격 및 장학금 초1 ~ 초6

지원 과목 국어 / 영어 / 한자 중 1과목 이상 지원 가능 ※여러 과목 지원 시 가산점이 부여됩니다.

성적 기준
아래 2가지 항목 중 1개 이상의 조건에 해당하면 지원 가능
① 2024년 2학기 혹은 2025년 1학기 초등학교 생활통지표 등 학교에서 배부한 학업성취도를 확인할 수 있는 서류
② 2024년 7월~2025년 6월 시행 초등학생 대상 국어/영어/한자 해당 인증시험 성적표
책과함께 KBS한국어능력시험, J-ToKL, 전국영어학력경시대회, G-TELP Jr., TOEFL Jr., TOEIC Bridge, TOSEL, 한자능력검정시험(한국어문회, 대한검정회, 한자교육진흥회 주관)

위 조건에 해당한다면 마더텅 초등 교재로 공부하면서 느낀 점과 공부 방법, 학업 성취, 성적 변화 등에 관한 자신만의 수기를 작성해서 마더텅으로 보내 주세요. 우수한 글을 보내 주신 분들께 수기 공모 장학금을 드립니다!

응모 대상 마더텅 초등 교재들로 공부한 초1~초6

뿌리깊은 초등국어 독해력, 뿌리깊은 초등국어 독해력 어휘편, 뿌리깊은 초등국어 독해력 한국사, 뿌리깊은 초등국어 한자, 초등영문법 3800제, 초등영문법 777, 초등교과서 영단어 2400, 초등영어 받아쓰기·듣기 10회 모의고사, 비주얼파닉스 Visual Phonics, 중학영문법 3800제 스타터 및 기타 마더텅 초등 교재 중 1권 이상으로 신청 가능

응모 방법

① 마더텅 홈페이지 이벤트 게시판에 접속
② [2025 마더텅 초등학교 장학생 선발] 클릭 후 [2025 마더텅 초등학교 장학생 지원서 양식]을 다운
③ [2025 마더텅 초등학교 장학생 지원서 양식] 작성 후 메일(mothert.marketing@gmail.com)로 발송

접수 기한 2025년 7월 31일   수상자 발표일 2025년 8월 12일   장학금 수여일 2025년 9월 10일

뿌리깊은 초등국어 독해력 나무 기르기

*하루 공부를 마칠 때마다 붙임딱지를 붙여서 독해력 나무를 길러보세요!

| 이름 | | 공부 시작한 날 | | 년 | 월 | 일 | 공부 끝난 날 | | 년 | 월 | 일 |

● 가장 좋았던 글은 무엇이었나요? 제목

이유